경제학은 과학적일 것이라는 환상

경제학은 과학적일 것이라는 환상

L'économie ordinaire entre songes et mensonges

질베르 리스트 **지음** | 최세진 **옮김**

봄날의책

한국어판 서문

한국 독자들을 위해 별도의 서문이 왜 필요한지 궁금한 분도 계실 것이다. 어찌 됐든 이 책은 전 세계에 널리 퍼져 있는 경제 '과학'에 대한 비판서이니 말이다. 몇몇 예외를 제외하고는 한국과 유럽, 미국 그리고 전 세계 대부분의 국가의 모든 대학 과정에서 동일한 주류 경제학 이론을 가르치고 있다. 이제 경제 '과학'은 모든 곳에서 작동하고 있는 세계화 과정과 우리가 살고 있는 세계를 이해하고자 하는 모든 사람에게 필수적인 공통과목이 되었다. 그러므로 한국 독자들도 학술적으로 혹은 실용적으로 다른 나라의 독자들과 동일하게 경제학을 이해하고 있다면, 왜 책을 소개하는 별도의 한국어판 서문이 필요할까?

만일 별도의 한국어판 서문이 불필요하다고 말한다면, 우리는 증명되지 않은 경제학의 주장을 사실로 받아들이고 특별한 문제가 전혀 없다고 가정하는 것이나 마찬가지가 된다. 그러나 한국에서는 공상적인 경제 '과학'의 보편성을 다른 방식으로 바라볼 수도 있다. 굳이 문화적 상대주의로 불러왔던 것에 대한 긴 논의를 거치지 않더라도—문화적 상대주의는 서구 문화와 '외래' 문화의 차이를 설명하기 위해, 그리고 무엇보다 명백한 '합리성의 부족'에 대해 외국의 문화를 관대히 봐주기 위해 너무 자주 이용되었다—경제 '과학'이 특정한 시기, 특정한 문화 환경 속에서 매우 협소한 지역에서 꽃을 피웠다는 사실에는 변함이 없다.

경제학의 조상은 누구인가? 그중 최고의 몇 명만 꼽아본다면 애덤 스미스는 스코틀랜드 출신, 데이비드 리카도는 잉글랜드 출신, 장 바티스트 세이는 프랑스 출신, 칼 마르크스는 독일 출신이었다. 이들의 주요한 저작은 대체로 18세기 후반에서 19세기 중반 사이에 발간되었다. 세계지도를 펴놓고 보면, 이 네 신사는 거대한 유라시아 대륙에서 작은 곳에 불과한 유럽의 극서 지역에 살았다는 사실을 확인할 수 있다. 그들은 세계에서 자신이 속한 지역만 여행했으며 '해외'는 경험해보지 못했다. 말하자면 그들은 눈앞에 있던 것들만을 관찰해서 자신들의 '과학'을 세웠다. 애덤 스미스는 이웃에 있는 공장을 고찰했으며, 리카도는 영국과 포르투갈 사이에서 옷감을 포도주와 교환하는 일에 관심이 있던 재정가로서 돈을 모았고, 세이는 갓 시작된 프랑스의 산업화에 감탄했으며, 마르크스는 자기 시대에 몹시 비참하게 고통받고 있는 프롤레타리아트를 단결시키려 노력했다. 물론 그들의 이론은 그 '지역적' 혹은 국지적인 관심을 훨씬 넘어선 문제를 연구했지만, 그들 모두가—그들의 관점이 대단히 다양하고, 서로 간에 의견의 불일치가 큰데도 불구하고—자신의 '경제학적 발견'이 보편적으로 타당하다고 간주했다는 사실에는 변함이 없다. 그들의 이론을 하나로 일치시키는 것은 불가능하지만, 그들 모두는 계몽주의(그리고 인권선언) 시대의 유산을 바탕으로 한 동일한 가정을 공유하고 있다. 인간은 자유롭고 이성적인(그리고 탐욕스러운) 개인이며, 자연은 신의 선물로 간주될 수도 있지만 그보다는 자연을 전용할 수 있는 사람들의 이익을 위해 개발할 수 있는 공짜 재료이다. 시장은—공리주의적인 이념을 바탕으로—교환을 위한 '자연스러운' 공간이다 등등.

이제 그들과 동일한 시대의 한국인이 경제학을 이론화하는 역할을 맡았다고 상상해보자. 그들이 만드는 경제학에서 주요한 가정은 무엇이 되었을까? 물론 이런 '역사적 가정'을 적용하는 방식은 논란이 있을 수 있지만, 인간과 환경의 '본성'에 대한 다른 접근 방식을 드러내는 이점이 있다.

18, 19세기의 전환기에 한국의 지식인 사회의 주요한 특징 중 하나는 보수적인 (신)유학(儒學)파와 사회 개혁을 위한 새로운 지식인 운동인 실학의 충돌이었다. 두 진영 사이의 긴장 관계에도 불구하고, 그들은 인간에 대한 동일한 통찰을 공유했다. 즉 그들은 세상의 조화를 무너뜨리지 않게 하기 위해 품위 있게 처신했던 것으로 평가받는다. 개인의 중용과 절제라는 이상은 사회관계가 평화로운 곳이라는 우호적인 배경을 전제로 한다. 이는 개인의 이기적인 특성을 강조하는 서구의 접근 방식(이론적으로는 일반화된 경쟁이 집단의 행복을 야기할 목적이라고 할지라도!)과 명확히 대비된다. 물론, 이것이 당시 한국에 상업이 발달하지 않았다는 의미는 아니다. 오히려 반대였다. 장인들은 주문 고객을 위해서가 아니라 시장에 내놓기 위해 생산하기 시작했으며 상인 계급이 성장하고 있었다. 하지만 상인들이 고귀한 문제에 자신의 능력을 전념하지 않았다는 이유로 사회적으로 무시당했다는 사실이 암시하는 바는 흥미

롭다. 실제로, 행동할 때 선택의 기준이 효용이 아니라 품위였다는 이야기이다. 이기심과 탐욕은 당시 양반들 사이에 지배적이었던 사회적 조화와 '청빈(淸貧)'이라는 이상과 양립할 수 없었다. 따라서 부패한 관리들에 대한 잦은 비판이 한국의 소설과 대중문학에 널리 스며들었다. 인간과 자연환경의 관계에 관한 한—내가 알기로는— 유교는 서구에서 자연에 대한 지배를 부추겼던 후기데카르트적 교리만큼 노골적이지 않다. 세계의 조화라는 유교 최고의 신념에는 환경에 대한 고려도 당연히 함축되어 있다고 가정해도 큰 문제가 없을 것이다. 인간은 자연환경의 한 부분이기 때문이다. 예를 들어, 한국인의 심상이 불교와 유교, 도교 세 가지의 영향을 받았다고 가정하면, 일본인(또는 프랑스인)이 자연을 통제해서 자신들을 위한 정원을 만드는 데 반해, 한국인들은 왜 숲에 쉽게 갈 수 있는 환경을 즐기는지 설명된다. 당시 실학이라는 한국의 지식 운동이 세계의 조화에 대한 전통적인 믿음과 달리, 인간의 자율성을 바탕으로 농업과 공업 분야에 대한 '현대적' 기술의 이점을 강화하는 것을 목표로 사회 개혁을 시작하려 했다는 사실을 모르는 바는 아니다. 사회에 대한 낡은 관점을 바꾸려던 그들의 노력에도 불구하고, 지배적인 보수 지식인들이 끊임없이 이 '근대화론자들'을 반대했고, 사회에서 대다수 사람들을 확신시키는 데 실패했다.

당연한 이야기지만, 우리는 200년 전으로 돌아갈 수 없다. 게다가 위의 견해는 지극히 피상적이고, 18세기 전환기의 한국의 환경과 사회적 관계에 대한 전반적인 연구에 관한 학술적인 통찰은 확실히 불충분하다. 그러므로 내가 잘못 이해한 부분에 대해서는 미리 양해를 구한다. 하지만 이 가정은 경제학 이론이 자기민족중심주의적인 (서양에) 기원을 두고 있다는 사실을 보여주기 위한 것이었다. 경제학이 (한국이 아니더라도) 세계의 다른 지역에서 만들어졌더라면 우리의 현재 상태는 확실히 달랐을 것이다.

당시는 누구도 '비유럽' 사람들의 교환 관습을(그리고 당시까지도 유럽에 지배적이었던 비시장 교환 관습에 대해서도) 연구하지 않았으므로, 초기 경제학자들의 인류학적인 무지를 한탄할 수도 없다. 하지만 그럼에도 불구하고 '고전' 경제학은 점차 발전해서 '과학'이 되더니 널리 퍼져나가 모든 곳에서 받아들여졌다. 문제는 경제 '과학'이 (최근 수십 년 동안 수학을 광범위하게 사용했을지라도) 수학이나 물리학 같은 '과학'이 아니라는 사실이다. 이미 지적했듯이 경제학은 당연하게 받아들여지는 일련의 가정을 바탕으로 구성되었다. 여기서부터 주요한 문제가 발생한다. 경제학은 단순히 생산과 소비, 교환을 설명하는 대신, 진지하게 논의해본 적이 거의 없는 가정들을 근거로 생산과 소비, 교환 과정의 방식을 지시한다. 이 책에서는 경제학의 가정이 실제로 중요한지 논증하기 위해 바로 그 가정들을 면밀히 살펴보았다. 그중 두 가지 예만 들어보자면, 앞서 한국의 세계관을 묘사할 때 언급했던 것처럼, 체계적으로 인간이 이기적인 존재라고 간주하지 않았더라면 시장 이론과 사회 관계는 어떻게 변했을까? 자연을 뭔가 '주어진' 것으로 간주하거나 착취 가능한 것으로 사고하지 않았다면, 우리의 현재 환경 문제는 어떻게 바뀌었을까?

'서양'이 만든 경제학의 가정들을 한국의 가정으로 대체하면 문제들을 확실하게 해결하리라고 억측하려는 것은 아니다. 내가 말하려는 바는, 경제학이 이론으로 만든 마법의 세계 안에서 무엇이 발생할 것인지 예측하기보다는 실질적인 사회적 관습을 '현실 생활에서 일어나는 그대로' 숙고하기 시작해야 한다는 것이다. 역설적으로, 그렇게 된다면 경제학은 현재 우리가 알고 있는 이론보다 훨씬 복잡한 이론이 될 것이다. 이는 또한 현재의 경제학 학설을 다양한 역사와 전통에 따른 갖가지 경제 '형태들' 중 '특수한 사례'[1]로 보이도록 할 것이다. 무엇보다 이는 사회관계와 환경의 파괴를 초래하고, 우리에게 그 안에 살도록 강요하는 이 끔찍한 혼란에서 탈출하는 데 도움을 줄 것이다.

마지막으로, 한국의 문화적 역사에 대한 지식을 기꺼이 나눠준 백현우 씨에게 깊은 감사를 표하고 싶다. 다시 말하지만, 그의 이야기를 내가 잘못 이해한 부분이 있을 수 있다. 모든 실수는 전적으로 내 잘못이다.

서문

현대 행동주의 심리학 이론의 문제는 그것이 틀렸다는 게 아니라, 그것이 실현될지도 모른다는 사실 때문이다.
—한나 아렌트[1]

인간의 모든 활동이 경제 논리에 종속되었다는 이야기는 이제 흔하게 듣는 말이 되었지만, 이 상투적인 말에 대해서는 지금까지 많은 의문이 제기되었다. 그 '종속'은 어디에서 비롯된 것일까? 경제학 '법칙'을 존중해야 할 근거는 무엇인가? 사회생활을 머리에 떠올릴 때 경제적 측면을 가장 핵심적인 범주로 취급해야 할 이유는 무엇인가? 모든 의사 결정 과정, 특히 정치적 의사 결정 과정에서는 경제적 '요구'를 왜 가장 중요한 문제로 고려해야 하는가? 경제학 '법칙'들은 어떤 근거로 마르크스가 이야기했던 '철의 필연성'을 자칭하고 있는가? 경제학은 현재 보편적으로 받아들여지고 점점 적용 범위가 넓어지면서 이제는 거의 모든 곳의 관습에 부합하는 세계관이 되었는데, 우리가 굳이 이 경제학을 의심해야 하는 이유는 무엇인가?

　이런 의문들에 대해 자세한 내용까지 단번에 대답해줄 수는 없다. 하지만 경제 논리에 따른 결론을 어떤 경우에도 변하지 않을 운명처럼 받아들이는 숙명론을 극복하는 것이 이 책의 목표라는 점을 서두에 명확히 밝혀두는 것이 좋겠다. 경제학은 유일무이한 진리가 아니며 여러 세계관 중 하나에 불과하다. 그러므로 경제학과 다른 관점으로 세상을 살펴보는 것은 잘못된 일이 아닐 뿐더러, 오히려 경제학이 강요하는 제약에서 벗어나 완전히 다른 방식으로 세계관을 구성해볼 필요가 있다.

　어떻게 보더라도 경제학이 강요하는 규범은 대체로 공상적이고 대개 비현실적인 가정에 기초하고 있으며, '과학'이라고 간주해왔던 부분은 사실 일련의 신앙이었을 뿐이다.[2] 신앙을 바꾸는 일은 과학적 진리를 바꾸는 일보다 시간이 오래 걸리니 쉽지는 않겠지만, 그렇더라도 시도해보지 못할 이유는 없다.

　우리가 이런 상황에까지 이르게 된 이유는 수 세기 동안 경제 '과학'의 가설을 단지 그럴듯하다거나 가능성이 있는 가설 정도가 아니라 실체적인 진실로 받아들였기 때문이다. 우리는 그동안 경제 '과학'을 떠받치고 있는 가정들에 일말의 의심도 없이 철저히 사로잡혀 있었던 것이다. 이는 경제적인 하부구조가 사회의 상부구조를 직접적으로 결정한다는 (마르크스와 엥겔스가 거부했던) 저급한 마르크스주의로 모든 사람이 전향한 것이나 마찬가지다.[3] 즉 경제학이 세상만물을 주관하므로 우리의 세계관을 지배하고 있는 경제학적 패권에서 그 어떤 것도 벗어날 수 없다고 믿는 것이나 다름없다.

경제 '과학'이 본래 숭고한 야망을 품었던 것은 사실이다. 당시는 유럽을 피로 물들였던 종교전쟁 직후였기 때문에, 몽테스키외가 찬양했던 '온화한 상업(doux commerce)'이 시민들에게 평화와 보편적인 번영을 가져다주리라 믿던 시대였다. 하지만 당시는 그렇다고 치더라도, 경제 '과학' 때문에 전세계 대다수 사람들의 생활수준이 비참해지고 사회적 불평등이 악화되고 자연환경이 돌이킬 수 없이 파괴된 현재까지도 그런 낙관적인 전망이 이렇게 널리 퍼져 있는 이유는 무얼까?

'상업을 통한 평화'라는 기획은, 이제 경쟁이라는 이름으로 정당화되고 자연에 대한 전쟁과 함께 진행된 '경제 전쟁'에 그 길을 내주고 말았다는 사실이 아직도 명확히 보이지 않는 걸까? 참으로 불가사의한 일이지만, 경제학 이론에 따른 경제학자의 처방은 천체물리학자가 천체나 달의 위상을 예측하는 수준의 권위를 부여받으며 끊임없이 사람들의 생각과 행동을 지배해왔다.

경제학은 하나의 세계관처럼 행세하며 수량화할 수 있는 물질적 '대상'(교환이나 소비를 위한 생산물)에 이론의 초점을 맞추는 것을 넘어 세상이 어떤 모습이어야 하는지 묘사하고, 무엇보다 우리의 행동 방식을 점차 경제학적 원리라는 틀에 끼워 맞추려 시도해왔다. 예를 들어, 경제학은 모든 사람이 자신의 이익을 추구한다는 개념을 모든 경우에 자명한 진실인 것처럼 말하고 있지만, 이는 초기에는 작업가설(연구를 쉽게 진행하기 위해 임시로 세우는 가설)에 불과했던 개념이었다. 그런데 시간이 지난 후에는 그 가설을 실체적 진실인 것처럼 주장하고 있다.

경제학이 실제로 야기한 결과를 한번이라도 살펴보았다면, 우리를 사회적·환경적 막다른 골목으로 이끌어온 주류 경제학의 견해에 의문을 제기하지 않을 수 없다. 좌·우파를 막론하고 각국 정부는 경제학의 권위를 빌려 무분별한 성장을 경제 침체와 고용 문제에 대한 만병통치약으로 여기고 있다. 하지만 경제성장 역시 현재와 미래의 우리를 위협하는 생태적 위험을 낳은 원인이 아니었던가?[4] 오늘날 세계는 불평등이 증가해서 소수의 사람들이 더욱더 부유해지는 사이 다른 수많은 사람들은 빈곤의 나락으로 추락하고 있다. 이런 상황을 어떻게 사회적·정치적으로 용인할 수 있단 말인가?[5]

* * *

이 책은 '발전'에 대한 비평서인 《발전은 영원할 것이라는 환상》의 후속편이다. 그 책에서는 '발전'을 사회적 관계와 자연에 대한 끊임없는 상품화로 정의했다.[6] 그런데 그 책에서 근본적인 문제를 충분히 다루지 않았다는 생각이 들었고, 또 세계의 상품화를 가능케 하는 바로 그 신념 체계에까지 서술 범위를 확대해달라는 독자들의 요구도 있어서 이 책을 쓰게 되었다.

만일 경제학이 '발전'이라는 개념을 핵심적인 부분으로 삼지 않았더라면, '발전'은 지금까지 세상에 등장하지도 않았을 것이고, 그 모든 실패를 무릅쓰고 살아남아 사회적인 동의를 얻어내지도 못했을 것이다.

그런 이유로, 경제학 내부에서 벌어지고 있는 논쟁에 뛰어들기보다는 역사학과 인류학의 학문적 성과를 바탕으로 경제학 그 자체를 받치고 있는 이론적인 토대에 문제를 제기할 필요가 있다. 이는 지금까지와 달리 경제학을 다른 모든 사회과학 분야와 동등하게 취급하겠다는 의미다. 이런 방식은 경제 '과학'이 스스로 다른 학문들보다 우월하며 독자적인 학문이라고 주장하기 시작하던 당시부터 필요한 일이었다. 바로 그런 태도가 경제 '과학'으로 하여금 가장 지독한 실수를 저지르도록 만들었기 때문이다.

그렇긴 하지만, 비판의 대상을 좀 더 엄밀히 선택해야 한다. 경제학계가 단일한 교리를 공유하는 집단이 아니라는 사실은 분명하다. 경제학계 내에는 하나의 학설을 계승하거나 반대하며 경쟁하는 학파가 무수히 많다(고전주의, 마르크스주의, 신고전주의 혹은 한계주의, 케인스주의, 제도학파, 계약주의, 통화주의, 조절주의, 신자유주의, 사회경제학 혹은 진화경제학 등).

이런 상황은 경제학이 자칭하는 과학적 위상을 다소 불확실하게 만들고 있다. 경제학자들이 공언하는 진리는 역사적으로 변화(이는 매우 정상적이다)하는 것을 넘어 경제학자들의 이념적 성향에 따라 달라졌으므로, 그들이 아무리 경제학의 '법칙'이나 원리가 자명하다고 주장해도 종종 주요한 정치적 논쟁의 대상이 될 수밖에 없었다.

경제학의 그런 특성 탓에 내부적인 논쟁은 다른 학문 분야들보다 격렬하게 진행되는 경향이 있고, 비판이 오갈 때면 경제학을 모르는 사람들까지 쉽게 논쟁에 뛰어들곤 한다. 그러므로 경제학의 이런저런 학파를 지지하지 않거나, 그들이 공유하는 검증되지 않은 공리들에 의문을 제기하는 일은 기이하지도 않고 신성모독도 아니다. 경제 '과학'의 또 다른 특징은 계층적인 분화이다. 그런 분화에 의해 경제학 전문지에 연구 결과를 발표하는 저명한 학자나 연구자들은, 텔레비전에 출연하고 신문에 글을 쓰거나 학교와 대학에서 경제학 개론을 보급하는 소위 '유기적 경제학자들'(안토니오 그람시의 '유기적 지식인'에서 따온 용어로, '유기적 지식인'이란 특정한 계급과 유기적으로 결합하고 있는 지식인을 의미한다)로부터 분리되었다. 그래서 경제학적 사고에는 두 가지 방법이나 형태가 있는 듯하다. 한쪽은 형식주의적인 수학을 즐겨 사용하며 경제 과정 중에 일어나는 수많은 상호작용을 연구소 안에서 재현함으로써 경제 과정을 예측하고 통제하려 한다. 다른 한쪽은 종종 '주류', '전통적' 혹은 '정상' 과학[7]으로 불리며, 미디어에 의해 정기적으로 걸러져서 기업 이전과 증권 거래의 불안정, 성장의 미덕, 재정지출 삭감, 가격 상승과 임금 상승 둔화를 정당화한다.

후자의 주장은 단순하고 도식적이다. 상식을 꾸며내고 자신을 둘러싼 세계를 이해하기 위해서 모든 이들이 이해해야 하는 '경제 문화'를 육성하는 사람들이 바로 그들이다. 달리 말하자면, 그들의 주장은 대개 절반의 진실에 불과하다. 예를 들어, 자동차를 유럽 공장에서 계속 생산하려면 임금이 낮은 나라들의 경쟁 압력에 맞서기위해 노동자의 임금수준을 낮출 수밖에 없다는 그들의 주장은 너무도 당연해 보인다. 하지만 그들은 노동자의 임금이 삭감되는 이유가 실은 오로지 경제학자들만이 꾸준히 그 이론적인 장점을 믿고있는 '순수한 완전경쟁'의 미명 아래 정부가 시장 개방을 강제했기때문이라는 사실은 전혀 언급하지 않는다.

* * *

그래서 이 책은 경제학적 통설에 대한 비판에 집중하고자 한다. 이 책의 첫째 목표는 주류 경제학에 속한 이들 사이에 이견이 없는 기본 원리, 즉 경제학의 다른 모든 이론을 이끌고 있는 기본 공리의 타당성을 살펴보는 것이다.[8] 건물의 기초가 손상되었는데 위층의 결함을 지적하고 수리하려 노력하는 게 무슨 소용이 있겠는가? 당연한 말이지만 이 책에서 제시된 비판은 새로운 게 아니다. 일부는 경제학자들 스스로 발표했던 사실로서, 문제를 제기한 경제학자들은 대개 비정통파로 분류되는 이들이다. 비정통파 경제학자들은 정통파 경제학자들을 공공연히 비판하며 경제학 원리들이 이치에 닿지 않고 근거조차 없다고 주장하곤 하는데, 이는 그들 스스로 명백하게 잘못된 가정들에 대한 경제학의 전형적인 믿음을 버렸기 때문이다. 이들이 연구하며 참고했던 많은 문헌들을 보면 그들이 대충 연구한 게 아니라는 사실을 잘 알 수 있다. 특히 중요한 주장들은 '탈자폐적 경제학을 위한 운동(Mouvement pour une économie post-autiste or Mouvement des éconoclastes)'(2000년 프랑스 소르본 대학 학생들이 주류 경제학은 현실 경제에 대해 설명하지 못한다며 다양한 경제학 교육을 요구하면서 시작된 운동)에서 제출되었는데, 이 운동은 2000년에 프랑스에서 시작되어 '경제학 다원주의를 위한 국제학회연맹(International Confederation of Associations for Pluralism in Economics, ICAPE)'[9]을 통해 영어권 국가들로 퍼져 나갔다.

하지만 '정통파'의 반론도 결코 적지 않았다. 정통파를 대표하는 경제학자들은 최근 수십 년간 '경제학적 연구'가 주류 경제학 모형의 타당성을 지켜줄 수 있는 다양한 안전장치들을 고안해왔다고 주장한다. 하지만 이런 변화가 경제학의 '기초'를 교육하는 곳으로 흘러들어갈지, 아니면 시장 경제학에 이로운 관점만 오히려 보강하게 될지는 지켜봐야 한다.[10]

* * *

이 책을 쓴 사람이 '진짜' 경제학자가 아니라서 당황스러울지도 모르겠다. 어쩌면 그래서 이 책이 적절하지 않다고 여길 사람도 있을 것이다. 하지만 반론은 간단하다. '진짜' 경제학자는 자기 학문의 공리에 대해 논쟁하는 게 거의 불가능하다. 이런 (아마도 중국의) 격언이 있다. "물고기야말로 물이라는 존재를 인식하기 가장 힘든 곳에 산다." 대부분의 경제학자들은 물고기나 마찬가지다. 자신이 활동하는 영역을 둘러싼 이념적·인식론적 환경을 파악하는 데 완전히 무능력하다. 그들의 관심은 온통 그 체제가 작동하는 방법이나 논문의 자료가 될 단편적인 사실들과 통계적인 요소를 바탕으로 이상적인 모형을 구축함으로써 자신들의 가설을 정당화하는 데 맞춰져 있다. 고전역학이나 물리학이 법칙을 수립할 때 공기 저항이나 마찰을 무시하는 것처럼, 경제학자들은 대체로 인간의 삶이라는 특성이 빠진 사회적 진공상태에서 연구를 진행한다. 그것이 '과학성'의 대가이다. 경제학은 과학성을 획득하기 위해 역사와 자연, 사회적 관습과 관계, 감정을 배제해야만 했는데, 한마디로 말해서 삶 그 자체를 배제한 것이나 마찬가지다. 그게 다가 아니다. 주류 경제학 추종자들은 자신들만이 열쇠를 가진 요새 안에 숨어서 경제학자든 비경제학자든 그들의 확신을 흔들어놓을 방법을 발견한 침략자들로부터 자신들의 안전을 지키기로 결의했다. 스티브 킨(1953~ , 신고전주의 경제학에 비판적인 후기 케인스주의 경제학자)이 언급했듯이 "(경제학적 정의에 따른) 합리적인 행동과 언제나 균형을 이룬 시장, 불확실성을 대체하는 대리변수(경제학에서는 측정하기 힘들거나 수치화해서 계산하기 힘든 요소를 다른 요소로 대체해 계산하는데, 이를 대리변수 혹은 대용변수라고 한다)와 같은 위험 요소 등 경제학적 가정이라는 갑옷으로 철저히 무장하기 전에는 주류 학계의 경제학 전문지 어디에도 논문을 낼 수 없다. 이런 방식을 학문적인 출세로 가는 길을 지키는 보호 수단으로 삼는다는 것은 그들이 경제학의 정통성을 규정하는 일련의 가정을 지키는 일을 무엇보다 중요하게 생각한다는 의미이다."[11]

다른 세상을 가능케 하려면 그 첫걸음은 지금의 경제학과 완전히 다른 경제학의 가능성 혹은 경제학적 다원주의를 상상하는 것이 되어야만 한다.

이 책을 구성할 때 한 가지 문제는 표준 경제학의 기초를 이루는 가정들이 밀접하게 얽혀 서로를 떠받치는 형태라서 여러 가정들을 동시에 다루어야 한다는 사실이었다. 하지만 그건 불가능하기 때문에 뒤얽힌 가정들을 각각의 장에서 풀어서 살펴보고, 최종적으로 그 가정들이 의심스러운 '경제학적 합리성'의 단단한 쇠사슬을 어떻게 형성하는지 종합해볼 것이다. 독자가 보기에 이번 장에 있어야 할 것 같은 내용이 왜 다른 장에 들어 있는지는 이것으로 이해되리라 생각한다. 저자가 제멋대로 배치한 것처럼 보일 수도 있겠지만, 최대한 중복을 피하려면 어느 한 부분을 선택해서 실을 수밖에 없었다.

그리고 주요한 논의를 혼란스럽게 만들 수도 있는 과도한 인용을 피하고 각각의 요점을 명확히 하기 위해 상세한 설명은 주석으로 덧붙였다. 독자들은 주석을 건너뛰고 읽어도 상관없으며, 주석을 읽지 않더라도 핵심적인 부분을 놓칠까 걱정할 필요는 없다.

* * *

이 책에서는 현재의 주류 경제학과는 다른 상상력으로 만들어진 경제학을 바탕으로 새로운 정책을 고안해내려 시도하지 않았다. 생태적 위협과 사회적 불평등과 같은 핵심적인 문제를 해결할 정책에 대해서는 이미 적지 않은 의견들이 제출되어 있다. 하지만 이런 문제들은 모두 오늘날 세계를 지배하고 있는 경제체제의 특성에서 비롯된 결과이기 때문에, 경제체제와 분리해서 개별적으로 해결할 수 없다. 환자에게 질병의 증상을 완화시키는 약을 줄 수도 있지만, 질병의 원인 그 자체에 조치를 취하는 게 더 바람직하다는 사실을 모르는 사람은 없다. 지금까지 제도적인 일탈과 그 결과로 나타난 해악을 고치기 위한 환경보호세나, 빈곤 문제를 해결하기 위한 긴급한 사회사업 기획 같은 것들이 수없이 제출되었다. 왜 아니겠는가? 하지만 그러한 기획을 지원했던 사람들조차 인정하면서 유감스러워했던 것처럼, 그런 기획으로는 근본적인 문제를 거의 바꿀 수 없다.

문제의 뿌리로 가야 한다. 설령 우리에게 그 뿌리가 존재하지 않는 것처럼 믿게 하거나, 경제 '과학'이 자연의 질서에 부합하고 필수 불가결한 것처럼 믿게 하려고 설계된 이론적인 구조에 의해 그 뿌리가 가려져 있다고 할지라도 말이다. 무엇보다 이 책의 핵심은 오늘날 우리가 직면하고 있는 문제의 뿌리를 뽑는 게 가능하다는 사실을 보여주는 것이다.

마리-도미니크 페로와 프랑수아 바포일, 장-노엘 드파스쿠아, 필립 뒤랑, 프레데릭 로베르트-니쿠드에게 감사를 표하고 싶다. 이들은 수고를 마다하지 않고 이 책의 초고를 읽고 엄격한 비평을 해주었다. 서로 다른 학문 분야를 전공했기 때문에 상반되는 의견들도 있었지만, 그들 간에 어긋나는 주장을 굳이 하나로 일치시키려고 애쓰지는 않았다. 하지만 그들의 의견을 들음으로써 많이 배울 수 있었으며, 그들 덕분에 최종 원고에 실었던 주장을 상당히 개선했고 두드러진 오류들을 피할 수 있었다. 그러므로 남아 있는 오류는 전적으로 필자 본인의 잘못이다.

영어판을 내기 전에 다시 책을 살펴보면서 일부 주장을 더욱 진전시켰으므로, 영어본이 프랑스어 원본에 비해 상대적으로 더 나을 것이다. 영어로 번역해주신 패트릭 캐밀러 씨께도 감사드린다.

차례

1장

경제학과 역사학, 인류학

먼저, 경제학을 다른 사회과학보다 우위에 두지 않고 아무런 특권
도 없는 학문으로 다루게 될 경우 어떻게 될지 간략하게 살펴보자.
그것은 경제학에도 외부 비판을 도입한다는 의미이다. 외부 비판이
중요한 이유는 내부적인 비판이 이롭지 않아서가 아니라, 그동안
경제학이 '경제적 사실'이 어떤 것인지 정의하는(그럼으로써 '경제
적 사실'이 아닌 그 외의 것들과 분리하는) 공리와 가정들을 바탕으
로 구축된 폐쇄적인 경제학 내부의 비판만으로 운영되어왔기 때문
이다.

경제 '과학'이 다른 사회과학으로부터 독립한 것은 극히 최근의
일이다. 오늘날 별개의 학문이라고 구분하거나 인식하는 다양한 학
문들은 한때 밀접하게 얽혀 있었다. 계몽주의 시대의 사상가들은
케네(1694~1774, 중농주의 학파의 창시자)처럼 의사인 동시에 중농주의
자가 될 수 있었으며, 루소처럼 정치 이론가이자 인류학자이면서
음악가일 수 있었고, 애덤 스미스처럼 윤리학자이면서 '경제학자'
일 수 있었으며, 볼테르처럼 논객이면서 재정가가 될 수도 있었다.

역사적 판단을 무비판적으로 받아들이는 사람이 아니라면 이 각각의 인물들에게서 어떤 능력이 더 우월했는지 쉽게 판단 내리지 못할 것이다.

독립적인 학문이라는 함정

역사적으로 살펴보면, 당시 사회적 사실을 관찰하는 다양한 연구들은 동일한 기반에 뿌리를 두고 있었다. 경제학을 동일한 기원을 갖는 다른 학문들과의 관계 속에서 고찰해봐야 하는 이유가 여기에 있다. 그와 동시에 18세기는 가격과 거래, 생산을 다루는 방식에서 그 이전의 과거와 단절하기 시작한 시기라는 사실도 인식해야 한다. 이러한 단절로 인해 그 뒤 '사회적 복리'가 증가했는지는 의문이지만 말이다.

　당연한 이야기지만 세상을 바라보는 방법은 수 세기에 걸쳐 변화해왔다. 그리고 이러한 변화는 일반적으로 '꾸준한 진보' 덕분이라고 받아들여지고 있다. 사실 진보라는 개념은 17세기 근대주의자들이 고대주의자와의 논쟁에서 승리한 이후 통용되기 시작했으므로, 18세기에는 상대적으로 새로운 개념이었다(루소는 진보를 믿지 않았다!).[1] 코페르니쿠스는 우리를 천동설이라는 망상에서 벗어나게 해주었고, 마젤란은 마침내 지구가 둥글다는 사실을 입증했으며, 뉴턴은 신학이 아니라 수학을 바탕으로 우주의 법칙을 설명했다. 그렇다면 상인에게 가해지던 부당한 모욕을 중단시키고, 사회생활과 경제적 교환을 위한 최고의 수단을 발견했으며, 수많은 오류들을 떨쳐낸 애덤 스미스와 그의 추종자들에게도 당연히 경의를 표해야 하지 않을까? 이런 문제 제기에 대해 간단히 답하자면, 우리에게는 언제라도 그 '역사적 진보'로 인해 얻거나 잃어버린 것이 무엇인지 자유롭게 의문을 제기할 수 있는 권리가 있다. 게다가 역사학과 인류학의 관점에서 보면, 초기 경제학자들이 이론을 세울 때 기반으로 삼았으며 그 후세들이 검증하지 않고 방치했던(혹은 포기할 용기가 없었던) 가정들에는 의심스러운 부분이 많다.

아리스토텔레스부터 중농주의자들까지의 초기 경제 '과학'은 특정한 사회현상을 설명하거나 해석하려는 이론에 머물러 있었지만, 그들의 후예는 점점 더 규범적이고 권위적으로 변해갔다. 이들은 계몽주의에 뿌리를 둔 당시의 인류학(인간, 사회, 자연에 대한 통찰)과 법칙들을 발견하기 시작했던 자연 물리학에서 베낀 '사회 물리학'을 바탕으로, 생산과 교환을 관리하고 모든 이들의 최대 만족을 보장할 수 있는 체제를 정의해야 한다고 주장했다. 하지만 이 계획을 실현하기 위해서는 다수의 가설을 진리로 포장할 필요가 있었다. 이 가설들의 임시 목록에는 다음과 같은 것들이 포함되었다. "모든 사회에는 시간의 흐름과 상관없이 동일하고 불변하는 '인간의 본성'이 존재한다. 그러므로 개인의 행동은 주변 상황과 상관없이 설명 가능하고 예측할 수 있다. 모두는 아닐지라도 최대 다수의 사람들에게 최대의 만족을 줄 수 있는 모형을 고안해낼 수 있으며, 이 모형을 이용해 개인의 행복과 집단의 번영에 기여할 수 있다."

(18세기 초반에 이미 등장하기 시작했지만 경제학자들이 하찮게 취급하거나 무시했던) 다른 사회과학 분야들이 이 가정의 보편성에 의문을 제기했지만, 경제학에서 이 '진리들'은 오랜 기간 자명한

것으로 받아들여졌다. 우리는 다른 사회과학 분야의 연구를 다시 살펴보고 경제 '과학'의 주장과 비교해 보아야 한다. 이는 학문적 상대주의에 대한 열정 때문이 아니라, 경제학자에게 이론이 '현실'을 대체하기라도 한 것처럼 마법에 걸린 세계를 묘사하는 대신 지금까지 무시해왔던 사회적 관습의 영역에 초점을 맞추도록 하기 위해서이다.

시선 바꾸기

아인슈타인이 말했듯이 "무엇을 볼 수 있을지 결정하는 것이 이론이다." 그러므로 경제 '과학'이 스스로를 '현실'을 이해하기 위한 주요한(혹은 유일한) 개념적 틀로 일단 확립해버리고 나면, 어디까지가 이론이고 어디서부터 그 이론에서 파생된 '사실'인지 구별하기가 어려워진다. 아인슈타인의 이야기는 그로 인해 필연적으로 발생하게 될 결과를 보여준다. 어떤 이론을 적용하느냐에 따라 '현실'은 다르게 보일 것이다. 예를 들어, 원자에 대한 지식 덕분에 우리는 예전과 다른 개념으로 물질을 이해하게 됐다. 하지만 소금을 나트륨과 염소라는 두 개의 원자의 결합으로 정의하는 것으로는 그것이 어떤 맛인지 전혀 알 수 없다. 나무에 대해서도 시인이 바라볼 때와 식물학자나 삼림학자가 (생물을 생명이 없는 상품으로 바꾸어버리는) '자원'으로 평가할 때는 다르다. 세상을 이해하는 방법은 여러 가지이며 우리가 어떤 안경을 쓰느냐에 따라 달라진다. 세상을 살아가는 방법은 다양하며 우리가 마음속에 어떤 목표를 품느냐에 따라 달라진다. '경제학적 상품' 역시 우리가 어떻게 보느냐에 따라 달라지지 않을 이유가 무엇인가?

이 책은 두 가지 가정에서 출발한다. 첫째, 다소 진부하긴 하지만, (다른 모든 사회와 마찬가지로, 서구 사회가 이를 부정하고 자신이 우월하다고 주장한다 할지라도) 서구 사회도 다른 사회와 다르지 않다는 가정이다.[2] 둘째, 모든 사회에는 이성적인 부분과 공상적인 부분을 결합해서 구성원들이 받아들인 '이론'이나 '관점'이 있으며, 이를 통해 세상을 이해하고 사회의 관습을 결정한다는 가정이다. 간단히 말하자면, 어떤 사회의 사람들은 모든 인류가 평등하다고 생각하지만/믿지만, 다른 사회의 사람들은 누구나 출신 성분에 따른 카스트에 속한다고 생각한다/믿는다. 어떤 이들은 지구를 어머니 같은 여신〔안데스 사람들이 믿는 파차마마(Pachamama)〕이라고 생각하는/믿는 반면, 다른 이들은 지구를 개발할 수 있는 '자원'으로 생각한다/믿는다. 이에는 수없이 많은 예가 있을 것이다. 역사적으로 보면, 건강이 네 가지 체액의 균형에 달렸다고 생각하는/믿는 사람들이 있었고, 바이러스 같은 것들이 존재한다고 생각하는/믿는 사람들이 있다. 지구가 평평해서 그 끝에 다가가면 위험하다고 생각하는/믿는 사람들이 있었고, 지구가 둥글며 배로 일주할 수 있다고 생각하는/믿는 사람들이 있다. 오늘날 어떤 이들은 아프리카인들이 마법의 존재를 '믿는다'고 생각한다. 하지만 아프리카인들은 마법이 존재하지만 일상생활의 일부라는 사실에 주의하는 정도 이상으로는 생각하지 않는다. 어떤 이들은 다른 사람들의 '믿음'을 헐뜯는 경우도 있는데, 이들은 언제나 다른 사람들이 잘못된 것을 '믿는다'고 생각하는 불신자들일 뿐이다. 하지만 여기에서의 요점은 어느 한쪽으로 결정하거나, 누가 옳고 누가 그르다고 이야기하려는 게 아니다. 그 '믿음'이 무엇이든 간에, 바로 그 믿음이―그 믿음에 동의하는 사람들에게는―그들이 따라야 하는 **실체적 진실**을 구성한다는 사실이다. 힌두교도는 자신이 속한 카스트 내에서만 혼인할 것이고, 남미의 원주민 농민은 산업화된 농장주와 같은 방식으로 행동하지 않을 것이다. 암소를 '신성'하다고 생각하는 사람들은 누구나 쇠고기를 삼가고 소가 길을 건널 수 있도록 멈춰 설 것이다.

　서구 사회도 이런 법칙에서 예외가 아니다. 서양이 발명한 경제 이론도 마찬가지다. 그 가정들에 대한 문제 제기를 통해 경제학의 특징을 나타내는 (불합리하거나 믿음의 영역에 속하는) 공상적인 부분들을 들춰낼 수 있을 것이다. 약간 앞서가서 미리 말하자면, 경제학 이론의 바탕에 깔려 말로 표현되지 않는 공상적인 요소는 **전쟁의 패러다임**에 속해 있다고 말해도 좋을 것이다. 인간 대 자연, 인간 대 인간의 전쟁 말이다. 원래부터 부족한 상태라는 경제학의 희소성 가설은 (재생 가능한 자원만이 아니라 재생 불가능한 자원까지) 모든 자원을 개발해서 자연에 대한 전쟁을 수행할 수밖에 없도록 만들며, 모든 사람이 모든 상황에서 자신의 이익만을 추구한다는 가설은 경쟁과 사회적 불평등을 정당화한다. 우리에게 자연과 더불어 사는 삶과 연대, 객관성에 바탕을 둔 다른 종류의 상상이 담긴 패러다임이 필요하다면, 그 패러다임의 일부를 전통적이거나 '원시적인' 경제형태에서 찾을 수도 있을 것이다. 다른 경제형태 속에서 살아가는 사람들의 모습은 다른 방식으로 세계를 구축하는 것이 가능할 뿐만 아니라 실제로 존재한다는 사실을 보여준다. 물론 서구인의 눈으로 보자면 "그런 사람들은 미쳤다." 하지만 우리가 그런 광기의 일부를 이용해 우리의 삶을 지배하는 실체적 진실을 변화시키기로 의견을 모은다면 어떻게 될까? 그런 입장에는 의심할 바 없이 반동적인 '신원시주의(neo-primitivism)'라는 낙인이 찍힐 것이다.[3] 하지만 이 주장의 목표가 '시계 거꾸로 돌리기'가 아니라 우리의 인식론(지식에 대한 우리의 이론)을 바꾸고 그것의 구조 일부가 불합리하다는 사실을 인식하자는 것이므로, 나는 그 입장이 정당하다고 계속 옹호할 것이다.

경제사와 인류학의 도움을 받는다는 것은 시대에 뒤떨어진 낡은 관습을 다시 꺼내들거나 외국의 경제형태를 받아들이자는 의미가 **아니라 세상을 지금과 다른 방식으로 보자**는 것이다. 이를 통해 교환을 시장이라는 좁다란 관점에서만 사고하려는 망상을 떨칠 수 있다. 교환이 그토록 제한적이었다면 어떤 사회도 현실 세계에서 살아남지 못했을 것이다. '진짜' 경제학자들은 학계에서 종종 인류학자들을 불신하고 때로는 업신여기기도 한다. 경제학과 인류학은 무엇보다 방법론이 다르다. 인류학자들은 관찰하고 기록하지만, 경제학자들은 계산하고 상태가 어떻게 되어야 할지 생각한다. 거기에 덧붙여 대부분의 경제학자들은 진보라는 이념에 굴복해 역사가 '전진한다'고 생각하기 때문에, 과거의 진리나 과거에 가능했던 일들을 완전히 망각된 것들로 취급해버린다는 사실 역시 간과해서는 안 된다.[4] 반면에 인류학자들은 호혜주의와 재분배, 선물 교환 같은 기본적인 규칙의 존중을 통해서 인간성이 발현된다고 주장한다. 경제학자들에 대한 이런 반론은 여전히 계속되고 있다. 경제 '과학'의 신봉자들에게는 진보라는 이념이 무엇보다 중요하다. 그 이념이 최근 몇 년 사이 추진력을 잃어가고 있긴 하지만 말이다.[5] 반면에 인류학자들은 경제학 모형을 만든 이들이 거의 주의를 기울이지 않는 사회적 관습의 다양성을 중요하게 생각한다. 이 책의 목표는—16세기 스위스 제네바의 사제였던 유르뱅 샤베통의 멋진 표현을 인용하자면[6]—"다른 이들의 얼굴에 비친 우리를 관찰"함으로써 그 문제를 다른 관점에서 접근해보려는 것이다. 즉 먼 곳에 살면서 다른 관습에 익숙한 사람들의 당혹스러운 눈으로 우리 사회를 바라보려고 한다. 이런 방법이 서양의 두드러진 특징이었던 우월감이나 교만하기까지 한 의식을 없애는 데에도 도움이 될 것이다.

불필요한 오해를 피하기 위해 이 책이 채택한 접근법을 보다 명확하게 설명하는 게 좋겠다. 세계화가 성공을 거두고 있는 시점에 사라졌거나 사라지고 있는 사회들의 관습을 참고하는 게 무슨 소용이냐는 의문이 있을 수 있다. 이제는 '지구촌'에 강제로 통합되거나 변방으로 밀려나버린 '야만인들'에게서 우리가 배울 만한 게 정말 있을까? 구시대에 통용되었거나 근대성에 의해 지워지고 사라져버린 전통적인 견해로서 21세기의 문제를 해결하려고 하는 게 말이 되는 걸까? 우리가 이전 사회의 허울뿐인 화합을 너무 자주 곱씹다가 '반동적인' 방향으로 헤매게 될 위험은 없을까? '전통'적인 관습을 하나의 모형으로 제시할 때마다 사람들은 사회진화론에 길들여진 사고방식 때문에, 이런 의문을 제기하기도 하고, 이성적으로 낯설어 하는 정도를 넘어 서구의 가치척도로 '비인간적'이라고 바라보기도 한다. 하지만 실제로는 문제의 그 관습들과 전통들 대부분은 사라지기는커녕 아프리카 시골이나 노르망디의 농장에서뿐만 아니라 산업화된 국가들의 도시에서까지 아주 생생하게 살아 있다.

게다가 그 관습들에는 '자기 일은 자기가 알아서 한다'는 주류 경제학의 자유주의적인 이념을 뛰어넘어 (조지 오웰이 말했던) '공공의 예의(common decency)'라는 가치가 담겨 있다.[7] 그런 사회가 목가적이며 다툼이 없는 사회라고 주장하려는 게 아니다. 그들 안에도 경쟁이 존재하긴 하지만, 표준 경제 '과학'의 가정들이 정당한지 의심케 하는 교환 형태들도 실재하고 있다는 사실을 알려주려는 것이다. 다른 모든 전통들과 마찬가지로, 이들의 관습도 시간의 흐름에 따라 변화하고 세상의 변화에 적응하며 핵심적인 존재 이유를 지켜나간다. 그들은 끊임없이 스스로를 수정하면서 정체성을 지켜나가는 우리 각자와 다르지 않다. 변하지 않는 전통은 죽은 전통이며 박물관 전시용으로나 적당할 뿐이다. 그뿐 아니라 우리를 둘러싼 세상에도 시장에 기대지 않은 활동과 삶의 방식이 존재하고 있다. 설령 경제학의 분석 틀이 우리가 그것들을 보지 못하도록 가로막아버리려 할지라도 말이다.

반론의 여지없이 우리는 이렇게 이야기할 수 있다. 오늘날 근근이 존재를 유지하고 있는 것은 호혜주의와 재분배를 바탕으로 한 전통적인 관습이 아니라 바로 시장경제다! 경제학이 시장 교환만을 자신들의 방정식에 포함시키는 것은 이미 결론을 내려놓고 거기에 맞춰 전제 조건을 만들기 때문이다. 그러나—금전적인 보상 체계를 넘어—교환의 모든 형태를 포함시키기 위해 이해의 범위를 확장하자마자 우리는 경제 '과학'이 무시하기로 결정했던, '시장 바깥'에서 다양한 양식과 형태로 규칙적으로 순환되는 모든 것이 지구적 수준에서 얼마나 중요한지 깨닫게 된다.

당연한 말이지만 신고전주의 경제학 이론과 '전통적인' 관습을 이렇게만 대비시키면 상황의 일면밖에 보지 못하게 된다. 그래서 시장의 패권에서 벗어나도록 해주는 여러 교환관계와 상호부조, 그리고 연대에 바탕에 둔 일종의 사회적 경제학을 발전시키려는 노력들을 주류 경제학과 비교해보려 한다. 그와 더불어 얼마나 오랜 사회적 투쟁이 교육과 사회보장, 그리고 나라에 따라서는 의료보장을 '무상으로' 가능하도록 만들었는지 보게 될 것이다. 이런 공공시설에도 비용—사회 전체에 의해 책정된 가격—이 들긴 하지만, 이것들이 사유화되지 않도록 하는 사회적인 저항이 계속되는 한 그 비용은 시장에 의해 설정되지 않는다. 따라서 앞서 말했듯이 시장 형태가 사회적 거래를 모두 장악했다는 이야기는 사실이 아니다. 경제인류학(인류학의 한 분야. 원시 부족사회를 포함한 다양한 경제형태와 활동을 연구한다)은 다음의 두 이유 때문에 기존의(혹은 신고전주의적인) 경제학의 허구성을 비판했다. 첫째, 자본주의와 사회주의라는 두 경제 형태에 대한 논쟁으로 국한되지 않도록 하기 위해서이다. 그 둘은 실질적인 결과로 보면 상당히 차이가 많지만 대체로 동일한 인식론의 토대 위에 있다. 둘째, 루소를 인용하자면 "사람을 연구하고 싶다면 자신과 가까운 사람에게 관심을 기울여야 하지만, 인류를 연구하고 싶다면 시선을 더 넓혀야 한다. 고유한 속성을 발견하기 위해서는 먼저 차이점을 관찰해야 한다."[8] 그러므로 시공간적으로 멀리 떨어진 곳들을 살펴보는 게 방법론적으로 필요하다. 다양한 사회가 경제(생산, 소비, 교환 방식)를 사고했던 방식들, 그리고 그런 경제의 운영 규칙을 수립하기 위해 구상했던 다양한 근거들의 공통점과 차이점을 이해하기 위해 우리는 먼 곳을 바라봐야 한다.

단순화에서 복잡성으로

새롭게 수립되어야 할 경제학 패러다임은 오늘날 지배적인 경제학 패러다임과 어떤 면에서 다를까? 지금의 탐구 단계에서 확실히 말할 수 있는 것은 새로운 경제학은 더 다양해지고 더 복잡해질 것이라는 사실 정도이다. 사람들은 어디에 살든지 태고 때부터 생산하고 소비하고 축적하고 분배하고 교환했다. 이것은 너무 당연한 사실이라 쟁점조차 되지 못한다. 역사적으로 지리적으로 서구 사회에서 멀리 떨어진 사회들이 경제 현상을 사회생활, 정치권력, 종교, 신화, 사회적 의무와 구별하지 않았다고 할지라도, 기상학자가 존재하기 전에도 기후가 존재했듯이 '경제'는 어떤 의미로든 항상 존재했다.[9] 경제 '과학'이 이런 방대한 일련의 관계들을 노동 분업과 시장 교환, 개인의 합리성, 효용성 추구라는 관점으로 세상을 바라보기로 했을 때 모든 것이 바뀌어버렸다. 인간 관습의 다양성은 단조로워지고 모든 행위는 이기심으로 추동된 계산 가능한 활동으로 축소되어버렸다. 그중에서도 도저히 받아들일 수 없는 것은, 인간이 다른 이들과 관계 맺고 재화를 만들어 사용하는 데 다양한 의미를 부여해주는 수많은 '좋은 이유'를 무시하고, 단 하나의 획일화된 '경제 논리'를 강요한다는 점이다.

경제 '과학'의 특징인 단순화를 참고 받아들이는 것이 이성적이지도 않고 합리적이지도 않은 것은 바로 그 이유 때문이다. 물론 모든 '모형'에는 어느 정도 추상적인 부분이 있을 수밖에 없으므로, 수학 공식을 바탕으로 한 이론 구조가 때때로 현실 세계에서 멀어지는 상황을 어느 정도 용인할 수는 있다. 하지만 여기서 주요한 논점은 방법론의 차원이 아니라, 경제학이라는 학문이 바탕으로 하고 있는 전제와 공리 들이다. 종교 교리와 다르지 않은 경제학의 암묵적이거나 명시적인 가정들이 바로 논쟁의 대상이다. 꾸준히 사회적 관습들에 관심을 기울여온 여타 학문들의 접근법을 이용해 이 가정들에 의문을 제기할 필요가 있다.

2장

실패한 과학적 야망

다른 학문 분야와 마찬가지로 경제 '과학' 분야도 학계나 행정부, 국제기구에서 명망 있는 일자리를 차지하려는 권력 싸움 때문에 골치가 아픈데, 소위 '노벨 경제학상'을 받으려는 경쟁이 그 절정을 이룬다. 노벨 경제학상 앞에 '소위'라고 붙인 이유는 그 상이 노벨이 제정한 게 아니라, 1969년 스웨덴 중앙은행이 '알프레드 노벨을 기리며' 제정한 상이기 때문이다. 노벨의 손자가 "리크스방크(Riksbank)는 자기 알을 다른 새의 둥지에 집어넣었다"며 이름 도용에 항의했지만 소용없었다. 이 새로운 노벨상은 경제학에 과학적인 권위의 아우라를 씌우면서, 경제 '과학'이 정치적이라는 의심의 굴레에서 벗어나도록 하는 데 큰 영향을 끼쳤다.[1]

여기서 최고의 지위는 수학적인 모형에 충실하면서 세계를 신고 전주의적 관점으로 바라보는 사람들이 차지하며, 이들은 그 지위를 이용해 미국에서 가르치는 것과 같은 경제학적 이상을 재생산한다. 그렇긴 해도 직업적 경제학자들은 기업이나 은행에서 전문경영인들과 어깨를 나란히 하는 고용인, '주요 논문'을 읽지 않는 교사, 비정통파 경제학자, 공공기관에 종사하는 경제 예측 전문가, 경제 기자 등을 포함한 복잡한 집단을 형성한다. 결론적으로 말해서 "'경제학자'란 경제학자라고 자칭하는 모든 사람이다."[2] 여기서 중요한 사실은 사다리 꼭대기에 오른 경제학 분야의 '선도자'들이 자신들의 연구가 수학적인 형식을 갖춤으로써 '순수한' 과학의 지위를 획득했다고 생각한다는 점이다.[3]

경제학 전문가들 사이에서도 수학적 모형을 사용하는 것은 논쟁의 대상이 되고 있다. 즉 모든 경제학자가 수학적 모형에 굴복한 것은 아니다. "과학사를 공부해본 사람이라면 형식주의에 매료된다는 것은—수학은 본래 형식주의의 한 종류다—과학이 과학만능주의로 추락하는 명백한 징후라는 사실을 어느 정도 알고 있을 것이다. 수학이라는 부적은 방법론적인 강점보다는 취약점의 증거가 된다."[4] 그렇다고 해도 보편적인 승인을 받기 위해서는 기하학적 엄밀함을 지켜야만 하는 상황이라면, 자신이 내린 결론의 타당성을 더 높게 인정받기 위해 기하학적인 증명에 더욱 의지할 수밖에 없지 않을까? 경제학은 다른 사회과학 분야들과 달리—다른 사회과학은 일반적으로 논증적이고 '서술적인' 논쟁으로 진행된다—수학 공식과 방정식으로 자신들의 생각을 표현한다. 경제학이 합리적이고 계산적인 **호모 에코노미쿠스**(Homo economicus)(경제적 인간, 주류 경제학의 인간 모형으로, 이성적으로 소비하며 개인의 무한한 이익을 추구한다)라는 가설을 기초로 수립되었다는 사실을 염두에 둔다면 조금도 놀랄 일이 아니다.

앞으로 살펴보겠지만 신고전주의 경제학의 과학적 허세는 현재의 과학 분야를 주도하고 있는 논증 형식을 기반으로 하고 있지 않

다. 경제학은 뒤로 돌아가도 너무 돌아가서 경제학이 처음 '발명'되던 그 당시의 과학에 머물러 있다.[5]

역학의 승리

17세기 후반에서 18세기 초반 사이, 철학적 논법에서 과학적 논법으로 넘어가는 중요한 변화가 일어났던 그때로 돌아갈 필요가 있다. 이때 데카르트와 라이프니츠는 세계와 인간관계(언어) 모두를 수학을 통해 이해하려 시도하며 비슷한 시기에 **보편수학**(즉 '주체가 없는 담화')을 제안했다. 본질과 현상을 구분하고, 흙과 불, 공기, 물(혹은 열, 냉, 건, 습)을 4원소로 구분했던 아리스토텔레스의 전통에 맞서서, 갈릴레오는 "자연은 수학이라는 언어로 쓰였다"라고 주장했다. 논증과 수학이라는 두 개의 체계는 오랜 기간 상호 보완적이었는데, 이는 뉴턴 물리학을 '모든 이들의 손에 닿도록' 하려던 볼테르의 시도에서 볼 수 있다. 1687년 뉴턴은 18세기 전반에 걸쳐 물리학을 지배했던 《자연철학의 수학적 원리(*Mathematical Principles of Natural Philosophy*)》를 발간했는데, 볼테르는 교양 있는 독자들이 물리학에 흥미를 갖고 쉽게 읽을 수 있도록 하기 위해 《뉴턴 철학의 요소(*Élements de philosophie de Neuton [sic] mis à la porteé de tout le monde*)》(1738)를 썼다. 그리고 달랑베르와 디드로〔달랑베르(1717~1783)와 디드로(1713~1784)는 18세기 프랑스의 대표적인 계몽주의 사상가로 흔히 백과전서파로 불린다〕가 1751년부터 1766년까지 발간했던 《백과전서 혹은 과학, 예술, 기술에 관한 체계적인 사전(*Encyclopédie ou dic-*

tionnaire raisonné des sciences, des arts et des métiers)》에서도 볼 수 있다. 이 유명한《백과전서》의 표제에서 나타나는 과학의 우위에 주목할 필요가 있다.《백과전서》는 서문에서 물리학 혹은 자연학을 기하학과 산수, 대수학으로 이어지는 핵심적인 과학으로 묘사했다. 또한 그 시대는 영국왕립협회를 본뜬 학회들이 베를린(1700), 상트페테르부르크(1725), 스톡홀름(1739)에 만들어지던 때이며, 레온하르트 오일러의 연구 성과에 대한 찬사가 쏟아지던 때이고, 윌리엄 왓슨(1746)과 벤자민 프랭클린(1749)이 전기 현상을 발견하고, 프랭클린이 피뢰침을 발명하던 때이며, 칼 폰 린네(1735)가 자연을 체계적으로 분류하기 시작하던 때이고,[6] 라메트리가《인간기계론(*L'hommena chine)*》(1748)을 발간했던 때이며, 제임스 와트가 증기기관을 제작했던 때였다.

전 유럽에 걸쳐 과학적인 활기가 넘쳐나던 그 이례적인 순간에 계몽주의가 등장했으며, 튀르고와 케네〔튀르고(1727~1781)와 케네(1694~1774)는 프랑스의 대표적인 중농주의 경제학자로 애덤 스미스에 영향을 미쳤다〕, 애덤 스미스 같은 초기 경제학자들도 계몽주의 운동에 참여했다.[7] 이 경제학의 창시자들은 새로운 과학이 탄생할 때 일어나게 마련인 논쟁이나 실험에 개인적으로 뛰어들 생각은 없었던 것 같지만, 그들은 당시까지 군주나 교회 권력에 종속되었던 생산과 소비, 교환의 제약을 떨쳐내고, 자신들이 선택한 이 분야를 시대의 조류에 따라 자연법칙과 가치중립적인 '과학'의 측면에서 이해하려 노력했다.[8]

디드로가 중농주의자들을 "새로운 과학, 특히 경제 과학으로 알려진 분야를 탄생"시켰다며 찬양했던 사실은 꽤 흥미롭다. "〔그들의] 모든 연구는 간결하고 명확한 정의로 집대성을 이루었으며, 인간의 자연법칙과 사회의 자연 질서, 그리고 사회 안에 살아가는 인간들에게 가장 유익한 자연법칙을 밝혀냈다."[9] 뒤퐁(1739~1817, 프랑스 중농주의자)은 《백과전서》에서 자신이 맡은 부분에 "독창적인 '경제표'[경제순환(생산, 유통, 분배)을 단순재생산 과정으로 설정하고 만든 도표]의 발명자인 케네 이래로 이 학문은 엄격한 과학이 되었다. 모든 부분들을 기하학이나 대수학과 마찬가지로 정확하고 명백하게 증명된 것으로 받아들여도 된다"[10]라고 썼다.

경제 현실을 자연 질서의 한 부분으로 다루고자 했던 이 새로운 과학은 불가피하게 귀스도르프가 그 시대의 '정신 공간(mental space)'이라 부르던 영역에 스스로를 끼워넣을 수밖에 없었는데, 그 시대의 '정신 공간'은 독자적으로 성공을 이루어서 인간 과학을 위한 하나의 본보기가 되었던 역학적 물리학이 지배하고 있었다. 당시 계몽주의자들은 하느님을 우주의 '위대한 시계수리공'(볼테르)이나 '위대한 건축가'(프리메이슨)로 생각했다. 이는 자연 질서와 신학을 결합시키려는 마지막 시도였다. 정치 과학에서도 이런 역학적인 용어를 사용했다. 권력의 균형을 유지하기 위해 '견제와 균형(checks and balances)'을 주장했고, 홉스가 이미 제시했던 '정치적 산술(political arithmetic)'에 의지했다. 뉴턴 역학에 압도당하고, 역학의 언어에 익숙한 이 '정신 공간'은 풍차와 시계, 기계와 새로이 떠오른 증기기관의 세계 안에 존재했다.[11] 사회현상을 사실상 자연현상에 상응하는 존재로 간주했으므로, 자연과학과 마찬가지로 경제학도 '자연 질서'에 관한 동일한 어휘를 이용해 '법칙'이라는 측면에서 설명되어야 했다.[12] 하지만 엄밀히 말하자면, 역학이 경제

'과학'보다 먼저 유명해지긴 했어도, 초기 경제학자들이 자신들의 연구에 물리학 개념들을 '차용'했다기보다는 오히려 경제학적 설명에 과학적인 특성을 부여하기 위해 물리학과 동일한 의미론적 세계를 공유했다고 보는 게 정확할 것이다.[13] 이는 경제 '과학'이 다음과 같은 개념들을 바탕으로 법칙을 만든 이유이기도 하다. (시장의) 균형(equilibrium), (예산, 무역, 지출의) 균형(balance), (공급과 수요의) 탄성, (시장의) 힘, (시장 참여자의) 원자화, (돈을 대가로 한 상품과 용역이 교환되는) 순환, (자금의) 흐름, (경쟁에 방해가 되는) 마찰, (현금 자본보다 신용 자금을 선호하는) 지렛대 효과, (경제가 회복되는) 상승.

　이러한 유산에는 사회와 인간에 대한 자연화와 합리화에 전적으로 헌신했던 한 시대의 흔적이 고스란히 담겨 있다. 다양한 현상들을 설명하고 예측할 수 있도록 해주는 필연적인 '법칙'의 발견을 통해 사회는 논리적으로 일관성을 갖춘 존재가 된다.[14] 하지만 경제 '과학'을 자연과학(혹은 역학적 물리학)과 동일한 기반을 둔 사회 물리학으로 만들려던 계획은 곧 종말을 맞는다. 두 가지 이유 때문이다. 첫째, 자연과학은 19세기를 거치면서 기본적인 가정들을 상당히 많이 수정했다. 하지만 경제학자들은 다른 학문의 새로운 '발견들'에 전혀 주의를 기울이지 않았고 활용하려는 노력도 하지 않았다. 둘째, 보다 근본적인 문제인데, 자연 세계에서 도출된 '법칙'을 사회 영역으로 옮기는 것은 전혀 타당성이 없다. 제한적인 가정들을 계속 추가하더라도 태양계 모형으로 사회체제를 설명할 수는 없기 때문이다. 마글린이 '알고리즘적 지식'('경험적 지식'과 대비되는 개념. 마글린은 알고리즘적 지식의 특성을 전통, 경험, 통찰이 빠진 분석적·분절적·비인격적인 지식이라고 정의했다)이라고 부르는 사고방식을 사회과학에 적용하는 데는 한계가 있다.

열역학과 시간의 불가역성

뉴턴과 라플라스의 고전 역학 이론은 시간 차원을 무시하는 특성이 있다. 따라서 시간을 되돌릴 수 있다는 가역성(可逆性)을 전제로 한다. 간단히 말해, 한 물체를 A 위치에서 B 위치로 옮겼다가 언제라도 원래대로 되돌릴 수 있다면 시간은 전혀 중요하지 않다는 의미이다. 반면에 그동안 시간은 당연히 '순리대로'(따라서 불가역적으로) 흘러간다. 고전역학에서는 시간의 흐름과 상관없이 사건을 반대 방향으로 복원할 수 있다. 천체역학에서 천체는 영원히 규칙적으로 움직이므로 결정론적인 방식에 따라 그 천체의 미래 위치를 예측할 수 있다(혹은 예전의 위치를 재현할 수도 있다). 시간의 흐름은 계산에 영향을 미치지 않기 때문이다. 누구도 '시간을 거슬러' 가지 못하지만, 어떤 특정한 체계는 반대로 되돌릴 경우 변화된 부분을 초기의 상태로 되돌릴 수 있다. 마찰이 없는 진공 속에서 움직이는 천체나 미시(微視) 차원〔물리학에서 미시(微視) 세계는 원자보다 작은 세계를 의미한다. 양자역학이 적용되는 미시 물리학의 세계는 가역적이다〕에서만 가역성이 성립한다. 그래서 역학 이론을 일반화하는 것은 전혀 타당성이 없음에도 불구하고, 이에 대한 비판이 나오기까지는 오랜 시간이 걸렸다. 그 역사까지 언급하지는 않겠지만, 처음으로 역학 이론에서 벗어나 의문을 제기한 것은 열(熱) 실험의 결과였다. 따뜻한 물체의 열은 차가운 물체로 전달되지만(열적 평형 상태에 도달할 때까지) 반대로는 절대로 전달되지 않는다는 사실이 실질적인 불가역 현상을 보여주었다.

열역학은 두 가지 기본적인 원리를 바탕으로 출현했다. 첫째, 고립계에서 에너지의 양은 일정하게 유지된다. 라부아지에(1743~1794, 근대 화학의 아버지. 산소를 발견했으며, 화학 명명법을 개발하고 열역학 등의 기초를 쌓았다)가 말했듯, "아무것도 창조되지 않고 아무것도 소멸되지 않으며 모든 것은 변화될 뿐이다." 둘째, 고립계에서 '유용한' 에너지는 불가역적으로 줄어들며 '무질서'로 변환된다. 다시 말해 '엔트로피(entropy)'가 증가한다. 엔트로피는 시간의 흐름에 따라 증가하는 방향으로만 진행된다. 고전적인 사례를 들자면, 설탕은 물속에서 불가역적으로 용해된다. 반대로 돌리기 위해서는 시간만이 아니라 상당한 규모의 새로운 에너지가 필요하다. 이런 원리는 1824년 사디 카르노(1796~1832, 프랑스 물리학자)에 의해 최초로 발표되었으며, 1865년 루돌프 클라우지우스(1822~1888, 독일 물리학자)에 의해 정식화되었다. 그리고 클라우지우스가 엔트로피라는 개념을 도입했다. 이는 '유용한' 에너지가 열이나 역학적인 일(work)로 바뀌며 줄어드는 현상과 일치한다. 열과 기체로 바뀐 연료는 불가역적이므로 다시 사용할 수 없다(그럼으로써 경제적 가치를 잃는다). 당시 과학자들이 이 발견을 즉시 받아들인 것은 아니었지만, 고전역학뿐만 아니라 가역성에 바탕을 둔 고전역학의 모형은 이것으로 끝났다.

아주 간단하게 요약하긴 했지만, 도대체 이런 문제가 경제학 이론과는 무슨 상관일까? 한 가지 간단한 이유 때문이다. 초기 경제학자들은 당시 알려진 역학적 물리학을 바탕으로 자신들의 학문이 '과학적'이라고 주장했는데, 그 당시의 물리학은 이후 패러다임의 변화에 따라 속속들이 도전받았다. 경제학 이론이 '과학'이라는 칭호를 유지하려면 '현대 물리학'이나 열역학(그리고 새로운 사회학과 심리학)의 성과를 받아들여 문제 설정 방식에 변화를 주어야 했지만, 그들은 거만한 태도로 등을 돌렸다. 경제학은 스스로를 독립적인 '과학'으로 단정하고 초기에 만들어진 근거를 바탕으로 그 타당성에 대한 문제 제기를 피하면서 '법칙'들을 계속 유지할 수 있다고 생각했다. 하지만 "시간을 무시하는 정적인 논리에서 추론된 정보는 시간을 고려한 동적인 분석에서 추론된 정보와 완전히 반대일 때가 종종 있다. 경제는 근본적으로 동적이므로 정적 분석은 당연히 위험한 오류이다."[15] 경제학자들은 19세기를 지나며 가치에 대한 접근법을 완전히 바꾸긴 했다. 애덤 스미스부터 칼 마르크스에 이르는 고전 경제학자들은 가치가 **노동**에 기초한다고 판단했던 반면, 윌리엄 스탠리 제번스나 칼 멩거[윌리엄 스탠리 제번스(1835~1882)와 칼 멩거(1840~1921)는 한계효용 개념을 경제학에 도입한 한계효용학파의 창시자], 빌프레도 파레토, 프리드리히 아우구스트 폰 하이에크(1899~1992, 대표적인 신고전주의 경제학자로 1974년 화폐와 경기 변동에 대한 연구로 노벨 경제학상 수상), 레옹 발라(1834~1910, 제번스, 멩거와 함께 대표적인 한계효용학파 경제학자) 같은 신고전주의 경제학자들은 노동을 **효용**으로 대체했다. 경제학자들에게 한 상품의 효용은 그 상품에 대한 호감도와 등가이다. 즉 독약은 빵만큼 '유용'할 수 있다. 하지만 그렇다고 경제학자들이 역학적 이상을 포기한 것은 아니다.[16]

　레옹 발라는 고집스럽게 경제 '과학'을 역학과 천문학에 비교했다. 예를 들자면 "경제학이 천문학과 역학처럼 경험적이고 합리적인 과학이라는 사실은 이미 전적으로 명확하다. …… 그러므로 수리경제학은 천문학과 역학 같은 수리과학과 어깨를 나란히 하게 될 것이며, 그때가 되면 우리의 연구가 정당성을 갖게 될 것이다."[17] 다른 글에서 발라는 처음에는 (천문학이나 역학의 대상이 되는) 물리적 사실과 (수리심리학적 과학, 즉 경제학의 대상이 되는) 심리적 사실을 구분하고 싶어 하는 것처럼 보였다.[18] 발라가 경제학을 역학의 울타리 안에 넣으려던 시도를 포기했다는 의미일까? 전혀 그렇지 않다. 그 책의 바로 다음 페이지에서 발라는 이렇게 말한다. "가장 앞서 있어서 경쟁할 대상이 없는 두 개의 학문인 합리역학('합리역학(rational mechanics)'이라는 용어는 이제 거의 사용되지 않으며, 보통 '고전역학'이나 '뉴턴 역학'이라고 한다)과 천체역학이라는 수리물리학의 방법과 경제학의 방법이 동일하다고 수학자를 이해시키는 건 어렵지 않다."[19] 그는 이와 더불어 몇 가지 사례를 묘사하고, 경제학과 천체역학 두 학문 모두에 나타나는 현상들을 설명하기 위해 일련의 방정식을 제시했다. 그 글은 다음과 같은 결론으로 끝맺는다. "수학은 양적 사실을 논의하기 위한 특별한 언어가 될 것이며, 경제학이 역학, 천문학과 동등한 수리과학이라는 사실은 말할 필요도 없다."[20]

니콜라스 조제스쿠-뢰겐(1906~1994, 루마니아 태생 미국 경제학자. 경제학에 열역학 제2법칙의 엔트로피 개념을 도입하려 했다)은 다음과 같이 지적했다.

"경제학 사상사에서 괴상한 사건은 물리학의 세계관을 지배했던 역학적 교리가 패권을 잃어버린 지 수년이나 지난 후에 신고전주의 경제학파 창시자들이 그 역학적 모형에 따라 경제 과학을 정립하기 시작했다는 사실이다. 제번스의 말을 인용하자면 '효용과 이기심의 역학'으로."[21]

　그 사실은 '괴상한' 정도가 아니라 심각한 문제다. 물리학자들 스스로 역학 모형을 시대에 뒤떨어진 것으로 간주할 때, 신고전주의 경제학자들은 그 역학 모형 위에 경제 '과학'을 세우려고 집요하게 노력하면서 그 학문을 막다른 길로 이끌었을 뿐만 아니라 자신들의 과학적 허세를 아래로부터 무너뜨렸다. 발라에게는 미안한 사실이지만, 경제학은 양적인 사실에만 관여하는 게 아니라 사용하는 자원의 종류(자원에 따라 엔트로피 증가율이 다르다)처럼 질적인 사실에 대해서도 다룬다. 경제학의 논법에서 문제가 되고 있는 것은 수학을 사용한다는 그 자체가 아니라, 경제 과정의 불가역성과 엔트로피를 특성으로 하는 자연(자연과학의 대상으로 축소해서는 안되는 사회적 현상은 말할 것도 없고)을 설명하지 못하는 모형에 기대고 있다는 사실이다.[22]

　그릇된 역학 모형의 영향은 경제학 입문서가 경제 과정을 나타낼 때 사용하는 순환 도표에서도 볼 수 있는데, 그 도표에서 (경제학적 정의에 따라 균형을 이룬) 생산과 소비 사이의 변동은 자급자족 체계인 폐쇄계 안에서 일어난다. 이 도표에서 경제 순환은—혹은 '회전목마'[23]는—시간의 흐름을 초월한 방식으로 진행되고 (천연자원, 에너지의) '입력'과 (에너지가 감소하고 소모되는) '출력' 과정에서 일어나는 환경 변화를 고려하지 않으며, 모든 생산 과정이 환경 파괴, 질적 변화와 함께 진행된다는 사실도 주목하지 않는다.[24]

　경제학 이론의 이런 가역적인 특성은 놀라운 역설로 이어진다.

경제 과정이 실제로 가역적인 세계에서 펼쳐진다면, 방금 타버린 석탄도 기체와 연기, 재를 복원해서 원상태로 만들 수 있을 것이므로 희소성은 사라질 것이고, 사람들은 최소한의 비용으로 모든 욕구를 만족시킬 수 있을 것이다.[25] 주류 경제 '과학'은 '희소성'에 의해 떠받쳐지고 있는데, 역학적 가정의 가역성은 희소성을 묵살해버린다. 경제 '과학'의 토대인 희소성이 사라지면 경제 '과학'이라는 학문의 목적도 사라져버리고 만다. 그래서 경제학자들도 원래부터 결핍되어 있다는 희소성과 무한한 욕구를 연결지어 이론을 성립시키기 위해 어느 정도는 엔트로피의 법칙을 (수용하지는 않겠지만 은연중이라도) 서술에 포함시킬 수밖에 없다. 하지만 그러면서도 그들은 에너지-물질 흐름의 감소로 인한 결과를 못 본 척하며 고전 역학의 마술적인 세계 안에 안주한다. 현실의 경제 과정이 불가역적으로 에너지 물질을 감소시키고 엔트로피를 어느 때보다 많이 증가시키면서 실질적인 결핍/희소성 상태(scarcity), 즉 완벽한 결핍 상태를 만들어가고 있는데도, 경제 '과학'은 이론의 토대를 이루는 신화로서, 성장을 통해서만 해소될 수 있는 희소성이라는 개념이 꼭 필요한 모양이다. 경제학에 따르면 결핍/희소성은 원래부터 존재했거나, (경제학에 의해) 앞으로 닥쳐올 것이라는 차이밖에 없다.

무능력한 경제학적 '이성'

다시 말하지만 경제학의 수학화는 논쟁의 대상이 아니다. 수학화는 표준 경제 '과학'이 빚어낸 주요한 일탈의 원인이 아니다.[26] 모든 과학은 자신에게 맞는 도구와 표현 방식을 선택할 자유가 있다. 경제학의 근본적인 문제는 연구 방법이 아니라 그 아래에 깔려 있는 가정들에 있다. 간단히 말해서 경제 '과학'의 독립성은 (계산 방식, 의문의 여지가 있는 도식으로의 현실 축소, 불가역적 현상에 대한 무지와 더불어) 19세기 변환기 때 널리 받아들여졌으나 이제는 구시대의 순진함으로 취급되는 오래된 원리에 기초하고 있다. 역학에 기초를 둔 (이제는 시대착오적인) 초기 가설의 타당성을 재검토하지 않으면서 수학을 사용한다는 이유로 자신들의 학문이 과학적이라고 자부하는 경제학자들만이 그 신봉자로 남아 있다.[27] 이런 이론적인 의미 외에 더욱 심각한 결과는, 오늘날 진심으로 우려되고 있는 환경문제라는 난제를 극복할 도구를 주류 경제 '과학'이 전혀 갖추고 있지 못하다는 사실이다. 주류 경제학은 생산을 위해 재생 가능 에너지(바람과 물, 지열, 태양에너지)로 기계를 작동시키는 것과 재생 불가능 자원으로 기계를 작동시키는 것의 질적인 차이를 이해하지 못한다. 따라서 주류 경제학은 '경제적'이기는커녕 낭비를 부추길 수밖에 없는데, 대부분의 '경제적 부'가 생태를 빈곤화시키며 축적되었다는 사실을 전혀 고려하지 않기 때문이다. 그렇기 때문에 에너지 낭비와 황폐화, 환경 파괴에 대해 가격을 책정하거나,[28] 시장이 반드시 균형을 회복하고 문제를 해결하리라고 상상하는 것만으로는 충분하지 않다. 우리는 시간의 흐름이 불가역적이라는 사실과 경제 과정이 열린계 안에서 이루어지고 있다는 사실을 잊지 말아야 한다. 그리고 많은 현상들이 균형을 향하기보다는 순환하면서 '시장의 힘'만으로는 감당할 수 없는 불균형을 점진적으로 증가시키고 있다는 사실을 인식해야 한다. 호모 에코노미쿠스는 사회를 못 본 체하고, 역학 모형은 자연과 자연의 고유한 특성인 시간성을 못 본 체한다. 그리고 미래에 어떤 대가가 있을지 모른 체하며 모든 이성적인 예측을 거부한다.

따지고 보면, 경제학이 진짜 과학이었더라면 모든 과학의 운명인 패러다임의 변화를 피하지 못했을 것이다. 한 예로, 현대 물리학은 계몽주의 시대의 물리학과 공통점이 별로 없다. 그 이유는 간단하다. 그 시대의 '주류 과학'이 어떤 현상을 더 이상 설명하지 못하는 때가 오기 때문이다. 그 '예외'가 축적되면 과학자들은 시대에 뒤떨어진 이론을 버리고, 때로는 불안해 하면서도 새로운 이론으로 대체한다. 그러한 '과학혁명'[29]은 특정한 분야의 지식에서 새로운 발견이 하나 추가된 정도의 사건이 아니라는 점이 중요하다. 코페르니쿠스와 뉴턴, 아인슈타인에 의해 발생했던 대변동이 보여주듯, 과학혁명은 과거와 새로운 지식 사이에 단절을 수반한다. "그것은 대규모의 패러다임 붕괴, 그리고 정상 과학의 과제와 기술에서의 주요한 변화를 요구하기 때문에, 새로운 이론의 출현은 대체로 전문가들의 불안정이 분명하게 드러나는 시기를 먼저 거치게 된다."[30]

하지만 경제 '과학'에서는 이런 종류의 흔적이 전혀 눈에 띄지 않는다. 물론 경제학도 새로운 영역에 관심을 가지고 다양한 현상을 이해하려 노력하면서 발전하고는 있다. 경제학자들도 (발라의 시장균형을 위한 전제 조건인) 완전히 자유로운 정보가 존재하지 않는다는 사실과, 비대칭적인 정보나 불완전한 경쟁에 관해서도 고려해야 한다는 사실을 인정한다. 또한 그들은 거래 비용 이론, 기대

형성 이론, 무역협정과 기구들 그리고 그 외 많은 것들에 대해서도 의문을 제기했다. 이 과정에서 새로운 연구 방법으로 특정한 쟁점에 집중하기도 했다. 하지만 어떤 상황에서도 경제학 이론의 기본적인 가정들에는 문제를 제기하지 않았다. 우리는 줄곧 개별 주체의 공리주의적 합리성과 보편적인 이기심이라는 원리를 강요당하고 있다. 이 합리성(즉 계산)과 보편성이라는 개념의 뒤에 있는, 계몽주의 과학의 핵심이었던 역학적 이상의 흔적을 어떻게 보지 못할 수 있을까? 아직 더 놀랄 일이 남아 있다. 경제학자들은 경제학의 환원주의적인 특성을 인정할 때조차도 이런 전제를 바꾸지 않는다. 대신 그들은 '면역 전략' 혹은 임시 가설(보편적인 문제가 아니라 특정한 문제를 해결하기 위해 만들어진 가설) 같은 사소한 조정으로 만족한다. 예를 들자면, (호모 에코노미쿠스는 완벽하게 합리적인 모습을 보여준 적이 결코 없었음에도) 합리주의 원칙을 포기하기보다는 '제한적 합리주의'(정책을 결정할 때 원하는 모든 정보를 수집하고 모든 계산을 하기에 시간이 충분하지 않을 경우 적당히 조율하는 방식) 같은 이론들을 도입한다.[31] 그런 식의 끼워넣기는 경제 과정이 실제로 일어나고 있는 방식을 설명하기 위한 것이 아니라 대체로 '정상 과학'이 기초하고 있는 모형을 지켜내기 위해 계획된 것이다.

지금으로선 상당히 오래된 문서이긴 하지만 프랑스의 저명한 경제학자인 에드몽 말랭보의 후원으로 쓰인 한 보고서는 그보다 더 미묘한 입장을 취했다.

오늘날 경제학적 지식은 모호한 입장을 취하고 있다. 경제학에서 순수 과학에서 유래한 부분은 오랜 기간 독자적인 학문을 유지해왔음에도 자연과 생물에 대한 과학들과 유사한 야망을 가지고 있고 방법론도 흡사하다. 하지만 경제 과학의 설명 능력과 지침으로서의 능력은 다소 제한적이었다. 경제 현상에 대한 우리 지식의 일부가 조금은 덜 엄격한 학문에서 유래했기 때문인데, 그 부분은 단순한 역사적 서술로 비치는 경우도 종종 있었다. 하지만 그런 부분이 존재하는 이유는 인간의 삶과 사회에 대한 경제적 영향의 모든 측면을 포용하려는 열망 때문이다.[32]

기묘한 고백이다. 앞부분에서는 경제학이 다른 자연과학에 비교해도 뒤지지 않는 과학이라고 이야기한다. 그리고 곧 경제학은 그 과학들만큼은 설명을 하지 못하고 결정을 위한 길잡이 역할도 거의 하지 못한다더니, '세상을 이해하기 위해서'라면서 역사나 심리학, 인류학, 정치학, 사회학 같은 '덜 엄격한' 학문들에 대해 언급하고 있다. 더욱 솔직한 경제학자도 있었다.

전통적인 경제학 이론은 모든 면에서 지적인 논거가 희박하다. 사실상 모든 경제학적 권고는 공공에 이익을 주는 것만큼이나 공공에 해악이 된다. 경제학은 지적으로 우월한 위치를 점하기는커녕 헤어나기 힘든 불안한 토대 위에 놓여 있다. 경제학이 진정한 과학이었다면 현재 경제학 사상에서 패권을 쥔 학파는 이미 오래전에 우리의 시야에서 사라져버렸어야 했다. 경제학은 신봉자들이 믿는 것과는 달리 위대한 지식이 아니라 무지에 의해 유지되고 있다.[33]

우리는 경제학자들이 다른 분야 학자들의 접근을 막은 채 자기들만의 자그마한 정원을 가꾸는 것 외에 경제 '과학'이라는 게 무엇을 위한 학문인지 궁금해 하지 않을 도리가 없다. '과학'이라고 자칭하면서(하지만 '심리 과학'이나 '인류 과학', '지리 과학'이라고는 하지 않는다), 단 하나의 세계관에만 권위를 부여하는 동시에 다른 세계관은 전부 불가능하다는 주장을 믿으라고 강요하는 게 말이 되는가?

3장
호모 에코노미쿠스라는 위험한 유령

대부분의 경제학자들은 자율적이고 이성적인 호모 에코노미쿠스가 허구라는 사실을 인정한다. 썩 개운하지는 않지만, 우리도 그들이 인정한다는 사실을 받아들일 수밖에 없다. 그럼에도 그 유령은 사라지지 않고 끊임없이 다시 돌아와 경제학적 의식 세계에 출몰한다. 존재하지 않는 인물을 바탕으로 주류(혹은 신고전주의) 경제학이 표준적인 학설을 전개한다는 사실은 불길한 조짐으로, 경제학자들의 세계로 들어가기 위해서는 사회 현실에 대한 호기심이 아니라 하나의 모형에 대한 믿음을 먼저 갖춰야 한다는 의미이다.

호모 에코노미쿠스는 합리적인(즉 계산적인) 개인으로 창조되었는데, 이 개인은 다양한 용도로 사용할 수 있는 희소한 자원을 처리하고, 욕구는 무한하며 이기적인 선택을 하고 최소한의 노력으로 최대한의 만족을 추구한다. 그는 시민이 아니라 소비자다.

호모 에코노미쿠스라는 모형은 역사를 따라 발전되어왔다. 고전 경제학(애덤 스미스)에서 공리주의(제러미 벤담), 한계효용학파와 신고전주의(레옹 발라)를 거쳐 행동경제학이나 인간의 모든 활동에 경제적 모형을 적용하려는 인적자본이론(게리 베커)까지. 하지만 기본적인 가설은 늘 그대로였다. 호모 에코노미쿠스는 언제나 합리적이고 개인주의가 극대화된 존재로서, 역사도 없고 무의식도 없으며 계급적 정체성도 없다. 가격에 대한 완벽한 정보를 향유하며 그 가격 정보에만 반응한다. 호모 에코노미쿠스가 현실 세계의 인간과 매우 다르다는 사실은 쉽게 보여줄 수 있다. 인간은 사회 안에서 살아가며, 이기심만이 아니라 여러 가지 합리성을 조화시켜 행동하고, 다양한 전통과 관습을 준수하며, 모든 것을 다 알 수는 없으므로 불확실한 상황에서 결정을 해야 한다. 그래서 이런 반론에 대응하기 위해 경제 '과학'은 다양한 특별한 이론들을 개발했다. 하지만 점점 복잡해져가는 이론의 궁극적인 목표는 오로지 그 모형을 구해내는 것뿐이었다.

앞으로 더 나아가기 전에, 마르크스가 이미 충분히 비웃었던[1] 그 유명한 로빈슨 크루소 우화에 대해 언급할 필요가 있는데, 라이오넬 로빈스(1898~1984, 영국 경제학자)의 표현에서 그 이야기의 전형적인 형식이 발견된다. "경제학은 다양한 용도를 지닌 수단과 목적 사이의 관계라는 측면에서 인간의 행동을 연구하는 과학이다." 첫째 의문은 이것이다. 섬에 고립된 호모 에코노미쿠스의 행동에서 구체적으로 무엇이 경제적이라는 말인가? 로빈슨 크루소가 자신의 힘과 자원을 '절약하려(economize)' 노력하며, 난파선에서 판자를 가져다 비를 피할 지붕을 만들지, 아니면 야생동물로부터 정원을 보호하는 데 쓰는 게 나을지 고민했던 것은 사실이다. 하지만 예상되는 결과(혹은 예상되는 이익에 따른 위험)를 놓고 어느 쪽에 노력을 기울일지에 대한 그의 선택은 분별력 있는 사람이라면 누구라도 자연스럽게 취하게 되는 태도도 아니던가? 교환에 대한 언급 없이 경제를 단순히 절약과 비용-이익 계산이라는 순전한 도구주의로 축소해버리는 게 어떻게 가능한가? 특정한 목적을 달성하기 위해 제한된 수단을 조직하는 것은 모든 사회에서 '지적인' 행위라고 할 뿐이다. 이런 식으로 경제를 정의하면 세상의 모든 행위가 경제라는 말과 다르지 않다. 프라이데이를 만나기 전에—즉 교환을 실천하기 전에—로빈슨 크루소는 경제에 참여했던 것인가, 아니면 그냥 살아남으려 최선을 다했던 것인가? 크루소가 했던 행동이—대부분의 경제학자들이 생각하는 것처럼—둘 다를 의미한다고 본다면, 경제학은 기껏해야 생존의 '과학'일 뿐이라는 결론에 이르게 된다.[2] 그리고 무엇보다 경제 '과학'은 그 모형을 통해서, 모든 사람이 자기 자신만을 위해 살아가며 사회는 존재하지도 않는다는 듯 학문의 중심에 고립된 개인을 두게 된다.

주류 경제 '과학'의 눈으로 볼 때 호모 에코노미쿠스라는 모형의 이점은 단순함과 효율성이다. 적은 가설을 채택했음에도 광범위한 행동을 설명할 수 있도록 모형이 만들어졌다는 이야기이다. 하지만 솔직히 말해서 이 주장에는 여러 가지 조건을 덧붙일 필요가 있다. 예를 들어, 그 모형에서는 경제 행위자들이 가능한 선택들을 비교해서 논리적으로 일관되게, 즉 그들의 선호는 안정적이고 이행(移行)적(A, B, C가 있을 경우 A > B이고, B > C라면, A > C라는 관계가 성립되는 상태를 말한다)으로 결정한다고 가정하지만, 실제 경제 행위자들의 계산에는 비용이 들며 이 비용이 기대하는 이익보다 클 경우에는 (정보 수집 자체도 자원을 소비하므로) 비이성적으로 행동하는 것이 오히려 '합리적'일 수도 있다는 사실을 인정해야 한다. 즉 각각의 선택지들에 대한 평가를 그만두고 일관성 없이 행동하는 게 때로는 오히려 합리적일 수 있다는 뜻이다. 위험에 직면했을 때 가장 논리적인 일관성이 필요하지만, 실은 오히려 그런 때 경제 행위자들이 가장 비논리적으로 선택한다는 사실은 이미 밝혀졌다〔알레 (1911~2010, 프랑스 경제학자, 1988년 노벨 경제학상 수상)의 역설〕. 간단히 말해, 선택이나 선호의 이행성(내가 A보다 B를 좋아하고, B보다 C를 좋아한다면, 나는 A보다 C를 좋아한다)이 항상 지켜지는 것은 아니라는 의미이다. 특히 불확실한 상황에서는 더욱 그렇다. 하지만 경제학 이론은 모든 사람이 다른 사람을 전혀 고려하지 않고, 또 알지도 못한 상태에서 자신의 선호를 결정하며, 주변 상황과 상관없이 선호가 변하지 않는다고 가정한다.

호모 에코노미쿠스 모형이 부족한 설명과 부족한 예측 능력으로 수많은 상황을 제외시킴으로써 극히 시각을 좁게 만들었다는—경제학자들 스스로 제기했던—반론과, 모형의 타당성에 제기된 중대한 의혹은 목록을 만들 수 있을 정도로 많다. "경제학적인 접근 방법에는 행위자가 자기 본위적이고(연대에 무관심하고), 목표는 물질적이며(권력이나 명성에 관심이 없고), 항상 자신의 이익을 극대화하려 하고(차선책이나 최소한의 필요조건을 충족하는 소득에 만족하지 못하고), 특정한 가치에 따라 협상하지 않으며(특정한 가치는 이윤을 극대화하는 데 방해된다), 가격에 대한 정확한 정보를 가지고 있고, 자신의 결정이 다른 행위자나 환경에 미칠 영향을 무시한다는 가정을 내포하고 있다."[3]

그렇다면, 사방에서 공격받고 끊임없이 현실과 부합하지 않는 모형이 어떻게 계속 주류 경제 '과학'의 뼈대를 형성할 수 있었던 걸까? 모든 사람이 호모 에코노미쿠스 모형은 지나치게 단순하다는 사실에 동의하지만, 아직도 많은 이들이 그 모형에 매달리고 있다. 일단 그 가정을 받아들이고 나면 미시경제학의 기본 원리를 쉽게 구성할 수 있으며, 그 후에는 다시 그 원리들을 거시경제학에 맞춰 각색할 수 있기 때문이다. 그러므로 호모 에코노미쿠스 모형을 이용해서 그 경제체제가 어떤 식으로 기능해야 하는지 배울 수도 있겠지만, 그것은 그 체제가 기초하고 있는 전제들을 우리가 수용할 때만 가능하다. 이런 종류의 문제는 다른 학문에서도 어느 정도 발견된다. 예를 들어 "직선은 두 점 사이의 가장 짧은 거리이다"(혹은 "평행선은 무한히 만나지 않는다")라는 말은 우리가 유클리드 공간에 있을 때만 진실이다. 기하학자들은 이 사실을 아주 잘 알고 있다. 그래서 그들의 과학은 이미 오래전에 휘어지거나 타원형인 공간을 포함한 더욱 일반적인 경우를 설명하기 위해 복잡한 가설을 발전시켰다. 기하학자들처럼 신고전주의 경제학자들도 기존의 모형을 조건에 맞는 상황으로만 한정하고, (훨씬 더 많은) 예외적인 상황을 설명할 수 있는 다른 모형을 고안하리라 기대할 수도 있다.[4] 시장경제—모든 행위자가 자신의 이기심(혹은 경제적 효용 극대화)을 추구하고, 경쟁은 완벽하며 완전히 투명한 곳—에 대해 이야기하는 한에서는 현재의 경제학 이론이 진실이지만, 행위자들이 다른 동기에 의해 추동받는 곳에서는 거의 해당되지 않는다고 왜 솔직히 이야기하지 않는가?[5] 그 대신 경제학자들은 경제 행위자가 불확실한 상황에서 내린 결정을 설명하거나, 경제 행위자들이 서로 다른 사람들의 생각을 짐작해서 그 짐작에 따라 자기의 입장을 결정하는 교차 예측을 해석하기 위해[6] 모형을 더 복잡하게 만들어서라도 호모 에코노미쿠스라는 모형을 살려내려고 모든 조치를 다했다.[7] 따라서 경제 '과학'은 그 모형이 허구라는 사실을 알면서도 마치 현실과 일치하는 것처럼 행동할 수밖에 없었다. 경제학자들은 더 나은 설명이나 다양한 가능성을 예측할 수도 있는 다른 모형을 만들어보려 하지 않는다. 경제학을 수립할 때 기초한 교리를 도저히 손댈 수 없거나, 그 모형을 배제할 경우 이론적으로 너무 많은 대가를 치러야 하기 때문이다.

그래서 주류 경제학의 표준 이론은 고립된 개인에서 시작하며, 그 개인은 특별한 존재로서 독립적이고 자율적인 주체로서 다른 이들에 대한 책임감이 전혀 없다고 간주된다. 글쎄, 어쩌면 누군가는 그 모형이 매우 쉽고 현실적이라고 말할지도 모르겠다. 저 수많은 사람들 중에 도대체 누구를 인류의 대표적인 표본으로 삼아야 하냐고 따져 물을 수도 있다. 그렇다 하더라도, 사람들은 본 적도 없는 경제학자가 그들에게 부여한 정의를 만족스러워 할까? 사람들은 자기 자신이 독립적이고 자율적이며, 특히 이기적인 주체라고 생각할까?

개인이 없는 사회

경제학의 가설에 대해 의문을 제기하기 위해서는 간단한 인류학적 사례들만으로도 충분하다. 예를 들어 뻴족(Peuls)이나 밤바라족(Bambara)(서아프리카 지역에 있는 부족들)에게 상대적으로 덜 중요한 외모(maa)는 그릇(container)과 덮개(envelope) 사이에서 결정된다.

그러나 다면적인 '개인의 인격(maaya)'은 예측하기 어렵게 변화하고, 하루에도 여러 차례 변하며, 나이나 이름에 따라 변하기도 한다. 이런 관점으로 보면 인간은 단일한(혹은 연속된) 존재가 아니라 전체성(全體性)이 끊임없이 변화하는 존재이며, 고립된 독립체가 아니라 다른 이들과 연결된 존재이다.[8] 이처럼 한 사람 안에 다양한 인격이 존재한다는 생각은 우리의 문화에서도 종종 보인다. 예를 들자면 우리는 이렇게 이야기하기도 한다. "[당시의] 내게는 너무 힘든 일이었다.", "그는 지금 제정신이 아니다.", "전혀 그 사람답지 않은데?"

멜라네시아인들에게는 '자아'가 육체적인 신체와 분리될 수도 있다. 그래서 잠을 자는 동안 발생한 이웃 마을의 도둑질 때문에 고발당하기도 한다. '개인'이라는 것은 알려져 있지 않으며, 카-모(ka-mo, 깨어남)만 있을 뿐이고 도 카모(do kamo, 진정한 인간)는 다른 사람들과의 관계를 통해서만 알 수 있다. '자아'는 자신의 존재 안에서 스스로 발견한 모습에 맞춰 변화하며, 다른 사람들과의 상관관계로써만 존재하는 일종의 텅 빈 공간이다. 그래서 그들은 아버지, 삼촌, 여동생으로부터 각각 다른 이름으로 불렸고, 거기에 더해 조상으로부터 물려받은 이름과 별도의 비밀 이름도 가졌다. 그런 상황에서 어떻게 '신분증'을 만들 수 있을까? 나중에는 멜라네시아에서도 상호 관계를 맺는 외삼촌과 조카, 장인과 사위, 할아버지와 손자는 서로를 별도의 이름으로 부르지 않고 간단히 두아마타(dua-mata, '우리 친척'이라는 의미)라고 부르게 되었다.[9] 개인이라는 개념에 도전하는 사례는 무수히 많이 찾을 수 있다. 두 가지만 더 이야기하기로 하자. 토고 사람들은 신생아가 할아버지인지 삼촌인지 알아보기 위해 무늬개오지 조가비 목걸이를 모래 위에 던져서 그 위치를 보고 해석하는 흙점인 '파(fa)'[10]를 실시하는데, 이는 그 아이가 한 명의 '개인'이 아니라 자신이면서 동시에 또 다른 사람(할아버지나 삼촌)이라는 의미이다. 이와 유사하게, 체로키족에게도 개인은 아무런 의미가 없었다. 그들은 자신들이 씨족 토템의 일원이라는 것을 강조하기 위해 "치 와타(tsi watah, 나는 늑대다)"라고 외쳤다. 늑대가 사람을 창조했다는 전설 때문이다.[11]

그런데 이런 이국적인 사실들이 호모 에코노미쿠스라는 패러다임과는 무슨 상관일까? 간단히 답하자면, 경제학자들은 그 모형이 모든 사회에 적용되는 것처럼 말하지만, 이는 대단히 과장된 주장이다. 시장의 지배를 통해 그런 인간형을 강요할 수 있다고 생각하는 게 아니라면 말이다(사실 이런 강요는 현재도 일어나고 있으며 그에 대한 저항도 계속되고 있다). 게다가 자율적이고 독립적이며 이기적인, 그래서 항상 자신의 자유를 이기심을 채우는 데 사용하는 '표준적인' 개인 모형은 매우 특수한 역사적 환경에서만 가능한 존재이다. 인간을 ζῶον πολιτικὸν(사회적 인간. 사회에서 살아야 할 운명을 타고난 정치적 혹은 사회적 동물)로 정의했던 아리스토텔레스로 돌아가지 않더라도, 우리는 사람들이 신분과 지위에 따라 구분되던 앙시앵 레짐(Ancien Régime) 시대(1789년 프랑스혁명 이전의 체제. 당시 성직자는 제1신분, 귀족은 제2신분, 일반 시민과 농민, 노동자는 제3신분으로 구분되었다)의 프랑스를 떠올려볼 수 있다. 당시 프랑스 사람들은 군주나 신민, 혹은 어느 지역이나 조합(즉 단체)의 구성원이었다. 혹은 가문의 지위로 신분이 구분되었다(누군가의 미망인 혹은 아들). 사람들의 신분은 동일하지 않았으며, 신분을 서로 바꿀 수도 없었다. 당시에는 '개인'이 존재하지 않았다!

'개인'이라는 용어가 18세기를 거치면서 사회·정치적 공간에 등장했다는 사실에 주목해야 한다.[12] 물론 그전에도 그 단어는 존재했지만 다른 담론 질서 안에서 사용되었다. 중세 스콜라 철학에서 individuum의 기의는 '분할할 수 없는 존재, 혹은 유일한 존재'였다. 이 단어는 그리스어의 ατομος(문자 그대로 '분할할 수 없는')를 참조한 것으로, 현대 언어에서는 '원자(atom)'로 쓰이며 물질에 한정해 사용된다. 그러므로 당시에는 'individual'이라는 단어가 인간에 적용되지 않았다. 인간은 '사람(person)'으로 불렸다. 나중에 이단어는 생명과학에 다시 등장한다. 속(屬)과 종(種)으로부터 개인들을 구별하기 위해 사용된다. 프랑스어에서 l'individu라는 용어는 특히 로크의 영향을 많이 받았던 루소와 디드로, 콩도르세와 함께 사회정치체제에 등장했다. 당시 개인이라는 용어는 한 사람 한 사람의 특수성을 강조하기 위해서가 아니라 평등을 옹호하기 위해 처음 사용되었다. '보통 선거권'은 "사회적 신분, 분류, 계급을 바탕으로 한 차별과 특권을 없앴다. 모든 사람은 완전히 '하나'가 되었다."[13] 19세기 초반이 되어서야 개인(l'individu)에서 평등이라는 의미가 사라지고 이기주의를 암시하는 의미가 사회적으로 생겨나기 시작했다. 1829년에서 1835년 사이에 개인주의(l'individualisme)라는 새로운 용어가 라므네와 발자크의 작품에서 처음으로 등장한 것은 경제적·사회적 영향이라는 배경하에서 일어난 일이었다.[14]

이기심에 의해 추동되는 독립적인 개인인 호모 에코노미쿠스가 상상으로 빚어낸 인물이라는 생각은 널리 받아들여지고 있다. 주류 경제학의 주장과는 달리 호모 에코노미쿠스의 특성이 사람들 사이에 보편적으로 공유되고 있다는 증거는 거의 없다. 호모 에코노미쿠스가 그냥 어디에선가 불쑥 나타난 존재는 아니다. 그 모형은 경제 '과학'의 부산물로서, 정확히 그 학문이 발명됨과 동시에 태어났다. 이는 중대한 인식론적 문제를 제기한다. 호모 에코노미쿠스라는 모형은 경제 '과학'의 틀 안에서 태어났으며 일종의 문화적 자의성(cultural arbitrariness)(피에르 부르디외가 주로 사용하던 개념으로 '문화적 독단'이라고도 한다. 여기서는 호모 에코노미쿠스라는 모형이 보편적인 생각이나 근거를 바탕으로 만들어진 게 아니라 경제학자들에 의해 임의대로 만들어졌다는 의미이다)을 바탕으로 하고 있다. 그런데 경제 '과학'은 바로 그 초역사적이고 초문화적인 모형을 토대로 구축되었다. 어떻게 그것이 가능했을까?[15] 닭이 먼저냐 계란이 먼저냐는 수수께끼는 그렇다고 쳐도, 호모 에코노미쿠스가 협소하고 편협하며 세상을 거의 모르고, 태어난 지 겨우 두 세기 정도밖에 되지 않았다는 사실은 최소한 인정해야 한다. 오만과 무지라는 약을 먹기 전에는 그 모형을 인류의 선조로 만들거나 인간은 언제나 자연스럽게 경제의 즐거움에 몰두해왔다고 주장하기 힘들다. 특히, 경제행위의 '합리성'은 19세기 유럽에서는 노동자 투쟁을 탄압하며 강요했고, 세계 대부분에 대해서는 식민화를 통해 강요했으며, 최근에는 IMF가 남반구 국가들에 구조조정 계획을 부과하는 식으로 폭력적이고 권위적인 수단을 통해 강제해왔기 때문이다.

사회를 어떻게 구성할 것인가?

개인의 출현은 사회를 어떻게 단일한 존재로 모을 것인가라는, 사회정치적 논쟁에서 해묵은 문제를 제기(혹은 다시 제기)했다. 고대인은 일찍부터 사회적 신분 차이를 정당화하기 위해 몸과 수족이라는 기능적 은유를 사용했으며 높은 계급을 '머리'에 위치시켰다. 그리고 그 논쟁은 홉스와 로크, 루소의 사회계약론으로 다시 이어졌다. 물론 이들은 당시의 시대정신에 따라 (그전의 역사적 발전 단계에 대한 이해 없이) 자연 상태의 인간 삶을 '전정치적(pre-political)'이라고 여겼다. 그러나 이는 계약 당사자들에게 핵심적인 역할을 부여하고, 그 역할에 따른 개인들의 동의를 통해 사회와 국가, 단체가 자연 발생적이거나 필요에 의해 설립되었다는 주장을 하기 위한 것이었다. 정치 이론가들이 엄청나게 쏟아냈던 세세한 항목들을 여기에 다 적을 수는 없다. 하지만 그 방식은 두 가지 점에서 주류 경제학자들이 세상을 이해하는 방식과 밀접하게 관련되어 있다. 첫째, 방법론적인 면에서 볼 때 계약에 바탕을 둔 사회라는 개념은 개인들의 집단적인 의지에 따라 사회가 결정된다는 의미가 내포되어 있다. 이는 사회체의 통일성이 사회초월적인 보증인이나 (신정 군주제를 정당화시켜주는) 신을 기초로 한다는 이전의 통념과 충돌한다. 이것은 중대한 혁신이었는데, 계약 당사자인 시민들의 손에 권력을 쥐어주고(심지어 왕의 목을 칠 권리까지 주었다!), 부분들의 합으로 전체를 설명할 수 있도록 해주었다. 둘째, 시장이 자신의 이익을 추구하려는 열망에 사로잡힌 익명의 개인들 간의 공급과 수요를 위한 만남의 공간으로서 모든 사람의 이익을 극대화시켜준다는 '발견'은 정치철학(혹은 정치적 상상)에서 유래한 이론을 확증해주었다. 이것으로 명예라는 귀족적인 이상과 종교의 도덕적 의무는 종지부를 찍었다.

방법론적 개인주의의 동어반복

이와 같이 새롭게 태어난 호모 에코노미쿠스는 빠르게 증식했다. 더 정확하게 말하자면, 호모 에코노미쿠스를 발명한 자들은 그 모형을 무수히 많은 인류의 유일한 대표자로 내세우며 이론적으로 서둘러 '복제'했다. 경제학에게 그 모형은 절묘한 역작(tour de force)이면서 비상수단(coup de force)이었다. 호모 에코노미쿠스라는 모형은, 자신의 이익을 만족시킬 수 있는 잠깐의 교환 행위를 통해서만 타인과 관계를 맺는 상호 독립적인 개인들의 집합체가 사회라는 새로운 심상을 불러일으켰다.

인간의 행동을 설명하기 위한 이 도식은 현재 방법론적 개인주의(methodological individualism)라는 이름으로 계속 이어지며, 집단적인 현상은 개인적인 행동을 바탕으로 접근했을 때에만 설명할 수 있다고 주장한다. 방법론적 개인주의는 제러미 벤담까지 거슬러 올라가는데, 그는 이렇게 썼다. "공동체는 허구적인 실체이다. ……공동체의 이익은 그 공동체를 구성하고 있는 각 구성원의 이익의 합이다."[16] 그보다 최근에는 마거릿 대처 전 영국 수상이 방법론적 개인주의를 선언하기도 했다. "사회 같은 건 존재하지 않는다." 주류 경제학은 개인들이 언제나 완벽하게 정보를 입수할 수는 없으며, 개인들의 합리성이 때로는 제한적이고 그전에 있었던 경험을 바탕으로 결정을 내리기도 한다는 사실을 받아들이면서 점차 그 주장을 세련되게 바꾸어왔지만, 호모 에코노미쿠스가 자신의 이익 극대화에만 관심을 두고 있다는 주장은 여전히 그대로 유지되고 있다.

경제학자라기보다 사회학자에 가깝지만 스스로를 방법론적 개인주의의 계승자라고 주장했던 레이몽 부동(1934~ , 프랑스 자유주의 정치철학자, 사회학자)은 다음과 같이 썼다.[17]

이 원리는 …… 사회학자가 사회를 분석할 때에는 상호작용 체제에 포함된 개인들이나 개인 행위자들을 논리적 원자로 간주하는 방법을 반드시 채택해야 한다는 의미이다. …… 각각의 경우 사람들은 체제에 의해 규정된 제약에 대한 개인 행위자들의 반응을 분석하려는 사회학자들의 노력을 알아볼 수 있을 것이다. 이러한 개인 행위자들의 반응은 종종 **자기 성찰적인** 형태로 수립되기도 한다는 사실을 추가할 필요가 있다. …… 사회학자들은 보편주의 심리학(모든 개인의 심리가 보편적이라고(즉 유사하다고) 믿는 심리학)을 도구로 사용해야 한다. 이는 피관찰자가 놓인 배경과 상황의 개별적인 특징이 그의 심리에 영향을 미치지 않을 것이므로 관찰자가 그의 행위를 이해할 수 있다는 의미이다. 관찰자가 피관찰자의 행위를 이해하기 힘들다면 그것은 피관찰자의 '심리'가 달라서가 아니라, 피관찰자가 속한 상호작용 체제의 어떤 요소가 관찰자에게 이해되지 않기 때문이다.[18]

몇 가지 익숙한 내용이 포함된 이러한 정의는 그 패러다임이 극단적으로 빈약하다는 사실을 보여준다. 첫째, 이 정의는 모든 사람의 '인간의 본성'이 동일하다는 가정에 근거하고 있다. 이 가정이 비슷한 환경에 있는 사람들이 자기 이익이나 (혹은 다양한 학자들이 다양한 방식으로 정의한) 일종의 '합리성'에 따라 비슷한 방식으로 반응하는 이유를 설명한다고 여겨진다. 신고전주의 경제학자들에게는 '순수한' 합리성(합리적 선택 혹은 합리적 행동 이론) 외에도, 계산적인 개인이 완벽한 정보를 처리한다는 가설을 보완하기 위해 행위자의 정보가 완벽하지 못할 때는 '제한적 합리성'(앙리 시몽) 이론이 있어서 존재하는 지식과 감정, 환경에 맞춰 행위자가 행동하도록 한다. 심지어 사회적·제도적·정치적 환경과 관련된 '맥락적 합리성'(알프레드 허쉬만) 이론도 있다. 갑자기 모든 행동이 '합리적'이 된다. 자신의 특정한 선호에 따라 선택하기만 하면 합리적으로 행동하는 것이 된다. 이는 우리를 노골적인 동어반복의 왕국으로 데리고 간다. 제한적 합리성 이론은 초기에 행위자의 이기심이 항상 결정적이지는 않다고 인정했지만, 현재까지도 다른 가능한 동기를 위한 여지를 만들지 않고 있다.[19]

이렇게 되면 사회학자나 경제학자의 일은 경찰의 일과 비슷해진다. 이제 모든 사람이 동일하고 합리적이므로, 그들은 자기 자신을 돌아보며 '보편주의 심리학'을 통해 '거의 확실한' 동기를 재구성하기 위해 '사람들의 머릿속에서 무슨 일이 일어나고 있는지 상상'하기만 하면 된다.[20] 물론 특수한 '상황적 제약'도 고려해야 하지만, 개인 행위자들의 행동이 비합리적인 것처럼 보일지라도[21] 그들이 자신의 이익을 추구하며 하는 행동에는 반드시 '타당한 이유'가 있다는 사실을 명심해야 한다.

이는 기업가든 신비주의자든 이타주의자든 도둑이든, 각자 자신들의 시각에서 최선의 해결책을 선택하는 한에서는 언제나 그들의 행동이 '합리적'이라는 주장이지만, 결국 따지고 보면 그 모형은 현실에 대해 거의 아무것도 설명해주지 않는다. 방법론적 개인주의라는 모형의 바탕을 이루는, 인간의 본성이 동일하며 모든 행동이 합리적이라는 가정은 특정한 경우에, 그것도 동어반복에 빠지도록 만드는 상황적 제약이나 임시 가설을 슬그머니 추가할 때만 겨우 입증된다.

방법론적 개인주의는 수많은 특정한 사례들을 설명할 수 있다고 주장하지만, 대부분은 그 모형에 적합한 가정들을 기초로 사례들을 재구성해서 결론부터 내려놓고 원인을 그 결론에 맞추는 방식으로 처리했을 때만 가능했다. 앞서 말한 바와 같이 쾌락적인 삶을 선택한 사람은 수도원에 들어간 사람만큼이나 합리적이다. 둘 다 자신의 만족을 극대화시켰기 때문이다.[22] 각 행위자가 행동 방식을 합리적인 방향으로 선택하거나 계산한다고 가정했을 때, 그 행위자가 어떤 단위를 사용해 어떻게 계산하는지, 또 주어진 선택지들을 어떻게 비교하는지 우리는 알아야 한다. 하지만 경제학자들은 그에 관해 한번도 설명하지 않았다.[23]

마지막으로 동일한 '인간의 본성'이라는 가설에 반론을 제기할 수밖에 없는데, 이 가설에는 모든 행위자가 동일한 심리를 가지고 있어서 획일적으로 반응한다는 의미가 포함되어 있다. 모든 사람이 사회적 결정 요인이나 도덕적 의무감, 역사적 상황과 상관없이 비슷한 관심과 동기, 취향을 가졌다는 주장에는 사실상 어떤 정당성도 없다. 경제학자들이 주장하듯 호모 에코노미쿠스가 인간의 보편적 특성이라면 사회복지는 어떻게 발전할 수 있었으며, 저렇게 수많은 자선행위의 존재는 어떻게 설명할 것인가? 관대한 행위도 상징적인 '이득'을 얻을 수 있으므로 그 자체가 '이기적'이라고 말할 건가?

호모 에코노미쿠스에 대한 이번 논의에서 이끌어낸 첫 결론은 사회를 설명한다는 그 모형과 사회적 현실 사이에는 상당히 깊은 심연이 가로지르고 있다는 사실이다.[24] 호모 에코노미쿠스가 허구이며 인간의 행동을 단순화한 설명이라는 점을 감안하더라도, 그 모형이 '완전한' 시장이라는 환경 안에서 일어나는 일을 설명할 뿐이라는 사실을 언급하지 않을 수 없는데, 완전 시장은 알다시피 책 밖의 현실에는 거의 존재하지 않는 희귀한 사례일 뿐이기 때문이다. 하지만 진짜 문제는 그 모형을 받치고 있는 보편주의적인 가정이다. 모형이 현실과 완전히 일치하지 않는다는 사실은 그럴 수도 있다. 하지만 그 모형의 형식적 구성은 스스로 '단순화'시켰다고 주장하는 현실과의 관련성이 아주 빈약할 뿐만 아니라, 관찰된 사회 관습들과도 대체로 모순된다. 인간은 현명하다가 어리석기도 하고, 이기적이었다가 관용적이기도 하고, 자율적이었다가 의존적이기도 하고, 좋아하다가 싫어하기도 하는데, 인간이 오직 '이기적'일 뿐이라고 선언함으로써 인간의 특성을 단일한 측면으로 축소할 권리가 누구에게 주어졌는가? 호모 에코노미쿠스가 계산적이라고 가정해야만 경제학자들이 쉽게 계산을 할 수 있다는 점은 틀림없는 사실이지만, 이런 단순화가 사회 안에 살아가는 인간 삶의 다양한 측면들을 고려해야 한다는 책임까지 면제시켜줄까?

개인을 자유롭고 독립적이며 자급자족적인 존재라고 간주하는 것은 하나의 일탈이다. 모든 사람은 타인의 시선을 받으며 타인과의 관계 속에서 살아간다. 사회적 관계와 인맥도 권력관계라는 사실은 말할 필요도 없다. 그런가 하면 모든 사회에서 개인은 다른 사람들을 자신을 둘러싼 제약으로 여기며 대면한다. 뒤르켐에 따르면, 이것이 '사회적 사실'의 특징이다. 사람들은 사회의 예법이나 사회적으로 금지된 음식을 마음대로 선택할 수 없다. 그러므로 사회를 개인의 집합으로 설명하는 것은 잘못된 방식이다. 원자로 구성된 분자가 원자와는 다른 특성을 가지고 있는 것과 마찬가지로, 사회는 개인들에게 없는 특성을 가지고 있다. 주류 경제학은 이와 반대로, 사회를 이루는 모든 개인들의 '합리적 선택(혹은 유효수요)'을 모두 더해서 '사회적 선택(혹은 총수요)'을 추론할 수 있다고 생각한다. 하지만 지금까지 보았듯이, 사회를 자신의 수입에 맞춰 상품의 수량을 선택해야 하는 단일한 개인으로 축소하기 전에는, 개인적 수요로 사회적 수요를 대체하는 이런 방식은 불가능하다. 사회와 개인은 상태와 조건이 다른데도 경제학자들은 사회 전체를 상징하는 '대표적인 개인'이라는 허구를 포기하지 않는다.[25] 이는 비현실적일 뿐 아니라 비정상적이다. 결국 주류 경제학은 사회를 효용의 극대화 외에는 어떤 공통점도 없는 개인들의 집합으로 묘사함으로써 사회적인 유대의 가능성을 아예 없애버렸다. 이는 사람들이 자신의 이익을 위해 친구를 사귄다거나, 함께 지내는 게 이익이기 때문에 결혼이 존재한다는 식으로 주장하려는 것이나 마찬가지다. 이런 주장은 아무것도 설명해주지 않으며 곧장 동어반복으로 빠져든다.[26] 통속적인 격언을 언급할 때는 항상 주의해야 하지만, 차라리 "사랑을 할 때는 계산하지 말라"는 말이 사람들이 모든 상황에서 계산적이라고 주장하는 이론보다는 훨씬 사회적 현실에 가깝다.

이제 마지막으로 경제학자들의 별난 태도 하나를 더 언급해야 할 것 같다. 그들은 인간 행동에 관한 자신들의 모형을 더 정교하게(혹은 더 복잡하게) 만들기 위해, 자신들과 마찬가지로 인간 행동을 설명하는 일에 종사하는 심리학자나 사회학자, 인류학자의 연구에 좀 더 관심을 기울여야 한다.[27] 특히 요즘에는 형식적으로라도 학제적인 틀에 넣지 않으면 연구 계획서를 받아주지 않으니 말이다. 하지만 현실에서는 오히려 준자폐적인 자기 확신에 빠진 경제 '과학'이 (경제학에서는 인간에 대한 사이비 과학이라고 취급하는) 다른 학문들에 그 모형을 강요하고 있다. 방법론적 개인주의의 옹호자들뿐만 아니라 공공선택(Public Choice)학파나 인적자본(Human Capital)학파의 신봉자들에게도 이런 제국주의적인 야망이 있다(1992년 소위 노벨 경제학상을 수상했던 게리 베커가 그 분야의 권위자다). 그들은 결혼과 이타주의, 대중적인 관습, 유행, 첫 임신을 몇 년간 미룬 여성의 임금 차액에 따른 이득에 대한 경제학 이론을 제시했는데,[28] 간단히 말해 인간관계를 떠받치고 있는 모든 것에 대한 이론이 되려는 것이다.[29] 이 극도로 단순화된 패러다임이 혹시 우리에게 뭐라도 보여줄 수 있다면, 그건 호모 에코노미쿠스가 실은 비참한 인간(Homo Miserabilis)이라는 사실일 것이다.

마르셀 모스(1872~1950, 프랑스 사회학자, 인류학자)는 교환을 경제학의 핵심적인 범주 정도로 취급하기보다는 법적인 동시에 경제적이고 종교적인, 그리고 사회와 모든 사회제도를 원활히 움직이도록 하는 총체적인 사회적 사실로 사고해야 한다고 지적했다.[1] 그리고 다양한 교환 관습이—사람들은 상품이나 재산만이 아니라 호의와 잔치, 의례, 도움, 여성, 아이들, 추모와 축제도 교환한다[2]—존재하기 이전에 사회가 어떻게 하나로 모이고, 어떻게 체계를 조직했으며, 어떻게 공동의 이익을 추구할 수 있었겠느냐는 의문이 제기되었다. 사회적 유대는 궁극적으로 무엇에 의해 결정되는가? 일련의 의무적인 신앙과 의식에 맞춰 사회의 모든 구성원을 결속시켜줄 신이나 사회초월적인 보증인일까?[3] 뒤를 잇겠다고 선언한 모든 이를 단결시켜줄 공통의 조상일까? 다른 이들에 대한 의무를 받아들이겠다는 계약 당사자들의 사회 설립 계약일까? 다른 이들보다 우위를 차지하는 것을 금지함으로써 자발적으로 사회적인 화합을 보장하게 하는 다양한 개인들의 이익일까? 어떤 답을 선택하든 분배와 교환을 언급하지 않고는 적용하거나 설명할 방법이 없다.

이는 한 사회가 스스로 기반하고 있는 토대를 어떻게 이해하고 설명하느냐에 따라 그 설명이 추구하는 목표에 부합하는 교환 형태를 갖추게 될 것이라는 의미이기도 하다. "개가 뼈다귀를 다른 개의 뼈다귀와 공평하게 의식적으로 교환하는 것을 본 사람은 아무도 없다." 하지만 인간에게는 "하나의 물건을 다른 물건과 바꾸고 거래하고 교환하는 성향"[4]이 있다는 사실을 자신이 증명했다고 생각했던 애덤 스미스의 관점과는 반대로, 교환은 전혀 '자연스러운' 일이 아닐 뿐더러 다양한 교환 형태를 시장이라는 하나의 형태로 압축해버릴 수도 없다. 그건 말도 안 되는 소리다.

문헌학의 영역으로 살짝 들어가, 교환 과정에서 일상적으로 사용되는 단어의 어원을 확인해보면 이를 납득할 수 있을 것이다.[5]

교환을 가리키는 적절한 용어

라틴어 pacare[이 단어에서 영어 'pay(지불하다)'가 유래했다]의 주요한 의미는 대응하는 물건을 양도하기를 요구하는 동료를 '진정시키다' 혹은 '달래다'이다. 고트어 동사 bugjan[이 단어에서 영어 'buy(구매하다)'가 유래했다]은 몸값을 지불해서 '해방시키다' 혹은 신에 의한 구원을 의미했다. 당시 이러한 동사는 주로 물건이 아니라 노예를 언급할 때 사용했다. 참고로 라틴어 emere는 '구매하다'를 의미하기 전에 '갖다 혹은 얻다'는 의미로 쓰였다. 영어 selling(판매)의 어원인 고트어 saljan은 본래 '신성한 존재에게 제물로 바치다'는 뜻이었다.

　교환에서 또 하나의 상징적인 표현인 '선물(gift)'이라는 용어는 위험한 상황을 암시하기도 한다. 독일어의 동철이의어인 Gift는 잘 알려져 있다시피 '독(毒)'이라는 의미이며, 이는 독이 든 선물도 존재한다는 사실을 떠올리게 한다. 이는 결국 그리스어 δόσις까지 이어지는데, 이 단어는 유산을 법적으로 할당한다는 뜻이었으나 의학 처방이라는 의미도 있었다. 의약품의 'dose(복용량)'가 거기서 유래했다. 약(φάρμακον)에는 이중적인 의미가 있으므로 언제라도 독으로 바뀔 위험이 있다. 그리스어 동사 καταλλάσσω은 '교환하다'라는 뜻이지만 '중재하다', '기분을 전환하다'라는 뜻도 있다. 마지막으로 고대 독일어에서 gelt(현대 독일어 Geld의 어원. 돈이라는 뜻)라는 단어가 종교적 혹은 경제적·법률적 제물을 의미한다는 사실을 언급하는 것이 좋겠다. 이런 이유로 그 단어와 관련된 고트어 gild는 '상호 간에 바치는 공물', 즉 조합(다시 말해, '개인적인 경쟁 상대와의 화해, 가족 동맹 체결, 지도자 선택, 전쟁과 평화'[6]에 대해 논의할 수 있는 장소인 연회나 축제를 조직하는 형제애)에 가입하기 위한 일종의 입회비를 의미하게 되었다.

　이 모든 사례는 과거에 구매와 판매, 선물주기가 경제적 거래로 전혀 간주되지 않았고, 주로 법적이거나 종교적인 문제로 간주되었으며, 경제 '과학'이 사소한 개념으로 축소시켜버린 세계관과는 아주 다른 세계관 안에서 그 용어들이 사용되었다는 사실을 잘 보여준다. 교환은 '자연스러운'(혹은 '자유로운') 게 결코 아니며, 사회 안의 생활 규칙을 규정하는 복잡한 제도 안에 살아가는 모든 사람을 상대해야 하기 때문에 흔히 위험을 감수해야 하는 일이다.

그러므로 교환에 관해 이야기할 때는 주의해야 한다. 교환에 담긴 법적·종교적·경제적 함의 때문만이 아니라, 교환이 구매와 판매, 선물 주고받기, 위신을 세우기 위한 소비, 연회, 환대, 전쟁(종종 손님과 적이 헷갈리므로[7]) 등 다양한 형태로 일어나기 때문이다. 이런 이유로 교환은 **욕망**인 동시에 **두려움**이 된다.

명령 혹은 금지

인류학은 다양한 교환 형태를 보여주어 이런 추론을 충분히 입증했다. 먼저, 상호 교환관계가 있는데, 사람이나 씨족이 둘뿐이라면 **제한적**이고 **상호대칭적**인 교환관계일 것이고, 다수가 참여하면 **보편적**인 교환관계가 된다(A는 B에게 주고, B는 C에게, C는 N에게 주고, N은 A에게 '돌려준다'). 얌(마의 한 종류)을 얌과 교환하는 브로니스와프 말리노프스키(1884~1942, 폴란드 태생의 영국 인류학자)의 사례처럼 우리에게는 불합리해 보이는 사례들도 있다.[8] 실제로 남태평양의 트로브리안드 군도에서는 남자가 여동생이나 누나의 가족에게 필요한 것을 제공해줘야 하는데—남자가 자신의 밭에서 수확한 농산물을 먹는 것은 근친상간이나 마찬가지다—그 일을 부주의하게 처리하다가는 명예가 실추될 수 있으므로 남자는 최선을 다해야 한다.

재분배는 모든 사람이 노동 생산물(혹은 생계를 위해 사용하고 남은 것들)을 족장에게 인계하는 **중앙집권체제**에 딱 들어맞는다. 족장은 상당한 양의 잉여를 마음대로 처분할 권한이 있지만, 자기 혼자 그 많은 것을 전부 사용할 수는 없다. 그래서 때때로 공동체의 음식을 과잉소모하며 즐기는 잔치나 제식 같은 형태로 재분배할 수밖에 없는데, 이는 족장에게 생산물을 바친 공동체를 존속시켜준다. 족장은 다른 사람들이 자신에게 주었던 것만을 재분배하는데, 이는 사회적으로는 의미가 있는 관습이다. 아버지의 주머니에서 나온 돈으로 다시 아버지에게 선물을 하는 것처럼 말이다. 재분배 원리는 고대 이집트나 중국, 잉카 제국과 같은 거대 제국들에서는 어느 정도 '제도화'되어 있었다. 물론 그 잉여는 성직자나 공무원, 군인이라는 새로운 계급의 도움 없이도 국가의 결속력을 유지할 수 있도록 해주었다. 하지만 사회적인 의미는 완전히 달랐다. 전제군주는 그들의 신민들에게 고개를 숙이고 복종하라고 요구했지만, 전통적인 족장은 관대함으로 존경을 받을 수 있었다.[9] 하지만 직접 생산한 공동체에 속한 사람들만 그런 의례적인 관대함에서 이익을 얻는 것은 아니다. 다른 부족이나 인근 부족의 구성원을 초대할 때도 있는데, 경의의 표현으로서만이 아니라 (마르셀 모스의 표현에 따르면) 그들을 '납작하게 만들기' 위한 것일 때도 있다. 사치스러운 볼거리에 감탄하도록 만들어서 자존심을 상하게 하거나, 자신들이 초대해야 할 때가 되었을 때 더 잘하도록 자극하려는 의도이다.

마지막으로 '빅맨(Big Man)'이라는 독특한 사례를 보자. 빅맨은 스스로의 힘이나 친족들의 도움으로 재화를 축적하고, 이 재화를 구성원들에게 격식을 갖춰 분배한다. 이런 일은 빅맨이라는 직함을 유지하기 위해 반드시 치러야 할 대가이다. 빅맨은 말 그대로 명예를 위해 일한다. 이곳에서는 게으른 사회가 자기 노력의 과실을 나누어주는 능력에 따라 명성이 좌우되는 족장을 착취하는 것처럼 보인다. 피에르 클라스트르(1934~1977, 프랑스 인류학자)가 재치 있게 표현했듯이, 권력을 쥐고 있는 것은 공동체이고 족장은 그 공동체에 끊임없이 빚을 지고 있는데, 그 빚은 결코 소멸되지 않기 때문에 족장은 절대로 권력을 잡을 수 없으며, 자신의 관대함으로 얻은 명성에 만족해야만 한다.[10]

교환이 초기의 비시장적인 형태일 때에는 언제나 사회관계, 즉 세상에서 다른 이들과 살아가는 방식을 전제하고 있었기 때문에 상품은 사회관계에 둘러싸여 있었다. "인간의 경제는 대체로 사회적 관계에 잠겨 있다. 인간은 물질적 재화의 소유로 인한 개인적인 이익을 지키기 위해 행동하는 게 아니다. 인간은 사회적 지위, 사회적 권리, 사회적 자산을 안전하게 지키기 위해 행동한다."[11] 그러므로 한 상품의 본질적인 가치는 그 상품의 상대적 희소성이나 취득자가 기대할 수 있는 효용이 아니라, 교역 당사자 간의 관계에 의해 정의되었다. 어떤 사회에서는 특정한 상품(예를 들자면 음식)을 동족 내에서 거래하지 못하도록 한 반면, 타 종족과는 마음대로 거래할 수 있도록 했다.[12] 반면에, 이슬람 같은 사회에서는 물이나 목초처럼 귀한 재화는 판매를 완전히 금지했는데, 이는 그런 물건이 없이 지내는 이들이 없도록 하기 위해서였다.[13] 한편 이런 관습은 최근 논의되고 있는 '세계 공공재(global public goods)'에 유리한 근거가 되고 있다. 이런 관습과 주장이 사적 소유 제도에 문제를 제기하는 것이나 마찬가지이기 때문이다.[14]

사회적으로 대등한 사람들 사이에서만 교환되는 고급 재화도 있다. 예를 들어, 아프리카에서 의식용 물품(쇠막대, 풀잎 치마, 소)은 결혼 예물로 노인들끼리만 주고받는다. 그 물건들은 젊은이들이 사용할 수 없으며 다른 물건과도 교환하지 않는다. 인류학에서는 이런 체계를 '분절된 시장(fragmented markets)'이라고 부르지만, 여기서 '시장'이라는 단어는 적절하지 않아 보인다. 이는 쿨라(Kula) 제도에서도 마찬가지인데, 다만 이 독특한 사례에서는 교환으로 아무것도 '보상'받을 수 없는 대신 명성을 얻는다는 점이 다르다. 쿨라는 워낙 잘 알려진 사례이고 수많은 책에서 언급되었으므로, 여기서는 쿨라의 핵심적인 특성만 되짚어보려 한다. 트로브리안드 군도를 형성하고 있는 섬들에서 족장의 주된 활동은 중요한 의식에서 바이과(vaygu'a)라는 일종의 영예로운 물건 두 가지를 교환하는 것이다. 붉은 조개가 달린 긴 목걸이 소울라바(soulava)는 시계 방향으로 교환되고, 하얀 조개가 달린 팔찌 므왈리(mwali)는 시계 반대 방향으로 교환된다. 교환에 참가한 사람들은—그들은 일생동안 유지되는 안정된 관계로 이어져 있다—자신에게 목걸이를 주었던 사람에게만 팔찌를 건네줄 수 있는데, 그 역도 마찬가지다. 누구도 같은 사람으로부터 두 가지를 모두 받을 수는 없도록 되어 있기 때문이다. 이 의례적인 교환과 마술적인 의식 사이에 개인적으로 사용할 물건들(gimwali)에 대한 실제 교역(또는 격렬한 협상)이 진행된다.[15] 하지만 '쿨라'라는 교환 제도의 핵심은 습득이나 소유가 아니다. 목걸이나 팔찌의 소유는 항상 임시적이며 사회적 유대감을 제공해줄 뿐이다. 보유자는 그 물건을 입수할 수 있는 권리가 있다는 사실을 자랑하며 명성을 드높일 수 있는데, 그전에 오랫동안 뛰어난 인물들의 손을 거쳐온 물건이기 때문이다. 게다가 그 교환은 절대로 동시에 진행되지 않는다. "당신이 팔찌를 주면 내가 목걸이를 주겠소"와 같은 형태로는 진행되지 않는다는 의미이다. 모든 사람에겐 여러 단계의 교환 상대방이 동시에 존재한다. 그리고 쿨라 제도의 교환 관습에는 명성이 높은 그 물건을 가진 사람과 친해지는 것도 포함된다.

　이런 대략적인 개요만으로도 교환 제도의 복잡성, 부수적인 사전 대책들과 의례, 사회적 영향, 다양한 물건에 부여된 상징적 가치, 교환에 행사되는 사회적 통제를 보여주는 데 충분할 것이다. 이 다양한 관습들은 마르셀 모스가《증여론》에서 보여주었듯이 **상호의무**라는 보편적 제목—또는 다른 말로 주기·받기·답례하기라는 세 가지 의무—아래 묶을 수 있다.

주기·받기·답례하기

첫째, 선물이란 한 사람의 자유로운 결정에 따른 행동을 의미한다는, 틀에 박힌 생각을 먼저 지워버려야 한다. 오히려 선물은 끊임없이, 그리고 동시에 주고, 받고, 답례하는 세 요소가 결합된 체계로 봐야 한다. 아득한 옛날부터 선물 순환은 삼미신(三美神)의 우화, 즉 제우스의 세 딸인 삼미신이 서로 얽혀서 서 있거나, 세 개의 비슷한 과일을 서로 교환하는 모습으로 표현되어왔다. 아리스토텔레스는 이렇게 덧붙였다. "그것이 삼미신 신전을 눈에 잘 띄는 곳에 세워서 사람들에게 친절에 보답하라고 상기시켜주는 이유이다. 그러한 보답이 아름다움의 특징이다. 단지 친절을 되갚아주는 것이 아니라, 거기에 더해 친절을 하나 더 베푸는 것이 우리의 본분이기 때문이다."[16] 세네카(BC.4~AD.65, 고대 로마 스토아 학파 철학자)는 왜 삼미신이 셋인가라는 의문에 더 적절한 해답을 주었다.

어떤 학자들은 한 명은 은혜를 베풀고, 한 명은 받고, 다른 한 명은 그 은혜를 되갚아준다고 생각한다. 다른 학자들은 삼미신이 세 종류의 은혜를 베푸는 사람을 상징하는데, 한 명은 베풀고, 한 명은 되갚아주고, 한 명은 받아서 되갚는 사람이라고 말한다. …… 이는 은혜는 손에서 손으로, 다시 베푼 사람에게로 돌아가며 진행된다는 의미이다. 그 아름다움의 연쇄는 하나의 연결 고리라도 잃어버린다면 끊어져버리고 마는데, 끊기지 않고 규칙적인 순서에 따라 진행될 때 가장 아름답다.[17]

선물의 순환은 세 가지 구성 요소로 쪼갤 수 있지만, 단일한 요소에 그 전체를 담을 수도 있다. 그것은 바로 주는 기쁨이다. 선물을 줄 때뿐만 아니라 답례할 때도 마찬가지이다.

둘째, 이 부분에서 말하고자 하는 것은 세 요소로 이루어진 **의무**로, 뒤르켐이 '사회적 사실'이라고 정의했던 개념의 특성을 담고 있다. "이 모든 이론에도 불구하고 사회적 현상은 사물이다. 그리고 사물로 취급되어야 한다. …… '사물'의 가장 중요한 특성은 단순히 의지만으로는 변경이 불가능하다는 것이다."[18]

선물을 거절하는 행위는 선물을 독처럼 취급하는 것이라 노골적인 적대 행위이다. 선물에는 관대함과 강제, 즉 자유롭게 주는 즐거움과 함께 뭔가를 돌려받을 것이라는 이기적인 기대감이 결합되어 있기 때문에, 선물의 의무는 역설적이다. 마르셀 모스가 언급했듯이 "이론상으로는 사심이 없고 자발적인 제공이지만, 실제로는 의무적이고 타산적인 제공이다. 그러나 수반된 행위가 형식적인 겉치레와 사교적 거짓말이고 그 거래 자체가 의무와 경제적 이기심을 바탕으로 하고 있다 하더라도, 선물의 제공 형태는 일반적으로 아낌없이 주는 것이다"[19]는 사실을 명심할 필요가 있다.

셋째, 사람들은 왜 주는가? 아주 간단히 말해서 사회적 유대감을 만들기 위해서다. 중요한 것은 선물 그 자체가 아니라, 당사자 간에 유지하고 있는 상호 의존적인 관계이다. 이는 모든 사람의 독립성에 높은 가치를 부여하고, 다른 사람이나 물건에 의존하지 않는 것을 이상적이라고 생각하는 사회에서 보면 조금 생소해 보일 수도 있다. 하지만 비시장적인 교환에서 상대적으로 적은 부분을 차지하는 선물의 교환은 선물로 함께 묶인 사람들 상호 간의 지위를 번갈아 올렸다내렸다 하면서 사회적 결속을 강화한다. 선물을 주고받을 때의 의례에서는 거부 의사 표현이 연속적으로 이어진다. 선물을 받는 사람은 서둘러서 "이러지 않으셔도 되는데"라고 말하며 선물이 주는 사람의 자유로운 의지의 결과라는 사실을 강조한다. 그러면 주는 사람은 언제나 "진짜 별거 아니에요"라고 답함으로써 선물의 중요성을 낮출 뿐만 아니라 '당신에 대한 제 관심에 비하면 아무것도 아니며, 이 선물이 당신에게 지우는 의무는 없습니다. 그러니 당신이 내게 뭔가 돌려주려거든 마음대로 하셔도 됩니다'라는 의미를 전달한다. 이때 받는 사람은 다양한 방식으로 감사를 표현할 텐데, 아마도 "제가 신세를 많이 졌습니다"와 비슷한 말을 할 것이다. 다시 말해서, 나는 당신에게 빚을 졌다는 사실을 인정한다는 의미이다. 프랑스어의 '감사(merci)' 역시 다른 이의 '자비(mercy)'를 입은 존재로서의 의무와 같은 단어에서 유래했다. 그 뒤에는 다음과 같은 말이 따라올 것이다. "하지만 이 은혜는 기회 있을 때 꼭 갚겠습니다." 그리고 대화는 이렇게 마무리된다. "제발, 그런 말 마세요."(저에게 당신이 필요하기 때문에 간청하는 겁니다.) 잘 알다시

피 우정을 계속 유지해주는 것은 항상 '아주 사소한 것들'이다. 이렇게 틀에 박힌 대화를 통해 해당 선물에 (선물이 상징하는 유대감에 반하는) 사회적 이해관계가 거의 결부되지 않았다는 사실을 표현할 뿐만 아니라, 대화가 진행되는 동안 '권력의 역전(逆轉)'이 연이어 일어난다. 각각이 상대방을 자유롭게 놓아주기 위해, 그리고 강제를 관대함으로 변화시키기 위해 부인해야 하는 의무에 사로잡혀 있기 때문이다. 선물이 너무 호화롭다고 판단되면 당황할 수 있고, 너무 사소하다고 간주되면 실망감을 보일 수도 있으므로, 몇몇 사회에서는 선물을 준 사람 앞에서 선물을 개봉하지 않는다. "받는 손은 항상 주는 손보다 아래에 있다"는 말처럼 주는 사람은 받는 사람보다 언제나 약간의 권력을 더 갖게 된다. 하지만 이 지배적인 위치는 전적으로 일시적일 뿐이다. 선물은 되갚아질 테고, 그 교대를 통해 권력을 잃었던 이가 권력을 되찾게 될 것이다. 선물이 오가는 시간의 흐름을 따라 유대감이 이어진다. 선물을 받은 사람은 준 사람에게 답례할 기회를 끊임없이 노린다. 혹은 동일한 가치의 선물을 '되갚아' 주는 게 아니라 더 큰 관대함을 보이고 '선물의 수준'을 올려서[20] 결과적으로 자신이 선물을 준 것으로 만들 수도 있다. 의례적이든 임의적이든 상관없이 이런 서로 빚지기라는 놀이를 바탕으로 사회관계는 형태를 갖추고 시간이 흐르면서 정기적으로 강화되고 유지된다. 선물과 답례는 단순한 상품 교환으로 축소되어선 안 된다. "전통적인 사회에서 선물 교환에 관한 모든 증거는 무엇보다 우선해서 상호 인정, 명예, 존중의 표현이 관련되어 있다는 사실을 잘 보여준다."[21] 원초적인 빚부터 시작해서—우린 모두 생명을 받았다—재화와 도움, 시간, 애정, 예의를 교환하면서 모든 사람을 다른 사람과 묶어주는 촘촘한 그물망 안에서 사회는 스스로를 조직한다.

　이 주제에 대해서는 수많은 이야기를 끝도 없이 해줄 수 있다.[22] 아무튼 이 장의 초점은 무수히 많은 선물과 답례의 형태가 아니라, 시장이라는 교환 형태의 바탕에 깔려 있는 전제 조건들을 살펴보는 데 있다. 하지만 그 전제 조건들을 드러내기 위해서는, 교환 관습을 지배하고 있는 다양한 규율과 논리 그리고 사회 건설 취지를 살펴보기 위해 약간의 문헌학과 인류학을 앞서 다룰 필요가 있었다. 교환은 모든 사회관계의 시작이며, 시장이 발명되기 전에 이미 그 형태를 갖추고 있었기 때문이다.

시장 교환과 뒤집혀진 논리

이번 절은 이해를 돕기 위해 선물의 논리와 시장의 논리로 나누어 비교하는 형태로 진행할 것이다. 이런 방식은 선물이 상품의 대립항인 양 사람들에게 상호 배타적인 두 영역 사이에서 선택하라고 강요하는 것처럼 비쳐질 위험이 있다. 하지만 중요성과 분화(혹은 혼성화) 정도가 다르다고 할지라도 각 사회에 실제로 존재하는 관습에는 이 두 특성이 공존하므로 둘 중 하나만 택하라고 요구할 수는 없다.[23] 근대와 전통을 가른다는 '대분수령(great divide)'은 과장된 허구인데도 이런 식의 구분은 인류학에서조차 너무 자주 오용되었다.[24] 이 절의 목표는 선물 교환이 '근본적'이니까 혹은 '진본(眞本)'이므로 세계가 마땅히 보호해야 한다든가, 타락한 '자본주의'에 맞서 부활시키자는 주장을 하려는 게 아니다. 그런 논리에 따라 '가장 순수한' 교환 관습이 이루어지는 곳을 찾으려는 것도 아니다. 그렇긴 하더라도 교환 형태의 전형적인 유형들을 비교해서 각 유형 간의 근본적인 차이점을 도출해내는 데는 문제가 없어 보인다. 한 이론의 기본 교재를 읽어보면 그 이론의 주장과 그 이론이 바탕으로 하고 있는 토대가 무엇인지는 확실하게 알 수 있지만, 그 이론이 주장하지 않는 것들과, 고의든 아니든 그 이론이 무시하고 있는 것들까지 파악하기엔 어려움이 있다. 따라서 이 이론에는 없고 다른 이론에는 있는 것을 보여줌으로써, 비교를 통해 스스로 발견하게 하는 학습법이 도움이 될 것이다. 우리는 비교를 통해서만 식별할 수 있다. 하나의 물건이나 사람이 다른 대상과 다른 짐이 무엇인지 열거하는 방식을 통해 우리는 해당 대상의 속성이나 다른 대상과 구별되는 특징을 파악할 수 있는 것이다. 독자 여러분이 혹시나 '원시주의(primitivism)'나 낡은 문화주의의 함정에 빠질지 몰라 미리 경고한다.

유대감과 상품

지금까지 살펴보았듯이 선물의 주요한 목적은 교환 당사자 간의 유대감을 지속시키는 것이다. 당사자들은 저마다 자신에게 주어진 의무를 이행해야 하지만, 한편으로는 그런 의무의 존재 자체를 부정한다. 한쪽은 자발적으로 줌으로써 무언가를 대가로 받을 수 있는 권리를 스스로 박탈한다. 그래야만 상대방이 자신의 순서가 되었을 때 흔쾌히 줄 수 있기 때문이다. 역설적이게도 이 '의무의 면제'가 답례를 보장하고, 그 답례를 단순한 상환과 헷갈리지 않도록 해준다. 한쪽에서 기대하는 것은 하나의 **물건**이 아니라 기존에 확립된 유대감의 확인이다. 그러므로 선물이 어떤 때는 꽤 값지고 또 어떤 때는 '아무런 가치도 없는 것'일 수도 있지만, 교환된 물건의 가치는 그저 상징일 뿐이다. 상품의 상징적 가치는 교환의 대상물이 음식 같은 실용적인 물건일 때조차 중요하다. 각 당사자는 대신 '신뢰를 준다'. 즉 그를 믿고 신뢰하며 나중에 다시 보게 될 것을 확신한다는 의미이다.[25]

그와 달리 시장 교환은 가격으로 표현된 그 상품의 가치에 집중하며, 가격은 교환 당사자 간의 관계와 무관하게 결정된다. 사람들은 서로를 완전히 낯선 사람으로 간주한다. 일단 거래가 완료되고 나면 각 당사자는 각자의 자유와 익명성을 유지할 것이고 '빚진 것 없다'라고 생각하며 상대방을 떠날 것이다. 개인적인 관계 맺기를 거부함으로써 개인은 자유를 얻게 된다. 이곳은 관계의 절대영도 지대다. 상품이나 용역에 대한 지불을 위해 화폐가 개입되면 사회적 유대는 깨진다.

관대함과 이익

선물의 논리에서 권력은 주는 데서 나온다. 관대하게 베풀면 명성을 얻게 되고, 선물과 답례가 순환하는 사회관계 안에 있는 많은 이들로부터 신뢰를 받게 된다. 선물주기에 참여한 당사자들은 선물을 주거나 받을 때마다 권력을 주고받는다.

시장의 논리에서 권력은 자신의 이익 이외에는 아무것도 고려하지 않는 사람들이 갖는다. '주고받기(give and take)'(소유권의 평등이라는 의미가 내포되어 있다)라는 말이 있긴 하지만, 사람들은 오로지 자신이 획득한 것만 계산한다. "사람들은 부자에게만 돈을 빌려준다"는 말이 명확하게 보여주듯이, 사회적 신뢰나 평판은 소유물과 부의 축적에 달려 있다

투자와 등가

선물주기의 논리는 등가(等價)교환을 옹호하지 않는다. 같은 물건을 돌려주는 일은 모욕이 될 수도 있다. "계산 없이 주는" 방법을 모른다면 최소한 받았던 것보다 조금 더 많이 되돌려주는 방법이라도 알아야 한다. (하지만 너무 많이는 아니다. 다른 이를 '납작하게' 만들면 안 된다!) 그런 행위를 일종의 투자나 선물의 '수준' 올리기라고 볼 수도 있겠지만, 다른 이의 지출에서 이윤을 얻을 수는 없다.

시장 체제는 이와 전혀 다르다. 그곳에서는 돈이 보편적인 등가물로 사용된다. 다른 사람에게 빚을 지는 일은 금세 참기 힘들어진다. 누구도 다른 이가 자신보다 우월한 지위에 오르는 것을 원하지 않는다. 그래서 자신의 빚을 '청산하려' 최선을 다한다. 개인 간의 평등과 자유의 개념에는 상호 간에 부채가 없다는 의미가 내포되어 있다.

시간과 공간

여기서 다시 두 논리가 대립한다. 선물과 답례는 개인적으로 서로 아는 사이에서만 이루어지기 때문에 일정한 공간 범위 내에서만 영향을 미친다(설령 '쿨라'라는 고전적인 사례처럼 지리적으로 서로 적지 않게 떨어져 있거나 국경 너머의 이민자 사이라고 할지라도 마찬가지다).[26] 반면에 사회적인 결속은 오랜 기간 지속된다. 받은 선물에 대해 너무 빠르게 답례하는 것도 그 관계를 망치는 요인이 된다. 각각의 선물은 보답할 의무가 있는 상대방에 대한 신뢰(혹은 신용)로 정당화되는, 미래를 건 일종의 도박이다.

그와 대조적으로, 선물거래(先物去來)(미래의 어느 시점에 물건을 인수한다는 조건으로 계약을 맺은 거래)를 제외하고 이야기한다면 시장 교환은 원칙적으로 순간적으로만 이루어진다. 지불은 절대로 지체되지 않는다. 때로는 현금으로 지불되기도 한다. 그렇게 거래를 '청산'한다. 거래의 당사자는 상대방과 개인적인 관계를 맺을 필요가 없으니 공간적인 한계도 없다. 상품만 중요할 뿐 그 상품의 출처나 유래에는 관심이 없다. 이런 방식으로 시장 교환은 탈영토화되고 세계화된다.

거절과 과시

선물을 주는 사람은 자신이 주는 선물의 가치를 깎아내린다. 그는 "아무것도 아니에요"라고 말한다. 유대감을 만드는 데는 아무것도 아닌 것으로도 충분하기 때문이다. 반면에 선물을 받는 사람은 "이러지 않으셔도 되는데"라고 말한다. 둘 다 부인하는 놀이를 하는 것이다. 그들의 관계는 말에 담기지 않은 무언의 내용들, 혹은 마르셀 모스가 언급했던 '사교적 거짓말'에 담겨 형성된다. 누구도 자신의 관대함을 자랑으로 삼거나 뭔가를 빌려주기라도 하는 것처럼 선물을 주지 않는다. 요점은 세 가지 의무와 어느 정도 상대방에게 굽히고 들어가는 태도다.

그와 달리 시장 제도에서는 '한몫 잡았다'고 허풍을 떠는 게 금지되어 있지 않다. '한몫 잡았다'는 말은 자신이 받은 것에 비해 상대방에게 적게 주었으며, 거래 당사자의 이익에 맞서서 자신의 이익을 주장할 줄 안다는 의미이다. 여기서 중요한 것은 이익의 획득이지, 거래가 진행되는 동안 형성된 관계가 아니다. 교환의 대상물조차 대개는 그저 이익을 얻기 위한 도구일 뿐이다.

기쁨과 공포

아이들에게 예의를 가르칠 때 무언가를 요구하려면 "please"를 붙이라고 한다. 이는 "제가 원하는 것을 해주어 저를 기쁘게 해주세요 (please me by granting what I wish)"라는 의미를 내포하고 있지만 "그것을 해서 당신도 기쁘다면 해주세요(do it only if it please you too)"라는 의미 역시 담고 있는데, 어쩌면 후자가 더 주된 것일 수도 있다. 선물은 반드시 기쁨을 나누는 일이어야 하므로, 선물 교환에는 누구나 자유의사에 따라 참여한다. 누구든 선물 교환이 '기쁠' 때만 참여할 것이며 그렇지 않다면 그만둘 것이다.

이윤의 유혹에 빠진 시장 논리는 주는 기쁨을 모른다. 오히려 등가가 지켜지지 않을 경우 손해를 볼지 모른다는 공포에 사로잡혀 있다. 시장 거래는 기쁨을 주기 때문이 아니라 이익을 보장해주기 때문에 지속된다.

어쩔 수 없이 도식적으로 설명하긴 했지만 여기서 우리는 다른 두 세계의 모습을 볼 수 있다. 한쪽에는 모스의 '주기·받기·답례하기'라는 세 가지 의무가 있고, 다른 쪽에는 상품에 의해 완전히 지배받는 영역의 '갖기·거절하기·보유하기'라는 정반대 의무가 있다.[27] 다행스럽게도 현실 세계는 '이것 아니면 저것'이라는 양자택일의 논리에 맞춰 작동하지 않는다. 상호 의무라는 사회적 의무를 완전히 떨쳐낼 수 있는 사람은 아무도 없다. 우리 활동의 많은 부분은 아직 시장이 지배하는 영역 아래로 추락하지 않았다. 노동자들이 "온몸 바쳐 최선을 다하겠다"는 생각을 거부하면 회사는 운영되지 않는다. 대기업들도 종종 엄격한 경제적 합리성보다는 사적인 관계 때문에 특정한 회사와 특약을 체결한다. 경제학자들은 보다 나은 사업을 위해서 신뢰가 필수적이라고 주기적으로 상기시켜준다. '적나라한 이기심'만으로는 충분하지 않기 때문이다. 기업의 모든 임원들은 '업무용 오찬'부터 뇌물에 이르기까지 광범위한 선물이 필요할 때가 있다는 사실을 알고 있다. 광고업계 사람들은 특정한 회사가 '공짜로' 덤을 준다고 홍보하며 이해관계를 초월한 행위가 완전히 사라진 것은 아니라고 소비자들을 설득하려 한다. 시장 논리가 압도적이고 다른 체제를 완전히 덮어버리려는 경향이 있긴 하지만, 우리는 이렇게 혼성 체제 안에서 살아간다.[28] 선물은 시장 교환 속으로 섞이고 끼어든다. 하지만 시장에는 절대로 '공짜'가 없다. 시장은 경쟁을 지배하는 특정한 규칙과 이윤의 극대화 추구에 복종하는 제도이기 때문이다.

이 두 논리는 사회에 대한 두 가지 모형을 제시해준다. 각각의 논리에 따른 교환 관습들은 서로 다른 가치와 제도를 바탕으로 하기 때문에 완전히 다른 의미를 갖고 있다.[29] 그러므로 시장이라는 경제형태는 당연한 체제가 아니며, 애덤 스미스가 주장하듯 인간의 '자연스러운 성향'에서 비롯된 것도 아니다. 시장경제도 사회에 의도적으로 주입된 것이다. 시장 형태가 사회적으로 승리를 거두려면, 사회가 자유롭고 평등한 개인들의 합으로 정의되어야 하고, 개인들은 (홉스, 로크, 루소의 주장처럼) '정치적 계약'이라는 허구로 연결되어야 했다. '정치적 계약'이라는 용어는 사회 구성원들 간에 체결하는 다양한 사적인 매매 계약이라는 현실에서 유래한 표현이다. 그 다음에는, 그렇다면 (한쪽의 이득은 다른 쪽의 손실에 상응한다는 생각이 오랫동안 존재했으니) 어떻게 이런 이기적인 개인들이 계약을 통해 이득을 얻게 되는지, 또 함께 사는 것이 왜 이익이 되는지 설명해줄 필요가 있었다. 결과주의 윤리론의 관점에서 보면, 행동은 숨겨진 의도가 아니라 드러난 결과로 판단된다. 이런 관점은 맨더빌과 애덤 스미스로부터 시작되었다. 공공 영역은 개인적인 행동의 결과라는 측면에서 판단되었고, 사적 영역은 행위자의 의도의 측면에서 판단되었다.[30] 고전 경제학은 이중적인 답변을 내놨는데, 그 유명한 '보이지 않는 손'[31]이 사적인 이익을 조화시켜주므로 "자신의 이익을 추구함으로써" 그 개인은 "스스로 사회의 이익을 증진시키려고 진지하게 의도하는 경우보다 더욱 효과적으로 사회적 이익을 증진"[32]시킨다. 하지만 이런 논리는 개인들의 자율성을 지켜내는 한편, 다른 쪽으로는 노동 분업을 확대시켜 다른 사람에 대한 의존을 일반화시켰다. 애덤 스미스는 타인에 대한 의존을 교환하려는 우리의 자연적인 성향으로 인해 나타난 결과라고 봤다. "현명한 가장(家長)의 좌우명은, 구입하는 것보다 만드는 것이 비싸다면 집에서 (직접) 만들려고 하지 않는다는 것이다. 재봉사는 자신의 구두를 만들려 하지 않고 제화공에게서 산다. 제화공은 자신의 의복을 만들려 하지 않고 재봉사를 이용한다. 농민은 구두나 의복 어느 것도 만들려 하지 않고 다양한 수공업자를 이용한다."[33] 이는 자연스럽게 사회적 합의로 이어진다. 모든 것이 균형을 이룬 것처럼 보였기 때문이다. 그렇기 때문에 교환이 중요하다. 왜 사람들이 함께 살며 어떻게 사회를 결속시키는지를 교환이 설명해주기 때문이다. 하지만 이런 설명에는 사람들이 사고팔려는 목적으로 생산한다는 의미도 내포되어 있으며, 궁극적으로 우리의 이해관계, 그리고 다른 사람들 그 자체가 아니라 그 사람들이 만들고 우리에게 팔려는 물건과 그 물건으로부터 나오는 편익에 바탕을 두고 있다. 그렇게 "사회 그 자체는 정확히 상업 사회로 성장한다."[34] 이것은 새로운 전망을 가진 사회로의 변화를 나타낸다. 사회의 새로운 전망은 (정치적으로 구축된) 국가의 국경 너머로, 시장이라는 탈영토화되고 획일화된 공간으로 더 넓어지며,[35] 무엇보다 당시까지 탐욕스럽다고 윤리적으로 비난받았던 이기심 혹은 이윤을 향한 욕망을 바탕으로 다시 구축된다.[36] 이것은 새로운 사회적 목표를 불러일으킨다. "소비야말로 모든 생산 활동의 유일한 목표이자 목적이며, 생산자의 이익은 소비자의 이익을 증진시키는 데 필요한 한에서만 고려되어야 한다."[37] 하지만 마르크스가 말했듯이 상품의 우위는 사회적 관계를 변화시킨다. "생산자들에게는 …… 그들의 사적 노동 간의 사회적 관계가 사실 그대로 모습을 드러낸다. 즉 그들이 노동을 통해 맺어진 사람들 간의 직접적인 사회관계로서가 아니라, 오히려 사람들 간의 물적 관계 또는 물적 존재들 간의 사회적 관계로"[38] 나타나기 때문이다. 다시 말해서, 인간적인 관계는 이 "사회적인 물적 존재" 뒤로 사라져버리고, "사물과 사물 사이의 관계라는 환상적인 형태"를 취하게 된다.[39]

이 모든 일은 필연적인 사건이 아니라 18세기의 세계관에서 비롯된 것이다. 이에 따라 역사적으로 우연히 생겨난—그 후 다양한 현대 학파에서 더욱 복잡하게 진화하고 성장한—시장 모형이, 앞서 간단히 서술했던 모든 사회에 다양하게 섞여 있는 교환의 다각적인 형태를 파악하기에 적합하냐는 곤란한 문제가 제기된다. 시장이 존재하며, 사람들이 자신의 이익을 위해 상품을 교환한다는 말은 하나의 타당한 설명이다. 하지만 그 설명에는 사람들이 시장 교환만 하는 것은 아니라는 사실을 덧붙여야 하며, 거기에 더해서 시장 형태와는 근본적으로 다른 교환 형태들도 있다는 사실을 추가해야 한다. 시장의 지배는 일종의 환원주의적 개념이다. 하지만 오늘날 환원주의는 모든 사회과학에서 패권을 잡으려 하고 있다. 주류 경제학은 마치 시장 교환 모형이 인간의 모든 행동을 설명해줄 수 있을 것처럼 주장하며 사회학과 심리학마저도 자신의 궤적 안으로 끌어들이고 있다. 그 이론은 무지의 서약 위에 세워졌으며, '야만적인' 사회뿐만 아니라 모든 사회에 존재하는 다른 종류의 교환에 완전히 눈을 감고 오직 시장 형태에만 집중했다. 주류 경제학은 감쪽같은 역전(逆轉)을 통해 시장이라는 특수한 사례를 보편적으로 타당한 교환 형태인 양 믿도록 만들었다. 우리가 원리를 하나만 알고 있다고 해서, 그 하나의 원리만이 유일하게 가능하다는 의미는 아니다.

교환 형태에 관한 이론을 두 가지로만 나누고 싶은 유혹도 참아야 한다. 서로 다른 여러 교환 형태가 존재하기 때문이다. 《증여론》에서 마르셀 모스는 현대사회에서 볼 수 있는 '고대의 교환' 흔적(혹은 변형)들을 열거했는데, 여기에는 '사회보험법 제정'이나 '의무적인 실업보험 요구 운동' 등이 포함되어 있다. 그리고 그는 이렇게 결론 내렸다. "선물이라는 주제, 선물 안에 담긴 자유와 의무라는 주제, 선물주기에 담긴 관용과 이기심이라는 주제는 우리 사회가 오랫동안 잊고 있던 주요한 동기가 부활하는 것처럼 다시 나타나고 있다."[40] 우리는 지금 혼성 형태를 이야기하고 있다. 혼성 형태는 사회역사적 산물인 동시에 연대와 호혜주의라는 고대의 원리를 되살리며 (소수의 동의는 얻을 수 있겠지만 보편화하기는 쉽지 않은) 급진적인 선물경제를 호소하지 않고도 개인주의가 일으킨 파괴의 자취로부터 탈출하려는 시도의 전조로 보이므로 당연히 주목할 만한 가치가 있다. 혼성 형태는 계속 탐구해볼 만한 주제이다. 보편적인 의료보장제도에 대한 미국 압력단체들의 지독한 반대나 거의 모든 곳에서 교육제도를 사유화하려는 뚜렷한 경향은 오히려 현재에도 혼성 형태가 존재하며 지금도 가능하다는 사실을 보여주는 반증이다. 마르셀 모스가 18세기 초의 사회에서 그 시초를 보았다고 생각하는 연대 사회는 오늘날 '최대 다수의 최대 행복'이라는 교리를 내세운 주류 경제학의 위협 아래서도 여전히 존재하고 있다.

이러한 고찰의 요점은 이기적인 교환인 시장 형태를 모조리 실패한 모형으로 취급하거나, 선물과 답례를 완벽한 교환 형태라며 지지하려는 게 아니다. 단지 근본적으로 다른 원리에 기반을 둔 다른 형태의 교환이 공존하고 있다는 사실을 알려주려는 것이다. 다른 사람들과의 유대관계에 얽매이지 않고 어떤 상품을 갖기를 원하는 것도 정당하지만, 선물의 논리에 참여하는 것 역시 정당하고 또 필요하다. "이는 인간이 사물이 되어가는 걸 막아줄 것이다."[41]

이기심 원리는 교환 당사자들에게 이익을 줄까?

지금까지 우리는 교환에 참여하는 양쪽 당사자가 각자의 이익을 추구한다면 교환이 서로에게 이익이 된다는 '표준' 경제학 이론의 기본 개념에 대해 너그러이 눈감아주었다. 밀턴 프리드먼(1912~2006, 미국의 시카고학파를 대표하는 신자유주의 경제학자)은 다음과 같이 말했다.

구매자와 판매자 간의 자발적인 거래에서—즉 자유시장에서—발생한 가격은 모든 사람을 부유하게 만드는 방법으로 …… 각자 자신의 이익을 추구하는 수백만 사람의 활동을 동등하게 만들 수 있다. 경제체제는 각자 자신의 이익을 추구하는 많은 사람의 행동이 빚어낸 의도하지 않은 결과로 발생할 수 있다. …… 가격체계는 너무 효과적으로 작동하기 때문에 우리는 대개 그 작용을 알아채지 못한다.[42]

하지만 이 결론은 논란의 여지를 넘어서 잘못됐다! 더 희한한 사실은 경제학자들이 스스로 현대 경제학에서 중요한 자리를 차지하고 있는 게임이론에 방법론적 개인주의를 결합하여 그 결론의 허위성을 이미 논증했다는 사실이다. 게임이론은 대체로 노동시장과 실업, 조직, 계약, 제도, 그리고 경쟁 상대가 없는 상황들(대개의 경우는 두 명의 개인이나 개인들의 집단과 관련된 교환 상황으로 각자의 행동이 다른 사람에게 영향을 미친다)을 설명하기 위해 이용된다. '한계적' 합리성 이론에서는 환경이 이미 주어져 있거나 변하지 않는 데 반해, '전략적' 합리성 이론에서는 환경이(혹은 다른 참가자의 결정이) 각 개인의 선택에 의해 영향을 받는다는 의미가 포함되어 있다.

'표준' 경제학 이론이 무시하고 있는(즉 계산에 넣지 않고 있는) 문제는 교환 당사자 간의 협력과, 각자에게 가치가 있는 교환이 되도록 하기 위해 그들 간에 반드시 수립되어야 할 상호 신뢰이다. 지극히 간단한 사례로는 우편 주문과 예매가 있다. 구매자는 판매자가 계약을 존중할 것이라고 신뢰해야 선불로 지불한다. 판매자로서는 주문을 이행하지 않는 게 분명히 이익이겠지만 말이다.[43] 구매자가 의심이 많다면 주문하지 않을 테고 판매자는 아무것도 얻지 못하게 되는데, 이는 양쪽 모두에게 가장 바람직하지 않은 해결책이다.

경제적 합리주의가 극단화될 때 나타나는 그릇된 결과를 명확하게 보여주기 위해 경제학자들은 주로 '죄수의 딜레마'를 인용하곤 한다. 무장 강도 혐의로(그들은 실제로 강도짓을 했다) 두 명이 체포되었지만 증거는 거의 없는 상황이다. 그때 경찰이 둘에게 각각 다음과 같이 설명한다.

· 둘 다 자백하지 않으면 불법 무기 소지죄라는 경범죄 혐의로 2

년간 교도소에 수감될 것이다.

·둘 다 자백할 경우에는 법정 최고형인 10년형을 받겠지만, 협조한 사실을 참작해 5년형으로 감형될 것이다.

·한 사람만 자백할 경우에는 그는 석방되고, 대신 고발된 공범만 10년형을 받게 될 것이다.

이는 다음에 나오는 표로 나타낼 수 있다.

		B	
		자백	자백 거부
A	자백	5/5	0/10
	자백 거부	10/0	2/2

당연히 최고의 전략은 둘 다 자백하지 않고 2년형만 받는 것이다. 하지만 그들이 사전에 합의했다고 해도 다른 이가 자백하지 않겠다는 약속을 지킬지 어떻게 확신할 수 있겠는가? 불확실한 상태에서 각자는 자백을 하는 게 이익이 된다. 자신은 입을 다물었는데 다른 이가 자백을 할 경우에는 10년형을 받을 위험이 있기 때문이다. 각자가 자신의 이익을 '합리적'으로 엄밀하게 추구할 경우, 도출된 결론은 둘에게 모두 불리할 수 있다. 둘 다 자백을 하게 되어 둘 다 침묵을 지켰을 때보다 더 큰 형량을 초래할 것이기 때문이다. 이 말은 "자신의 사적인 이익을 지나칠 정도로 빈틈없이 추구하면 참가자들은 각자에게 이득이 될 기회를 잃을 위험이 있다"[44]는 의미이다. 다시 말해, 교환이론이 순수하게 개인주의적인 관점을 채택하면 협력

이나 호혜주의를 향한 길을 가리게 되며, 그 결과는 당사자 모두에게 해롭다. 개인적인 이익은 공동의 이익에 반한다. 각자가 자신이 원하는 것만을 고집하면 모두 손해로 끝나게 된다. "죄수의 딜레마가 주는 교훈을 믿게 되면 바로 시장 교환의 가능성에 불신을 갖게 된다. 이 딜레마는 각 참가자의 탐욕 때문에 모든 곳에서 교환이 무너져내릴 것이라고 암시하고 있다. 이런 상황은 우리가 평소대로 경제학 이론의 가정들에 집착하는 한 유효한 하나의 결론으로 남아 있게 된다."[45] 게다가 죄수의 딜레마에서는 가장 유력한 전략이 양쪽 모두에게 손해를 끼치지만, '정상적인' 시장 관습에서는 더 강한 자가 약한 자를 희생시키고 이익을 독차지한다.

로랑 코르도니에(1964~, 주류 경제학에 비판적인 프랑스 노동경제학자)가 다룬 교환의 '고대' 이론(선물과 답례)은 두 참가자 모두가 자신의 이기적인 이익을 더 이상 내세우지 않았을 때 최악의 결과를 피할 수 있다는 사실을 아는 한, 게임이론에서 예측된 끔찍한 결과를 피할 수 있다는 사실을 잘 보여준다.[46] 혼자만 '협력하는 사람'(이 경우 침묵을 함으로써)이 되면 다른 이가 자백할 경우 10년형의 최대 형량을 받게 된다. 그렇기 때문에 그것을 합리적인 해결책으로 받아들일 수는 없다. 어떻게 하면 다른 한쪽에게 협력하도록 할 것인가? "참가자들이 다른 참가자의 행동을 변화시킬 수 있는 힘을 가져야 한다. 다시 말해서 각 참가자가 어느 정도 '서로의 영향력 아래에' 있어야 한다. 이는 다른 사회과학 분야에서는 불을 보듯 자명한 사실이다. 다른 사회과학에서는 개인들이 '사회적 유대감'으로 서로 직접 연결되어 있다는 사실을 인정한다."[47] 교환은 사회가 존재하지 않는 곳에서는 일어나지 않는다. 그러므로 선물과 답례의 논리는 실제로 협력적인 해결책에 영향을 미친다(협력은 죄수의 딜레마의 제약 안에서 두 참가자에게 가장 유리한 해결책이다).[48] 그렇게 되는 이유는 두 가지이다. 첫째, 선물/답례 체계 안에서는 참가자들이 상대방을 선택하는 게 아니라 다른 참가자와의 경쟁이 배제된 채 사회적으로 할당된다. 둘째, 교환 당사자 간에 협상을 할 수 없다. 게다가 선물과 답례 사이에는 시간 차가 있다. 답례라는 의무는 확실히 사회 규칙의 일부이긴 하지만, 그 규칙에는 (언제라도 채무를 이행하지 못할 수도 있는) 상대방에 대한 신뢰도 포함되어 있다. 최적의 해결책으로 이끄는 것은 시장이 아니다. 오히려 신용 획득을 목적으로 하는 구조가 "사람들의 이익은 자신의 이익을 노골적으로 내세움으로써 얻어지는 게 아니다"[49]라는 사실을 명확하게 보여준다.

로랑 코르도니에가 고전적인 인류학의 특정 주제를 임의로 사용하긴 했지만,[50] 그의 설명은 각 참가자가 자신의 이익을 추구할 때 교환이 서로에게 이익이 된다고 거리낌 없이 주장하는 '표준' 경제학 이론의 난제를 드러냈다는 점에서 흥미롭다. 우리가 앞서 살펴봤듯이, 현실은 경제 '과학'의 주장과 매우 다르다. 경제학자들이 말하는 '자유로운' 교환은 강제적이든 내부적으로 체득되든, 일련의 규칙에 따라 틀을 잡지 않으면 계약 당사자들을 재난으로 이끌어갈 수밖에 없다.

경제학자들은 죄수의 딜레마 모형으로 정의된 이 특별한 환경 아래서 배타적인 이기심의 추구가 초래할 치명적인 결론을 모른 체한다.[51] 누군가는 이 말이 시장의 미덕을 위해 헌신해온 경제학자들을 부당하게 깎아내린다고 생각할지도 모르겠다. 하지만 '표준' 경제학 이론은 계속 번창하며 여전히 시장이 자원을 가장 적절하게 분배한다고 가르치고 있다. 경제학자들은 원하는 대로 쓸 수 있는 다양한 모형을 가지고 있으며, 그 모형들을 활용해서 상황에 따라 어떤 주장 또는 그에 반대되는 주장을 증명하는 데 사용하고 있다.

마지막으로—경제학자들이 절절한 소망을 담아 '자연스러운' 발전이라고 표현하는—시장의 일반화가 '인간' 사회에 맞는지 우리 스스로 되물어야 한다. 칼 폴라니(1886~1964, 헝가리 출신 미국 경제학자)는 이에 의문을 제기했다. "자동으로 조절되는 시장이라는 관념에는 순전한 유토피아가 내포되어 있다는 것이 우리의 논지다. 이 제도는 인간과 사회의 타고난 본성을 완전히 없애버리지 않고는 잠시도 존재할 수 없었으며, 인간을 육체적으로 파괴하고 인간 주변의 환경을 황무지로 바꾸어놓았다."[52] 1944년에 쓰인 이 문장들이 과거 시제를 사용하고 있다는 사실을 주목하라. 자동조절시장이라는 유토피아가 1930년대의 혼란 중에 사라져버리기라도 한 것처럼 말이다. 우리는 폴라니가 실수했다는 사실을 인정해야만 할 것 같다. 그가 시장의 실패로 발생하리라 생각했던 '거대한 전환'은 아직 일어나지 않았다. 시장경제는 여전히 원기왕성하다. 반면에 자동조절시장이 인간을 파괴하고 주위 환경을 황무지로 바꿀 것이라던 그의 말은 옳았다. 그렇다면 우리는 왜 그 사실을 모른 척해야 할까? 이 집단적인 무지가 경제학이 주장하는 비현실적인 망상 때문이라고, 이성과 상식이라는 겉모습 아래 숨겨진 잘못된 가정들과 감춰진 편견 때문이라고 탓하면 안 되는 건가?

5장
희소성이라는 거짓말

희소성〔scarcity는 본래 부족, 결핍이라는 뜻이지만, 경제학에서는 희소성으로 옮겨진다. 이 책에서는 문맥에 따라 결핍, 부족, 희소(성)으로 옮겼다〕은 '자연'의 기본적인 특성일까? 아니면 경제 '과학'을 수립하기 위해 필요했던 최초의 무대를 꾸미기 위해 설치된 장식의 일부분일까? 어떻게도 피할 수 없는 현실일까? 아니면 그저 세상을 바라보는 다양한 방법 중 하나에 불과한 걸까? 경제학이 수립되기 전에 살았던 사람들은 알아채지 못하고 놓쳤던 현실일까? 아니면 경제학의 담론을 더 그럴듯하게 보이려고 때맞춰 꾸며낸 이야기일까? 대부분의 경제학 교과서는 근본적 희소성이라는 개념을 설명하는 것으로 시작한다. "인간의 활동은 희소성에 대한 투쟁이 발생했을 때 경제적인 측면이 드러난다. …… 수단의 희소성, 목적의 선택, 비용의 크기. 우리는 이 세 개념을 통해 경제활동의 핵심을 이해할 수 있다. …… 경제학은 희소한 자원 관리에 대한 과학이다."[1] 이 말에는 희소성에 대한 투쟁에서 승리하게 되면 경제 '과학'은 더 이상 쓸모가 없어져 버린다는 의미가 내포되어 있다. 경제학에서 욕구가 무한하다고 가정해야만 하는 이유는 바로 이것 때문이다. 희소성이 호모 에코노미쿠스라는 개념의 핵심이다. 호모 에코노미쿠스는 희소한 자원을 가졌지만 욕구가 무한하기 때문에 끊임없이 선택을 해야만 한다. 하지만 정말로 인간이라는 존재가 희소성에 대한 투쟁과 풍요의 추구에 의해 결정되는 걸까? 오히려 희소성과 무한한 욕구[2]라는 두 개의 짝으로 이루어진 가정이 실은 호모 에코노미쿠스로 하여금 생산적인 노동을 시작하도록 만들어서[3] 경제성장을 유발하기 위해 필요했던 것은 아닌지 생각해봐야 하지 않을까?

희소성이라는 개념을 좀 더 면밀히 살펴보기 전에, 매우 다른 형태로 이루어진 두 가지 희소성을 먼저 구분해야 한다. 먼저 **유한-희소성**(finitude-scarcity)이 있는데, 이 희소성은 **본래 주어진 특성**이다. 금이나 석유가 희소한 이유는 렘브란트나 마티스의 그림처럼 수량이 유한한 재생 불가능한 자원이기 때문이다. 초기 고전 경제학자들이 주목했던 개념은 이런 종류의 희소성이었다. 하지만 그들은 희소한 상품을 경제학에서 제외하기 위해 이 희소성이라는 개념을 이용했다. 그 상품들은 글자 그대로 '값을 매길 수 없는 것들(priceless)'이었기 때문이다! 이를테면 리카도는 다음과 같이 썼다. "상품이나 그 상품의 교환가치, 상대가격을 규정하는 법칙에 대해 …… 언급할 때는 **항상 인간이 노력을 통해 수량을 늘릴 수 있는 상품만을 의미한다.**"[4] 따라서 고전 경제학에서는 실제로 '희소'하고 생산 불가능한 상품에는 관심이 없었다. 예외가 있다면 토지였는데, 토지는 고유한 '희소성' 때문에 주기적으로 가격이 인상됐다. 농민이 지주에게 지불하는 지대가 상승하는 이유는 토지의 고유한 희소성 때문으로, 인구가 증가하면 덜 개발되고 덜 비옥한 토지까지도 필요해지기 때문이다. 이는 비옥한 토지를 가진 지주가 유리한 이유이기도 하다(가장 나쁜 토지에 투여되는 생산비와의 격차만큼 지대를 더 받을 수 있기 때문이다). 그렇긴 하더라도 희소하거나 재생산이 불가능한 상품을 제외한 이유는, 그 상품들은 자연이 주었거나 사라져버린 천재의 결과물이었으므로[5] 그 가치가 그 상품들을 제작하는 데 사회적으로 필요한 노동으로 결정되지 않고, 리카도가 '수요의 변덕(caprice of demand)'이라고 불렀던 것에 의해서만 결정되었기 때문이다.

두 번째는 시장에 의해 사회적으로 만들어진 **부족−희소성**(shortage-scarcity)으로, 어떤 상품이라도 수요가 공급을 앞지르게 되면 갑자기 희소해질 수 있다. 사실, 이런 새로운 희소성 개념을 **가치를 설명하는 보편적인 원리**로 만든 것은 신고전주의 경제학파의 소행이었다. 왜 그랬을까? 그것은 이들이 실제로 존재하는 희소한(유한한) 상품의 특성에는 주의를 기울이지 않고, 모든 상품의 가치를 오직 효용에 따라 판단하기로 결정했기 때문이다. 따라서 신고전주의 경제학파에게는 피카소의 작품 한 점이나 바닷가의 토지 한 뙈기, 자동차 한 대, 석유 한 통, 감자 한 자루 사이에 아무런 차이가 없다. 그것들은 모두 사람들의 욕망을 만족시켜주는 '효용이 있는' 상품이며, 무한하게 존재하지 않으므로 '희소'하다. 지대에 대한 이론을 모든 상품으로 확장시키고 '욕구'를 가치의 유일한 기준으로 만듦으로써 신고전주의 경제학자들은 고전주의 경제학파의 논리를 **뒤집었다고** 볼 수 있다. '신고전주의 경제학자들'은 고전주의 경제학파의 계승자들이기보다 오히려 고전주의 경제학을 부정하는 사람들이다.[6] 그들에게 중요한 것이라고는 수요와 공급 '법칙'에 따라, 더 정확하게 말하자면 가장 결정적인 '수요의 변덕'에 따라 수립된 가격뿐이다. "교환 현상에서 …… 수요는 주요한 사실로, 공급은 부차적 사실로 간주되어야 한다."[7] 이런 개념은 모든 것을 시장 안에 뒤죽박죽으로 한데 섞어버린다.

이 때문에 자신들을 신고전주의(혹은 한계주의론이나 가치의 주관적 이론) 학파의 충실한 사도라고 생각하는 '새로운'(즉 신자유주의) 경제학자들은 다음과 같이 주장하기도 한다.

우리는 **모든 것이 희소한** 세계에 살고 있다는, 진부하지만 흔히 무시되곤 하는 당연한 인식에서 시작하는 것으로 충분하다. 천연자원이나 원료, 에너지, 돈만이 아니라 시간(절대로 연장되지 않으니 우리가 가진 자원 중 가장 희소하다)과 **정보**(정보를 수집하고 파악하기 위해서는 시간, 연구 활동과 에너지를 동원해야 한다), 상상력, 행동, 결단력 등등도 마찬가지다. 모든 것이 희소하다(경제학 원리). 그러므로 **선택**할 수밖에 없으며, **공짜는 없다**.[8]

여기서 시간의 희소성은 모든 사람이 자신의 생애(혹은 하루)가 너무 짧다고 생각할 것이라는 대체적인 믿음을 바탕으로 정당화할 필요조차 없는 당연한 사실로 제시된다. 하지만 아프리카인이나 남미인은 시간이 '희소한 상품'이라는 생각을 이해하지 못할 것이다. 벤저민 프랭클린의 '시간은 돈이다'라는 경구가 모든 곳에서 타당하지는 않다. 게다가 자명한 진실을 담고 있는 듯한 '진부한 인식'을 이용해서 마치 당연한 상식처럼 보이는 저 문장에서는 기묘한 혼동이 드러난다. 천연자원이나 시간, 정보, 상상력처럼 본질적으로 다른 것들을 하나로 묶었는데, 이는 그것들을 경제학의 대상으로 만든 공상적인 희소성이 모든 사물에 동일하게 적용된다고 가정하는 것이다. 이것이 신고전주의 경제학의 입장에 따른 논리적 귀결이다.

달리 말하자면, 여기서 쟁점은 상품(생산물)의 출처이다. 상품은 자원 스톡(stock)이나 자본 펀드(fund) 중 하나이다. 모든 재생 불가능한 자원은 앞의 정의에 따라 당연히 스톡이다.[9] 그러므로 스톡에서 산출해낼 수 있는 속도는 시간에 얽매이지 않는다. 같은 양의 석유를 100대의 차가 하루 만에 사용해버릴 수도 있고, 한 대의 차가 100일 동안 사용할 수도 있다. 그 결과는 같다. 스톡은 고갈된다. 반면에 펀드(들판, 일터, 호텔방)에서의 생산(밀, 노동, 숙박)은 각각의 고유한 주기에 따라 진행된다. 한 해에 한 번 하는 수확, 24시간을 절대로 초과할 수 없는 하루 노동시간, 하룻밤에 한 번만 가능한 객실 예약. 거기에 더해서, 펀드는 스톡과 달리 생산성을 보존하기 위해 관리해야 하며 조심스럽게 사용해야 한다. 이는 펀드에 기초한 생산(생산물, 세입, 용역)도 과잉 착취(토양침식, 어류 남획, 물질적인 마모와 파손, 노동력의 탈진 등)했을 때는 그 흐름이 멈출 수 있다는 의미이다. 근본적인 차이점은 스톡에서 산출되는 것들은 펀드에서의 산출과 달리 결코 재생산할 수 없다는 사실이다. 각 스톡도 제각기 산출의 흐름이 다른데, 이는 스톡이 소모되는 속도가 해당 스톡 소유자들의 판단에 달려 있기 때문이다. 그에 반해 펀드에서의 산출 주기는 각 펀드의 특성에 의해 결정된다. 누군가 백만 달러의 '스톡'을 상속받는다면, 자신의 판단에 따라 사용할 수 있다(하루나 1년, 혹은 50년에 걸쳐서). 그러나 농토를 상속

받은 경우에는, 설령 일종의 사전 계약을 통해 미래의 판매를 보장받는다고 할지라도 내년이나 10년 후에 생산될 양까지 수확해서 팔수는 없다. 그렇기 때문에 스톡과 펀드의 산출 리듬은 완전히 다르다. 그런데 스톡에서 산출되는 상품의 가치와 펀드에서 산출되는 상품의 가치를 동일한 가격체계 안에서 동질화했을 때 문제가 발생한다. 석유가 점진적으로 고갈될 수밖에 없다는 사실을 감안하지 않고 수요와 공급만을 기준에 두고 가격을 결정하는 것은 스톡과 펀드의 차이를 무시하기 때문이다. 그 상품이 어떤 출처에서 나왔는지(스톡인지, 펀드인지) 개의치 않고 가격을 지불할 의사가 있는 소비자가 존재하는 한 '표준' 경제학의 형식적 합리주의는 산출에서 발생하는 잠정적 수익에 대해서만 생각한다. 실제로, 시장에서 부족하다는 암시를 통해 발생하는 가격의 인상률은 그 자원의 유한성과 전혀 비례하지 않는다. 경제학자들이 한 일이라곤 생산자들의 기대 수입은 문제의 상품을 획득하기 위해 소비자들이 지불하고자 하는 의지와는 일치하지 않는다고 적어두는 것뿐이다. 하지만 이는 시장이 구매자와 판매자가 가장 만족할 수 있는 가격을 수립하여 자원을 가장 적절하게 분배한다는, 경제학자들이 끊임없이 반복해 대는 주장과 모순된다. 이는 시장이 다양한 상품의 출처와 관련된 중요한 변수를 무시한다는 단순한 사실 때문에 발생한 모순이다.

풍요의 수단

앞서 말한 바와 같이, 신고전주의 경제학파가 주도권을 잡게 됨에 따라 희소성은 경제 '과학'의 근본원리가 되었으며, 희소성을 낮추려는 노력은 끝없는 경제성장을 자극했다. 하지만 이 '발견'이 사회적 관습을 전복시키기 전에 사람들은 어떻게 살았을까? 그에 대한 대답은 전통사회가 풍요로운 사회였다고 주장하는 인류학자들에 의해 제출됐다.[10] 이는 다소 과장된 것처럼 보일지도 모르지만 단어의 의미가 어떻게 변화해왔는지를 잘 보여준다. 오늘날 풍요는 자원의 많음 혹은 과잉을 암시한다. 그에 반해 전통사회에서 풍요는 검소한 생활에 만족하는 상태를 의미했으며, 사회적 유대를 지키기 위해 개인의 부에는 비판적이었다.

그렇다고 해서 그 말을 너무 고지식하게 받아들일 필요는 없다. 앞서 언급한 두 가지 형태의 희소성(한정된 스톡과 시장이 만들어낸 희소성)에 더해서 지진이나 장기간의 가뭄, 태풍, 해일과 같은 외부적 요인에 의해 빚어진 결핍 상황이 존재하는데, 그런 결핍은 언제든 발생해서 사회의 균형을 무너뜨릴 수 있다. 이런 유의 '위급한 결핍'은 평소 그런 사건에 대한 경험이 전혀 없던 전통사회에도 영향을 미쳤을 것이다. 여기서는 자연재해로 한정했지만, 유감스럽게도 많은 사회를 괴롭히는 결핍의 가장 잦은 원인은 내전과 국가 간의 전쟁이다. 칼 폴라니는 종족 사회에 대해 다음과 같이 썼다. "재앙에 압도당한 상황이 아니라면 각 개인들의 경제적 이익을 우선시하는 경우는 거의 없었는데, 이는 공동체의 모든 구성원이 굶주리지 않도록 하기 위해서이다. 재앙이 벌어졌을 때도 위협받는 것은 개인의 이익이 아니라 집단의 이익이다."[11] 이는 노동자 자주관리기업에서 노동자들이 현재 벌어지고 있는 공황을 극복하기 위해 누군가를 해고하기보다 노동시간과 임금을 줄이는 데 동의하는 모습과 유사하다.

　전통사회에서 살아가는 사람들은 흔히 간신히 생계를 유지하는 수준일 것이라고 생각되는데, 그들이 희소성을 가정하는 삶을 알지 못한 채 그 상태를 극복하기 위해 끊임없이 애쓰지도 않는다는 사실은 놀라울 따름이다. 물론 그들도 더 많이 생산할 수 있다. 그러나 그들의 사회체제가 이를 용인하지 않는다.[12] 이러한 사회는 더 오래 일해서 집단적인 부를 축적하고 증가시키기 쉬울 것이다. 하지만 그들은 그렇게 하기를 거부했다고 보는 게 정확하다. 부시맨은 전체 인구 중 65퍼센트가 3분의 1 정도의 시간만 일해도 모든 사람이 욕구를 충족할 수 있는데, 뭐하러 스스로 녹초가 되도록 일하겠는가? 빅맨은 배우자나 인척의 도움을 받아 꾸준히 모은 소유물에 대한 낭비나 축제, 비생산적인 지출을 막지 않는다. 빅맨은 이를 통해 어떤 권력도 갖지 않는 대신 명성을 얻는다. 물론 '빅맨'이 모은 재화는 쉽게 소멸되는 것들이다. 특히 음식일 경우 쉽게 상한다. 그러므로 재분배는 불가피하다. 사람들이 만족할 때까지 화폐를 모을 수 있는 사회와는 상황이 같지 않을 것이다. 자크 리조(프랑스 인류학자)는 야노마미족에게 생존을 위해 필요한 하루 노동시간은 건기 2시간 반, 우기 4시간 반 정도였으며, 어린아이와 노인은 노동에 참여하지 않았지만 동족의 책임 아래 '원조'를 받는다는 사실을 보여주었다.[13] 리조는 명확하게 결론을 내린다. "원시사회에서 희소성에 대해 이야기하려고 시도하다보면 때때로 아주 터무니없는 상황에 빠지게 된다."[14]

　그러므로 근본적 희소성이라는 가설은 어떻게 보더라도 '전통적'이거나 '원시적인' 사회를 실질적으로 특징짓는 관습에서 발생하지 않았다. 확실한 사실은, 전통사회에서 사람들은 할 수 있을 때도 더 많은 것을 바라거나 더 축적하기를 바라지 않고, 수수하고 검소하게 살아간다는 사실이다. 이는 두 가지 이유 때문이다. 첫째, 그들에게 삶의 목표는 소비가 아니다. 노동은 그다지 높은 가치가 없으며, 노동보다는 서로 잡담을 나누거나 족장이나 노인들이 해주는 옛날이야기와 창조 신화와 관련된 이야기를 듣거나 잔치 준비하는 것을 더 좋아한다. 둘째, 개인적인 풍요는 언제나 질투와 폭력의 위험을 초래할 수 있으므로, 열심히 일해서 혹은 유리한 환경 덕택에 더 많이 수확하거나 갖게 된 사람이나 특별히 큰 사냥감을 잡아 집으로 가져온 사람은 사회적 화합을 유지하기 위해 자신의 소유물을 재분배할 수밖에 없다. 게다가 들판에서의 사냥과 일은 대체로 집단적인 활동이므로 그 과실은 모든 사람이 나눈다. 말하자면 문제가 원천적으로 해결되어버린다.

희소성이라는 가설은 경제학의 이데올로기를 위해 필요했다. 획득하기 위해 다른 무언가를 희생할 필요 없이 즐길 수 있는 이른바 '공짜 상품'과 달리 희소한 상품만을 경제학의 대상으로 삼을 수 있기 때문이다.[15] 그러나 이 가설은 사회생활에 대한 사고방식에 영향을 미쳤다.

사회의 폭력을 어떻게 극복할 것인가?

사물이 원래부터 희소하다고 생각하는 데는 은연중이든 명시적이든 희소성을 사회적 폭력의 가장 중요한 원인으로 간주한다는 의미가 내포되어 있다. 가설에 따라(혹은 그보다는 사회적 구조에 의해) 재화를 희소한 것으로 정의하고 나면, 재화를 지배하거나 전용하려는 사람들 간의 투쟁을 예상할 수밖에 없다. 호모 호미니 루푸스(homo homini lupus), 즉 만인에 대한 만인의 투쟁이 그때 시작된다. 이 무질서하고 위험한 '자연 상태'를 벗어나기 위해서는—홉스를 따른다면—한 가지 해결책밖에 없는데, 만인을 위해 각자 자신의 권리를 리바이어던(본래 성서에 나오는 바다 괴물의 이름이었으나, 홉스가 《리바이어던》에서 정부 혹은 절대권력자를 지칭하는 용어로 사용했다)에게 양도하기로 동의하는 것이다. 리바이어던은 모든 사람이 복종하는 법률을 공포하게 된다. 이는 루소의 사회계약론과 그다지 다르지 않다. "각자가 모든 사람과 결합되어 있음에도 자기 자신에게만 복종하며 그전처럼 여전히 자유롭다. …… 각자가 모든 사람에게 자신을 의탁함과 동시에 각자는 누구에게도 의탁하지 않는다."[16]

홉스와 루소의 해결책이 다르긴 하지만, 둘 다 주권자에게 과도한 권력을 부여할 위험이 있다. 설령 그 주권자가 다른 누군가가 아니라 인민 자신이라 해도 '자유로워지고자 하는 이견자(異見者)를 강제'함으로써 일반의지(the general will)를 존중하도록 강요할 수 있기 때문이다.

모든 사람이 무한한 욕구를 만족시키기 위해 희소한 자원을 마음대로 처분할 수 있는 권리를 얻으려 싸우는, 사회계약론이 처했던 동일한 출발점에서 경제학자들은 희소성(결핍)을 풍요로움으로 대체하는 새로운 해결책을 생각해냈다. 경제학자들로서는 충분히 생각해볼 만한 일이었다.[17] 특히 그들은 모든 사람이 각자 자신의 이익을 추구한다면 번영이 확산되고 사적인 이익이 조화를 이루게 된다는 이론을 이미 수립하지 않았던가. 이때부터 홉스와 루소가 평화로운 시민사회의 구성을 위해 강력히 촉구했던 일종의 권리포기선언을 해야 할 이유가 없어지게 되었다. 오히려 그 반대였다. 더 이상 아무것도 포기할 필요가 없었다. "자기 자신의 이익을 세밀히 검토하면, 자연스럽게 혹은 필연적으로 그 사회에 가장 이익이 되는 활동으로 이끌리게 된다."[18] 그렇게 되면 모든 사람에게 주어진 과제는 경쟁에 참여하는 것이다. 다른 이가 어렵게 획득한 재화에 대한 선망에서 비롯된 폭력을 끝내기 위해서는 부를 보편화시켜야 한다(마르크스의 입장도 이와 같았다). 그리고 이는 생산과 노동("더 많이 벌고 싶으면 더 많이 일하라")을 늘리고, 상호 간에 이익이 되는 교환의 양을 증가시키고, 공공의 이익을 위해 경쟁을 부추겨서, 누구도 부족함이 없는 목가적인 상태에 도달할 때까지 경제성장을 촉진시키는 것을 의미한다. 그 뒤 전혀 지켜지지 않은 경제학자들의 무수한 거짓말은 끊임없이 갱신되었다.

이러한 새로운 시각은 개인적인 부나 축적에 반대하는 전통사회의 일반적인 생각과 명백히 상반된다. 시장의 논리가 휩쓸기 전 유럽 사회도 전통사회와 동일한 생각을 공유했다. 예전에는 금지되었던 일들이 이제는 따라야 하는 지침으로 바뀌었다. 저주를 받을까봐 두려워했던 과도한 부는 이제 오히려 사회적 명성을 안겨주었다. 공동체가 선택했던 절약은 '빈곤'의 상징이 되었다. 사회적 폭력은 한때 부를 재분배해야 하는 의무를 통해 억제되었지만, 이제는 번영하리라는 희망에 의해 억제된다. 이는 경제성장을 '현대의 사회적 유대를 위한 유일하고 **진정한** 토대'로 만드는 결과를 낳았다.[19] '부유한' 사회에서는 어렵게 쟁취한 정치적 평등은 귀중하게 여기지만 대신 경제적 불평등은 가볍게 여긴다. 이는 '전통'사회의 사람들이 물질적 평등이 적당하게 유지되는 한 정치적 불평등은 기꺼이 참아준 것과는 대조적이다. 그런 민주주의라고 할지라도 어떤 독재 체제보다 낫다는 데는 의문의 여지가 없다. 그럼에도 불구하고 선거철에 쏟아져 나오는 공약들로는 경제 정의를 보장하기에 충분하지 않다. 오히려 오늘날 우리는 국가 내 모든 분야, 특히 보건과 교육 분야까지 확장된 경제 패러다임의 반민주적인 영향을 발견할 수 있다. 어떤 사회가 불평등과 사회적 차별이 급증하는 상황을 계속 용인한다면 그 사회가 진실로 민주적이라고 할 수 있을까? 그런 '일탈'이 사회의 근간을 이루고 있는 제도에 대한 신뢰를 훼손시키지 않을까? 위계적인 사회들에 대해 말해보자면, (개인적인 부라는 바이러스에 감염되지 않은 사회들조차) 그들이 우리 사회보다 경제적으로 더 평등하다고 할 수는 없지만, 그들은 사회적인 강제를 통해 재분배를 촉진한다. "사회적 명성의 측면에서 보자면 관대함에 대한 보상은 엄청난데, 보상에 대해 완전히 망각하고 한 행동을 다른 어떤 행동보다 많이 보상받도록 했다."[20]

신고전주의적인 영감을 받았다고 주장하는 새로운 경제 '과학'이 과거의 세계관만을 뒤집은 게 아니라는 사실을 이제 보게 될 것이다. 새로운 경제 '과학'은 이중 역설에 빠져버렸다.

이중 역설

소비하려는 열망은 생산과 교역에 대한 종속을 부추긴다. 그리고 그런 상태를 지속시켜나가기 위해서는, 각 개인들이 새로운 욕구(이국적인 음식 먹기, 몰디브에서 크리스마스 연휴 보내기, 새로운 모델의 차나 별장 구입하기 등)의 만족을 통해 행복에 이르는 길에 도달할 수 있다고 확신해야 하므로, 부족하다는 느낌이 일종의 영구적인 좌절 상태로 끊임없이 재창조되어야 했다. 그리고 새로운 욕구를 만족시키는 일은 경제성장을 자극하고 개인의 사회적 지위를 확인시켜준다. 그러므로 새로운 생산물이 끊임없이 시장에 등장해야 하고, 이 상품들은 곧 필수품처럼 보여야 한다. 자동차나 휴대폰, 이메일이 보급되기 전에 사람들은 어떻게 살 수 있었을까? 이는 '진보'의 혜택을 부정하려는 게 아니다. 요점은 우리에게 '현대성'의 관행에 순응하도록 강요한다는 사실이다. 이 체제는 우리를 순응하도록 유도하고 떨쳐내기 힘든 종속을 강요한다. 옛날에는 다른 사람들에게 주소를 적어줄 집이 있는 것만으로 충분했다. 이제는 인터넷 주소도 필요하다. 우리의 '욕구'는 더 이상 우리의 자유로운 선택에 달려 있지 않다. 욕구는 우리에게 강요된 체제에 의해 만들어진다. 보드리야르가 오래전에 말했듯이 "욕구가 존재하는 이유는 체제가 그 욕구를 필요로 하기 때문이다."[21] 희소성 가설은 그저 경제학의 기초를 이루는 신화의 한 부분으로 머무르지 않으며, 희소성(결핍)이 역사의 지평선에서 사라지게 할 수 있다는 환상을 통해 끊임없이 유지되어야 하는 것이다.

두 번째의 역설은 영구적인 결핍이라는 주관적 느낌보다 훨씬 심각하다. 시장이 영향력을 넓히기 위해서는 희소성을 재생 불가능한 자원뿐만 아니라 물이나 어류처럼 '재생 가능한' 자원에까지 일반화시킬 수밖에 없었다. 희소성은 한때 신고전주의 경제학의 초기

가설에 불과했는데, 이제는 경제적 '요구'의 최종 목표가 되어 우리를 이끌고 있다. 하나의 작업가설이 현실이 되어가는 중이다. 그리하여 초과수요(부족-희소성)와 자원고갈(유한-희소성)이 결합되면서 모든 것을 희소하게 만들어버렸다. 그래서 이 장이 시작할 때 확인했던 두 가지 다른 형태의 희소성이 서로 얽혀서 이제는 더 이상 구분할 수 없게 되어버렸다. 경제 '과학'은 그렇게 함으로써 자연의 속성과 사회에서 비롯된 속성을 하나로 융합해 자신의 이론을 정당화했다.[22] 하지만 이러한 이론적인 '성공'은, 글쎄 그것도 성공이라고 볼 수 있을지 모르겠지만, 사회를 '풍요의 길'로 이끌겠다던 경제학의 초기 설립자들의 선언에 비하면 보잘것없는 것이다. 사실은 아주 명확하다. 신고전주의 경제 '과학'은 그 공약을 지키기는커녕 정반대를 달성했고, 결국 완전한 결핍을 낳았다. 이 중에 가장 놀라운 점은 수많은 연구보고서가 이런 방향 전환이 일어났다는 사실을 보여주어도 경제학자들은 자신들의 사고방식에 전혀 의문을 갖지 않는다는 사실이다. 경제학자들은 그저 '시장의 기제'(더하기 기술혁신)가 앞으로 닥칠 위기를 충분히 해결해줄 것이라는 희망만 계속 키워갈 뿐이다. 예를 들어 1987년 노벨 경제학상 수상자인 로버트 솔로우는 이렇게 썼다. "천연자원을 아주 쉽게 다른 요소로 대체할 수 있다면, 그때는 이론적으로 '문제'라는 게 존재하지 않을 것이다. 세계는 실제로 천연자원 없이 살아갈 수 있다. 그래서 고갈은 대참사가 아니라 단순한 하나의 사건일 뿐이다."[23] 그와 유사하게, 1991년 로런스 서머스는 세계은행의 수석 경제학자였을 때 주저하지 않고 다음과 같이 선언했다(클린턴 행정부의 재무장관이 되기 전으로, 추후 오바마 행정부의 국가경제회의 의장에 취임).

"예측 가능한 미래에 우리를 곤경에 빠뜨리리라 예상되는 지구 수용력의 한계는 …… 없다. 자연의 한계 때문에 성장에 한계를 설정해야 한다는 생각은 심각한 오류다."[24]

이와 같이 신고전주의 경제학자들은 자신들의 '과학'을 희소성이라는 가정에 바탕을 두고 세움으로써 사회에 대한 완전히 새로운 관점을 도입했을 뿐 아니라, 그러한 관점에 맞춰 사회를 형성했던 것이다. 다른 방식으로는 설명도 안 되고 근거도 없는 경제학 담론을 떠받치기 위해서 희소성 가설이 꼭 필요했다는 점은 의심할 여지가 없다. 그것 말고는 경제학의 바탕에 깔린 신화들에 대한 경제학자들의 완강한 변호를 설명할 방법이 없다. 하지만 문제는 경제학 이론에 논리적인 모순이 있느냐 없느냐가 아니라(방정식의 타당성을 말하고 있는 것이 아니다), 그것이 자기 충족적인 이론이 됨에 따라 따라올 사회적 결과이다. 다양한 경제학 이론은 모두 배타적으로 시장 기능에만 초점이 맞추어져 있다(경제학을 받치고 있는 원리들이 다른 교환 관습에 대한 관심을 가로막고 있기 때문이다). 다른 방식으로 처리할 방법에 대해 생각하기보다는 늘 하던 대로 하는 게 언제나 쉬운 법이다. 게다가 그들은 어떻게 하는지 그 방법도 안다. 시장이 공식 모형을 적용하기 쉬운 유일한 교환 형태라는 이유 때문에, 시장은 이론의 영역뿐만 아니라 사회 관습의 모든 영역을 차지해버렸다. 소비자의 '욕구'는 시장의 '욕구'로 흘러들어가며 서로의 욕구를 끊임없이 증가시킨다. 모든 생산은 파괴를 수반하므로, 그 길의 끝에는 총체적 결핍이라는 막다른 골목이 놓여 있다.

6장

효용과 무용

효용〔utility는 본래 유용, 유익, 실리라는 뜻이지만, 경제학과 철학에서는 보통 '효용'과 '공리(功利)'로 옮겨진다. 이 책에서는 문맥에 따라 유용, 효용, 공리 등으로 옮겼다〕이라는 개념은 '욕구'라는 개념과 한 쌍을 이루며 경제 '과학'에서 중요한 자리를 차지하고 있는데, 효용은 욕구에 대한 만족도로 측정한다. 하지만 경제학자들이 어떤 것을 효용이 있다고 생각하는지에 대해 다루기 전에, 공리주의의 아버지로 잘 알려진 제러미 벤담의 연구를 잠시 살펴본다면 문제를 명확하게 이해하는 데 도움이 될 것이다.[1] 벤담은 제도적인 개선을 고민했던 아주 유명한 윤리학자였다.

입법자의 목표와 목적은 인민의 행복이 되어야 한다. 입법에 관해서 그가 따르는 원리는 보편적인 공리(功利)가 되어야 한다. 입법학의 목표는 이익이 위기에 처해 있는 각 공동체를 위해 해결책을 제시해주는 것이며, 그 방법은 그것을 실현할 수 있는 일련의 수단을 고안해내는 데 있다.[2]

벤담이 최우선적으로 고려했던 것은 '인민의 행복'이었다. 비록 그가 그 행복을 실현하기 위해 인민 전체나 사회가 아니라 개인에서 출발했지만 말이다.

자연은 인류를 고통과 쾌락이라는 두 군주의 지배 아래 두었다. 우리의 모든 생각은 그들에게 빚지고 있다. 우리가 내리는 모든 결정뿐만 아니라 우리의 모든 의지도 평생 그들의 지시를 받는다. …… 윤리학자와 입법자들은 그와 같이 변함없고 저항할 수 없는 이 금언을 가장 중요하게 연구하여야 한다. 공리의 원리는 이 두 가지 동기에 모든 것을 종속시킨다. …… 따라서 공리의 원리는 고통과 쾌락에 대한 계산이나 비교 평가, 정연한 이성이라는 모든 과정에서 우리의 시작점이며 다른 어떤 생각의 개입도 허용하지 않는다.[3]

이 설명에서 적어도 벤담의 주장은 충분히 명쾌하다. "치밀하지 않다면 철학이 아니다."[4] 하지만 '최대 다수의 최대 행복'의 추구가 불러일으킨 수많은 의문은 여전히 남아 있다. 이 책에서는 그 문제들 중 가장 중요한 것들만 다룰 예정이다.

제러미 벤담의 문제

(가) 18세기 초까지 정치철학자(혹은 윤리철학자)가 하는 일은 사회생활의 조건이나 사람들 간의 관계, 정부의 형태 등에 대해 반성적으로 고찰하는 것이었다.[5] 입법자가 '공익'이나 '공공의 행복' 혹

은 보편적 부라는 목표를 따르리라 사람들이 기대하게 된 것은 그 이후부터이다. 맨더빌(1670~1733, 영국 윤리사상가. 이기적인 활동이 공공의 복지를 증진한다는 그의 주장은 애덤 스미스 등에 영향을 미쳤다)이 활동하던 시기에 이미 맹아적으로 나타났던 이런 경향은 벤담에 이르러 최고조에 달했는데,[6] 사회윤리학자들은 더 이상 시민의 화합이나 사회적 조화를 위해 사회 구성원 간의 관계를 (평등하게나 위계적으로) 조직하는 것에는 관심이 없었고, 대신 (그들에게 쾌락이나 고통을 주는) 사물과의 관계에 따라 결정되는 집단적인 행복이라는 개념을 만들어냈다. 이는 사람들 간에 직접 연결되었던 사회적 유대에 '경제적' 중계를 끼워넣음으로써 사회적 유대의 직접성을 끊어놓았기 때문에 하나의 중대한 전환이라고 할 수 있다. 입법자의 업무는 더 이상 정치체제나 권력 형태를 규정하는 게 아니라 최대 다수의 만족을 돌보는 것으로 바뀌었다.

(나) 각 개인들은 쾌락과 고통을 어떻게 계산하는가? 쾌락이나 고통에 적용할 수 있는 '계산 단위'가 없다는 사실은 차치하더라도, 대개의 경우 개인들에게 여러 종류의 쾌락을 비교하고 측정하기 위한 단일한 척도조차 존재하지 않는다는 사실은 인정해야 한다. 맛있는 식사, 예술적이고 지적인 창작 활동, 산악 여행, 음악회 참석의 쾌락을 어떻게 비교할 것인가? 게다가, 한 사람에게 쾌락인 것이 다른 사람에게는 고문이 되는 경우는 어떤가. 사람들이 좋아하는 축구나 고독, 파티, 독서, 양배추 스프를 싫어하는 사람도 있을 수 있다. 하나의 행위에 긍정적인 가치와 부정적인 가치라는 속성을 동시에 부여하는 게 어떻게 가능한가? 쾌락인지 고통인지 선택

하는 일은 단기간이나 장기간에 미치는 영향에 따라 달라지기도 한다. 공부나 운동연습을 하면서 얻게 된 괴로움은 언젠가 그로 인해 발생할 쾌락만큼의 가치가 있는 것인가? 축제의 쾌락은 다음날 피로만큼의 가치가 있는가? 마지막으로, 각 개인들의 선호는 언제나 상황에 따라 쉽게 바뀐다. 자신이 원하는 것을 얻지 못할 때면 이솝 우화의 여우처럼 그 포도는 너무 시다고 판단하기도 한다. 부르디외는 이것을 운명애(amor fati, 運命愛)라고 묘사했다. 다시 말해, 객관적인 가능성이나 실현의 가망성에 기대를 맞춘다는 의미이다. 부득이하게 할 수밖에 없었던 일을 미덕인 것처럼 꾸미는 행위에는 숙명에 대한 사랑이 담겨 있다.[7] 선택에 대한 환상은 개인의 독자적인 자유보다는 계급적 기질에 의해 더 많이 좌우된다.

(다) 벤담은 한 행위로 인한 결과의 총합이 다른 행위들로 인한 결과보다 좋을 때 그것은 좋은 행위라고 말했다.[8] 그의 원리는 명확하지만 이를 적용하는 데에는 심각한 문제가 있다. 첫째, 그 사람이 전지(全知)한 존재가 아니라면 하나의 행위로 인해 발생할 모든 가능한 결과를 평가할 수 없다. 둘째, 다른 행위를 선택했을 때 일어날 결과를 모두 아는 일은 더욱 어렵다. 그에 대해 벤담은 이렇게 말했다. "어떤 사람이 계산을 잘 못한다면, 비난받아야 할 것은 수학이 아니라 바로 그 사람 자신이다."[9] 그러므로 개인들이 결과를 계산한다는 사실을 받아들이려면, 어떻게 해야 정확하게 계산할 수 있는지 물어볼 수밖에 없지 않겠는가. 그런 계산은 실제로 거의 불가능할 뿐만 아니라, 우리에게 도덕원리를 내던져버리라고 강요한다. 더 이상 "나는 약속을 했으니까 이것을 할 것이다"라고 이야기

할 수 없게 되는 것이다.

　(라) "어떤 것이 개인의 이익이라는 공리와 조화를 이룬다는 말은 그것이 개인의 복리의 총합을 증대시키는 경향이 있다는 의미이다. 어떤 것이 공동체의 이익이라는 공리와 조화를 이룬다는 말은 그것이 그 공동체를 구성하고 있는 개인들의 복리의 총합을 증대시키는 경향이 있다는 의미이다."[10] 공리 원리를 이렇게 두 가지 형태로 적용하면 서로 모순되지 않을까?[11] 당연히 모순된다. "라이프니츠는 이미 2중 극대화—즉 동시에 두 개의 수학 함수의 극대화—는 논리적으로 불가능하다고 명확히 밝혔다. 특정하게 정해진 기준점보다 큰 행복을 느끼는 사람의 숫자를 극대화할 수는 있다. 혹은 인구 전체의 행복의 총합이나 개인의 행복을 증가시킬 다른 함수를 극대화할 수는 있다. 하지만 행복을 느끼는 사람의 숫자와 행복의 총합을 동시에 극대화할 방법은 없다."[12] 그 유명한 '최대 다수의 최대 행복'은 이렇게 패퇴했다.

　그들은 공리(혹은 행복)의 분배에 대해서도 아무것도 이야기하지 않는다. 혹시 개인의 행복을 불평등하게 분배하면, 평등하게 분배할 때보다 전체의 행복의 총합을 더 크게 만들기 때문이 아닐까?[13] 이 딜레마에서 벗어나기 위해서는 개인들의 이익이 조화를 이룬다고 미리 가정하거나(공리주의의 '경제학' 판), 현명한 입법자에게 이익을 조화시키도록 임무를 부여하거나, (다른 이를 위해 애를 쓰거나, 다른 이의 행복에 크게 기뻐하거나, 다른 이의 불행에 마음으로 공감할 때에도 행복해질 수 있으므로) 일종의 '이타주의적인 이기주의'에 의지하거나, 집단 전체의 행복을 증가시키기 위해 일부 사람들에게 자신을 희생하도록 강요해야만 한다. 벤담은 교육자와 입법자가 되려는 포부를 가졌던 사람이므로, 그가 개인적인 이기심을 윤리의 유일한 토대로 삼으려고 했던 것인지는 분명치 않지만, 개인의 행복과 집단의 행복을 동일한 것으로 간주하는 경향이 있었다. 그럼에도 불구하고, 입법자에 의한 인위적인 '이익의 조율'을 주장하는 측과 이기적인 이익의 역할을 주장하는 측이 논쟁을 벌일 때면, 양쪽 모두 벤담의 연구에서 자기편에 맞는 주장을 발견할 수 있다.[14]

(마) 삶의 쾌락이 소비에 있다는 생각을 받아들인다면, 그 논리적 귀결은 "임금으로 인해 가능해진 공리는 노동이라는 비효용에 대한 대가"[15]가 될 수밖에 없다. 설령 돈을 버는 것을 쓰는 것보다 더 즐겁게 생각하는 사람이 있다고 할지라도 말이다.

공리(효용)를 어떻게 정의할 것인가?

"모든 사람은 행복을 추구하고, 고통을 피하려는 경향이 있다"는 공리 원리를 처음 보면 자명한 사실처럼 보인다. 하지만 이 원리에 대해서는 많은 의문이 제기되었는데, 특히 공리(효용)라는 개념에 명백한 의미를 부여하기 힘들기 때문이다. 일반적인 어법의 차원에서 보면 《프티 로베르 사전》에 나오는 공리(효용)의 동의어는 다음과 같다. "좋은, 이로운, 불가피한, 필요한." 그래서 불가피한 지출은 유용하고 과잉 지출은 무용하다. 어떤 동물은 유용하지만 다른 동물은 해롭다. 자신이 따르는 충고는 유용하고, 그렇지 않은 충고는 무용하다. 이와 같이 몇 안 되는 사례만으로도 공리(효용)를 이해하는 방법이 사람마다, 혹은 심지어 상황에 따라 변하기 쉬운 윤리적 판단에 바탕을 두고 있다는 사실을 분명히 알 수 있다. 그 때문에 조르주 바타유는 절망적인 심정으로 다음과 같이 말했다.

논의의 의미가 **유용**(useful)이라는 용어의 기본적인 의미에 따라 달라진다면—다시 말해, 인간 사회의 삶에 관해 핵심적인 의문이 제기될 때마다, 누가 끼어들든 어떤 의견이 표현되든 상관없이—그 논쟁은 필연적으로 뒤틀어지고 근본적인 문제를 회피하고 있다고 단언할 수 있다. 사실, 다양한 오늘날의 개념들을 모아놓고 봐도, 인간에게 유용한 게 무엇인지 정의내릴 수 있도록 해주는 것은 아무것도 없다.[16)]

벤담주의자들의 사고방식에 대한 바타유의 지적은 명백히 옳다. 벤담의 공리주의의 목표는 개인만이 아니라 그 개인들이 참여하고 있는 공동체에 최대 행복을 가져다주는 게 무엇인지 정의하고, 그 결과에 따라 특정한 이익을 줄 수 있는 특정한 행동이나 쾌락의 결과를 판단(벤담의 표현에 따르면 '찬성'이나 '반대')하는 것이기 때문이다. 공리(효용)의 정의가 가변적일 경우, 그것을 기반으로 하는 판단에 온갖 문제를 불러일으키는데, 쾌락과 고통에—혹은 행위의 궁극적인 결과에—대한 계산이 불가능해지기 때문이다.

경제적인 가치를 효용에 고정시키면 경제학자들은 두 가지 주요한 문제에 맞닥뜨리게 된다. 그들은 효용을 윤리와 무관한 방식으로 정의해야 했다(그래야 가치판단에 의지하지 않을 수 있다). 그리고 그들은 합리적인 선택을 설명할 방법을 찾아야 했다. 균일하고 변함없는 '법칙'을 수립하기 위해서는 이 두 조건이 모두 필요했다.

일상적인 어법으로 인해 의미가 마구 변하는 가변성에서 벗어나기 위해 효용의 의미를 처음으로 다시 정의했던 사람은 장 바티스트 세이(1767~1832, 프랑스 경제학자. 부를 생산하기 위해서는 노동, 자연, 자본이 결합해야 한다는 3생산 요소론을 확립했다)였다. 어떤 사물이 실질적인 유용함이 없어도 가치를 가질 수 있다[예를 들자면 반지나 조화(造花)]고 주장하는 사람들에게 그는 이렇게 썼다.

당신들이 이 생산물들의 효용을 발견하지 못한 이유는 이성적인 눈에 **유용**해 보일 때만 효용이 있다고 지칭하기 때문이다. 하지만 어떤 사람이든 그의 필요와 욕망을 만족시킬 수 있는 것이라면 그게 무엇이든 효용이라는 용어로 이해해야 한다. 그에게 욕구는 허영심과 열정을 만족시키는 것이며, 이러한 욕구는 때때로 굶주림만큼이나 불가피할 수도 있다. 그 사람에게 그 사물이 얼마나 중요한지, 그 사람이 그 사물에 대해 얼마나 욕구를 가지고 있는지 판단할 수 있는 유일한 심판관은 그 사람이다. 우리는 그가 사물에 부여한 가격에 의하지 않고는 그 가치를 판단할 수 없다. 사물의 가치는 그 사물의 효용을 잴 수 있는 유일한 척도다. 사물에 가치를 부여하기 위해서는 **그의 눈에 비친** 효용을 부여하는 것으로 충분하다.[17]

이는 콩디야크(1714~1780, 프랑스 철학자)의 말과 그리 다르지 않다. "어떤 사물이 우리의 욕구를 만족시킬 때 그 사물을 유용하다고 한다. 그리고 어떤 욕구도 만족시키지 않거나 그 사물로 할 수 있는 일이 아무것도 없을 때 그것을 무용하다고 한다. 그러므로 사물의 효용은 우리의 욕구를 바탕으로 한다. 이러한 효용에 따라 우리는 그 사물의 가치를 낮거나 높다고 평가한다. 다시 말해, 우리는 그 사물이 우리가 쓰고자 하는 용도에 맞는지 판단한다. 그리고 우리는 이러한 평가를 가치라고 한다. 어떤 사물이 가치가 있다는 말은 그 사물이 어떤 용도에 적합하거나 우리가 그렇게 생각한다는 의미이다. 그러므로 사물의 가치는 그 사물의 효용을 바탕으로 하거나, 우리가 그 사물에서 취하려는 욕구를 바탕으로 하거나, 그 사물을 사용하려는 용도를 바탕으로 한다."[18] 마치 이 말에 대답이라도 하듯이 오귀스트 발라(1800~1866, 프랑스 경제학자. 레옹 발라의 아버지)가 명확하게 설명했다. "그러므로 윤리학과 정치경제학은 이렇게 다르다. 윤리학에서는 그 사물이 이성에 의해 허용된 욕구를 만족시킬 때에만 유용하다고 하지만, 정치경제학에서는 자기 보호를 위해서든, 열정이나 변덕의 결과에 따른 것이든 상관없이 인간이 욕망을 느낀 모든 대상물을 유용하다고 칭한다."[19]

경제 '과학'에서 패권을 거머쥔 장 바티스트 세이의 정의는 효용을 도덕적 판단에서—'공리주의적' 가치가 있는지로 효용을 식별했던 방법에서—벗어나게 했으며, 특정한 시기에 특정한 개인이 어떤 사물을 욕망하고 교환가치가 있으면 그 사물은 유용하다고 직설적으로 주장했다. 그렇게 되면 엄밀한 의미에서 효용은 그 대상이 되는 사물이 아니라, 그 대상에 대한 우리의 판단과 그 대상을 획득하기 위해 지불할 의사가 있는 가격에 달렸다. 하지만 효용에 대한 이 주관적인 이론은 동어반복에 기초하고 있다. 경제학자들은 어떤 사물이 유용하고 희소하다면 그 사물은 가격(교환가치)이 있을 수밖에 없다고 말한다. 하지만 경제학자들은 곧 이 가격이 효용(과 희소성)의 척도라고 덧붙인다. 즉 효용은 가격으로 알 수 있지만, 가격은 효용으로 측정해야 한다는 말이다. 이는 결과적으로 A＝A라고 말하는 것과 같으므로, 더 진전된 정의로 받아들이긴 힘들다.[20]

이런 의미의 변화 혹은 역전은 경제학을 사회윤리로부터 근본적으로 분리해냈다. 고전 경제학(스미스, 리카도, 마르크스)은 사용가치와 교환가치를 구별했고 효용을 일반적인 기준에 따른 의미로 사고했지만, 신고전주의 경제 '과학'은 지불 능력이 있는 개인의 넘쳐흐르는 욕망에 이론의 바탕을 두려고 했다. 뒷날 레옹 발라가 유명한 예를 들어 말했듯이, 환자를 치료하려는 의사와 자기 가족을 독살하려는 살인자가 같은 물질을 찾는다고 했을 때, 두 경우 모두에서 그 물질은 유용하다고 묘사될 것이다. 어쩌면 후자의 경우가 더 유용할 수도 있다. 살인자가 그 물질을 갖기 위해 기꺼이 더 많이 지불하려 한다면 말이다. 이 이야기는 사실상 윤리적으로 비공리주의적인 것들을 효용의 범주, 즉 경제학의 체계 내로 끌어들이기 위해서 경제적 효용이 욕망의 강도에만 달렸다는 사실을 잘 보여주도록 설계된, 신중하게 비튼 옹호이다.[21] 경제학은 그렇게 함으로써, 이윤을 증가시키기 위해 그리고 모든 사람이 속박되지 않는 즐거움을 누릴 수 있도록 하기 위해 욕망(전문용어로는 '선호' 혹은 '취향')을 해방시키는 일에 착수한다.

가치를 주관적으로 정의함에 따라 발생하는 더욱 큰 문제는 '쾌락과 고통의 수학'에서 화폐를 계산 단위로 사용한다는 사실이다. 모든 사람은 가격에 따라 선택하므로, 욕망의 강도를 측정하는 것은 가격이며 쾌락의 최대화와 고통의 최소화를 가능하게 하는 계산을 압축적으로 보여주는 것도 가격이라는 말이다. 이것은 본래 벤담의 입장이었다. "사물의 속성에 포함된 유일한 공통적인 척도는 화폐이다. 이 쾌락을 구입하기 위해 얼마를 지불하겠습니까? …… 이 척도의 엄밀함에 만족하지 못하는 사람들은 다른 것을 찾거나, 정치학과 윤리학에 작별을 고하는 게 좋을 것이다."[22] 여기서 묘한 역전이 일어난다. 경제학은 각 소비자에 대한 상품의 효용을 정의하는 계산이 이루어진다고 전제하고 그 상품의 가격이 어떻게 형성되는지 설명했지만, 지금의 전개 과정은 거꾸로 가격에서 시작해서 효용으로 진행되고 있다. "소비자가 특정한 가격에 일정한 양의 상품을 원한다면, 소비자는 정확히 그 정도의 크기로 그 상품을 필요로 하기 때문이다."[23] 결과적으로 이런 방식의 주장에는, 쾌락이 시장 교환을 통해 충당할 수 있는 상품의 양에 달려 있다는 설명을 하기 위해 모든 인간에게 '탐욕스러운 열정'이 있다는 가정을 전제하고 있다는 사실에 주목해야 한다. 하지만 우리는 더 적은 소비가 더 만족스러운 경우를 제외해선 안 된다!

결과적으로, 효용에 대한 이런 재정의는 '최대 다수의 최대 행복'을 명백하게 증진시킬 수 있는 것들을 마법으로 모조리 쫓아버렸다. 실제 현실은 대체로 가장 가난한 사람들이 가장 부유한 사람들의 최대 행복을 보장하기 위해 희생당하고 있다는 사실을 잘 보여준다. 벤담주의 입법자는 오래전에 물러났고, 남아 있는 것이라곤 증명 불가능한 레옹 발라와 파레토의 일반균형론(완전경쟁, 사유재산제, 계약의 자유, 무제한적인 수요공급법칙 등이 작용한다고 가정할 때 가격을 포함한 모든 경제량이 균형 상태에 있게 된다는 이론)이라는 공상적인 이익의 조화뿐이다. 이것은 결국 실질적인 '주관주의적 혁명'으로 귀결되는데, 이 혁명은 경제학 이론을 사회적인 가치에 대한 고려에서 벗어나게 했으며, 자신이 탐내는 사물만 바라보는 이기적이고 계산적인 개인만을 남겨놓았다. 물론 그 뒤에는 특정한 가정들이 놓여 있다.

환원주의적 가설

첫 번째 가설은 인간의 행동이 전적으로 이기심, 더욱 정확히 말하자면 이기적인 계산에 의해 결정되며, 그러한 행동은 모든 사람에게 보편적이라는 것이다. 막스 베버의 용어를 빌려 다시 말하자면, 인간 주체는 오직 목적지향적인 합리성(zweckrational)밖에는 모른다는 뜻인데, 이는 자신의 '효용' 혹은 만족의 극대화에 몰입하고 특정한 행위 규범을 존중하는 가치지향적인 합리성(wertrational)을 무시한다는 의미이다. 이것은 정말 터무니없는 주장이다.

다음으로, 경제학 이론은 개인들이 계산을 하며 행동의 동기가 (열정이나 도덕이 아니라) 이기심뿐이므로 합리적으로 선택할 수밖에 없다고 주장한다. 이 가정의 유일한 문제는 개인들이 실제로 어떻게 계산하는지 전혀 모르며, 개인들이 실수할 수 있다는 사실을 배제하지 못한다는 점이다! 이 이론은 모든 사람이 마음껏 이용할 수 있는 정보를 고려해서 최선의 선택을 하리라는 가정을 세우고, 그 가정을 바탕으로 행위를 귀납적으로 설명하는 형태로 변형됐다. 작은 차보다 큰 차를 사고 싶어 하거나, 옷보다 보석류, 빵보다 기계를 더 사고 싶어 하더라도, 혹은 고통에서 마조히즘적인 쾌락을 얻든 말든 개인들의 모든 선택은 합리적이라고 간주된다. 하지만 이 말은 그저 그들이 다른 물건보다 그 물건에 좀 더 '관심'을 갖고 있다는 의미일 뿐이다. 단일한 '이성' 혹은 원인으로 모든 것을 설명한다고 주장하는 이론이 결국 아무것도 설명하지 못한다는 사실은 분명해 보인다. 이것은 모든 선택이 합리적이라는 근거 없는 주장에 따라 개인들이 무엇을 선택했는지(즉 무엇을 위해 지불했는지) 적어놓은 것에 불과하다. 장 바티스트 세이가 말했듯이 "가격에 의하지 않고는 그것을 판단할 방법이 없다." 가격이 효용의 유일한 척도인 것이다. 세이는 화폐가 (할당된 가치라는) 상징에서 완전히 벗어났고, 우리가 충분히 소유하기만 한다면 무엇이든 살 수 있도록 해주므로, 화폐야말로 세상에서 가장 유용한 상품이라고 덧붙일 수도 있었을 것이다. "상품의 효용은 유한한 데 반해 화폐의 효용은 무한하다. …… 화폐로 설명되는 것은 더 이상 우리가 소유한 물건의 질이 아니라 그것을 소유했다는 사실이다. 화폐의 형식으로 소유하는 자체가 중요한 목적이 된다. 즐거움은 소유 그 자체에 있는 것이지, 소유하는 대상에 있지 않다."[24]

경제학자들은 주관적인 이성이 객관적인 이성과 일치한다고 믿는 척한다(그리고 우리를 믿게 만들려고 노력한다). 또한 경제학자들은 비용-이익 계산에 의해 합리적으로 계몽된 각 개인의 이기심 추구가 시장을 최적으로 기능하도록 하고 모든 사람의 만족을 극대화할 수 있도록 보장할 것이라고 가정한다. 이 말이 그럴듯하게 들리는 이유는 그 가정이 적용되는 시장 질서를 정당화시키는 교리에 부합하기 때문이다. (반면에 게임이론은 관련된 모든 사람이 각자 자신의 이기심을 추구하는 게 최적의 결과로 이어지지 않는다는 사실을 보여준다.) 하지만 이는 '인간 본성'이 보편적이고 초역사적이라던 그들의 주장과 모순되는데, 그 주장은 19세기의 패권을 거머쥔 신고전주의 경제학자들로부터 유래했다. 그들은 주체할 수 없는 열정을 이기적인 계산 속으로 밀어넣으려 했고, 효용을 (지불 능력이 있는 한!) 개인적인 욕망과 등치시키려 했다. 칼 폴라니는 이러한 환원주의에 대해 다음과 같이 썼다.

당신을 기쁘게 하는 동기가 무엇이든 하나만 고르라. 그리고 그 동기를 이용해 개인들의 생산을 자극하는 방식으로 생산 체계를 조직하라. 그러면 당신은 그 특정한 동기에 의해 전적으로 사로잡힌 형태로 인간의 모습을 묘사할 수 있게 될 것이다. …… 선택된 그 특정한 동기가 '실제' 인간을 상징하게 될 것이다. …… 사회가 구성원들에게 특정한 행동을 하도록 요구하고, 널리 퍼진 제도가 폭력적으로 그 행동을 강요할 수 있게 되면, 그 이상형이 현실과 유사하든 말든 상관없이 인간 본성에 대한 견해들은 그 이상형을 반영하려는 경향을 보일 것이다.[25]

신고전주의 경제학자들이 효용의 개념을 끊임없이 변화시켜오긴 했지만, 그들이 상품에서 상징적 차원을 지워버리고, 효용이라는 주제를 이기적인 계산으로 축소하려는 모습을 볼 때면, 그들의 비일관성에 그저 놀랄 수밖에 없다. 설령 상품의 '장점'(따라서 '효용')이 오로지 그 상품을 획득하고자 하는 사람의 욕구에 달려 있다는 전제를 받아들이더라도, 그 사람이 사회에서 다양한 상품에 부여한 상징적 가치를 무시하고 사회적 진공상태에서 결정할 수는 없기 때문이다. 다시 말해서, 소비자의 선택은 전적으로 그 개인에게 달려 있는 게 결코 아니다. 그 개인은 어떤 상품에 다른 상품보다

가치와 의미를 부여한 사회집단에 이미 소속되어 있기 때문에 그의 선택은 항상 중층적으로 결정된다. 마샬 살린스는 이를 '문화적 이성(cultural reason)'이라고 불렀다.

미국인들이 개는 먹을 수 없는 것으로, 소는 '음식'으로 간주하는 까닭은 고기의 가격이 아니라 기분으로 느껴지는 차이에 불과하다. 또한, 바지를 남성적이고 치마를 여성적이라고 나타내는 것은 육체적인 특성이나 그로부터 발생한 연관성과는 필연적인 관계가 없다. …… 시장과 부르주아 사회의 합리성은 다른 관점으로 봐야 한다. 그 유명한 극대화의 논리는 다른 종류의 '이성'의 명백한 징후로, 그 이성은 대체로 간과되었으며 전적으로 다른 종류이다.[26]

살린스는 이제는 고전적인 사례가 된 일화를 계속 이어갔다. 동물에게는 혀보다 스테이크용 살이 훨씬 많고 둘 다 영양가가 같으므로, 스테이크가 혀보다 싸야 한다. 하지만 알다시피 현실에서는 그 반대이다. 세이는 스테이크가 혀보다 더 호감이 간다는 사실에서 이런 가격 차이가 발생한다고 설명했을 게 틀림없다. 하지만 이는 개인의 식성 때문이 아니라 사회가 '고급' 고기에 부여한 상징적 가치 때문이다. 카메룬(과 아프리카 다른 지역)의 베티족은 닭의 머리를 가장 맛있는 음식이라고 생각해서 집안의 가장이나 존경하는 손님을 위해 남겨둔다.

'자연'과 '이성'에서 유래했으며 시대를 초월한 보편적인 원리를 바탕으로 하고 있다고 주장하는, '현실을 초월한' 경제학 이론의 한계는 인류학적으로 살짝 돌아보기만 해도 이렇듯 뚜렷하게 드러난다. 자연과학은 끊임없이 가설을 점검하고 모형의 정당성에 도전하는 자료들에 상당히 주의를 기울이는 데 반해, 표준 경제 '과학'은 하나의 이상적인 학설—즉 관념의 세계에 속한 생각—에 틀어박혀, 다른 학문들이 대체적으로 상세하게 묘사하는 사회 관습들과 모순되지 않는지 따위에는 전혀 마음을 졸이지 않는다. 말하자면, 그들은 공중에서 헛바퀴를 돌리고 있는 것이다. 과학적인 지위를 요구하는 경제학자들이 생각해낸 그 모든 모형보다 오히려 경제학처럼 과학적인 지위를 요구하지 않는 '비경제학적인' 사회과학들이 인간의 행동을 이해하는 데(때로는 예측하는 데) 훨씬 더 도움이 된다. 사회학과 심리학(정신분석학은 말할 것도 없고), 인류학이 인간 주체의 합리성에 대해 오랫동안 의문을 제기해왔다는 사실은 경제학자들에게 전혀 문제가 되지 않는 듯하다. 그들은 자신들이 무시하고 싶은 사실은 간단히 '비경제적'이라고 칭해버린다. 이때의 경제학자들의 모습은 자신의 조그마한 정원 밖에 있는 꽃들은 모조리 '꽃이 아니다'라고 선언하는 정원사와 닮았다. 경제학은 경제학자들이 존재한다고 결정한 곳에만 존재한다. 혹은 제이콥 바이너가 솜씨 있게 말했듯이 "경제학자들이 하는 일이 경제학이다."

7장

균형

경제 '과학'에서 균형은 의심할 바 없이 핵심적인 단어이다.[1] 회계 (예산, 해외무역)는 '균형'을 이루어야 한다. 그렇지 않으면 '잉여' 나 '적자'가 발생하게 된다. 손실은 이익으로 '상쇄'되어야 하며, 시장은 모두를 만족시킬 '균형가격'을 반드시 찾아야 한다. 이보다 더 확실한 말이 어디에 있겠는가? 이 마법의 세계를 지배하는 조화는 천체의 조화라는 고대의 관념을 떠올리게 하는데,[2] 이는 시간의 가역성에 대한 믿음과 생산 과정 중 천연자원의 사용으로(따라서 파괴로) 엔트로피가 증가한다는 사실을 무시하는 뉴턴 역학에 푹 빠져 있다.

발라의 모형

경제학자들은 1874년 레옹 발라가 처음 제안했던 일반균형 모형이 **허구**라고 인정한다. 그들은 발라의 일반균형 모형이 시장이 최적을 달성하기 위해 어떻게 움직여야 하는지에 대해서는 표준적인 설명을 제공해주지만 상품과 용역이 현실에서 어떻게 교환되는지에 대해서는 묘사하지 않는다는 사실도 인정한다. 발라 자신도 여러 차례 그렇게 언급했다. 에밀 뒤르켐은 이렇게 말했다. "그 유명한 수요-공급 법칙은 마치 경제적 현실을 담은 법칙처럼 보이지만 귀납적으로 입증된 것이 아니다. 사실 경제 관계들이 이 법칙을 따른다는 주장을 입증하기 위한 실험이나 체계적인 비교는 전혀 없었다. 경제학자들이 할 수 있었던, 그리고 했던 것은 개인들이 자신의 이익을 끌어올리기 위해서는 이 법칙을 따라야 한다는 논법을 이용한 설명밖에 없었다."[3] 그리고 리카도는 이렇게 말했다. "상품의 가격이 수요에 대한 공급의 비율만으로 결정된다는 주장은 이제 정치경제학에서 공리(公理)처럼 되어가고 있으며, 경제 과학에서 수많은 오류를 낳는 원인이 되어왔다."[4]

경제학에서 수학을 처음으로 사용했던 사람 중 하나인 발라는 궁극적으로 애덤 스미스의 보이지 않는 손이라는 '공리'를 입증하려 했다. 특정한 일련의 상품의 수요와 공급이 시장 전체에서 일치한다면, 모든 사람은 그 상태에서 가능한 최대의 이익을 얻게 될 것이다. 이 일반 명제에 대한 발라의 증명은 다음과 같다(간단히 설명하자면, 이 증명은 프랑스 증권시장에서 영감을 받았다).

· 소비자(구매자)와 생산자는 '합리적'이다. 다시 말해서, 그들은 이득이나 이윤을 보장하는 교환을 통해 자신들의 만족을 극대화시키려 한다.
· (명백히 관념적인) '가치 평가자(valuer)'에 의해 각 상품에 책정

된 단일한 가격은 흥정을 방지하고, 소비자가 자신에게 더 큰 '효용'이 있다는 이유로 다른 소비자보다 더 많이 지불하고 상품을 취득하지 못하도록 한다. 이때 거래에 참가한 소비자와 생산자는 '가격 순응자(price takers)'라고 불린다.

· 현재와 미래의 모든 상품과 용역에 대한 완벽한 시장 체제가 존재한다. 이는 미래의 가격의 실질적인 불확실성이 거의 없거나 미미하다는 의미이며, 시간의 흐름을 없애버리는 것이다.

· 각 상품에 대한 소비자의 수요와 생산자의 공급은 두 개의 총량으로 취급되며, 가치 평가자는 그 두 개의 총량을 '견적가격(quoted price)'을 이용해 비교한다.

· 견적가격이 관련된 모든 사람을 만족시키지 못하면, 가치 평가자는 모든 수요와 공급이 균형가격 안에서 평형을 유지할 때까지 시행착오를 거치며 계속 새로운 가격을 제안한다. (이런 시행착오는 역학적 사고방식의 특징이다. 진자가 흔들리듯이 가격은 서서히 작게 진동하다가 '균형' 점에 안착되면 더 이상 움직이지 않게 된다. 그 시간이 얼마나 오래 걸리는지는 중요하지 않다. 시간은 존재하지 않는다.) 하지만 균형가격에 도달할 때까지 교환은 전혀 이루어질 수 없다.

· 균형가격에 도달하면 상태가 최적화되었다고 선언한다(파레토 최적). 한 참가자의 만족을 감소시키지 않고는 다른 참가자의 만족을 증가시키는 것이 더 이상 가능하지 않기 때문이다.

· 일반균형은 각 상품에 대해 모든 시장이 균형을 이룰 때 달성된다.

이 각본이 성립되기 위해서는 일련의 가설들을 (각 참가자가 '합리적'이라는 것과는 별도로) 더 많이 추가해야 하는데, 이 가설들은 순수하고 완벽한 경쟁을 나타낸다.

- 어떤 참가자도 시장의 결과를 왜곡시킬 수 있는 지배적인 위치를 차지할 수 없다: 원자성(atomicity)
- 모든 생산자는 동일한 생산물을 제공하고(즉 한 종류의 차량 혹은 한 디자인의 바지만 존재한다) 가격만 차이가 난다: 상품의 동질성
- 모든 참가자는 시장에 자유롭게 드나든다.
- 생산수단(자본과 노동)은 한 회사에서 다른 회사로, 혹은 한 시장에서 다른 시장으로 자유롭게 이동할 수 있다.
- 모든 사람은 가치 평가자 덕분에 조사할 필요가 없으며 현재와 미래의 모든 가격을 알고 있다: 자유롭고 완벽한 정보[5]
- 경제 과정에 의해 발생한 외부 효과(즉 긍정적이거나 부정적인 영향)는 계산에 넣지 않는다.

이제 신고전주의 경제학은 일련의 방정식으로 정의된 균형가격이 존재한다는 사실을 보여주기만 하면 된다. 그 모형에 대해서는 바람직한 최적조건(때때로 '가장 효율적인 상태'로 불린다)을 입증해야 하는 전문적인 문제를 제외하더라도 수많은 비판을 쏟아낼 수 있다. 일반균형이론은 우선 접근 방법이 아주 이상하다. 발라는 일련의 가설을 공식화하고 현실에서 그 가설을 증명하려고 노력하는 대신, 얻으려는 결론(균형이 존재하며, 균형은 절대적이다)에서

시작해 그 예상된 결론을 '검증'하기 위해 일련의 가설을 세웠다.[6] 일반균형 모형 외에도 알프레드 마셜이 제안했던 부분균형 모형도 있는데, 이 모형은 (모든 시장이 아니라) 단일한 상품 시장만을 다룬다. 부분균형 모형은 순수하고 완전한 경쟁이라는 가설을 이어받고, 거기에 분석의 대상이 되는 시장에서 균형을 이룬 가격 변화는 다른 시장의 가격 변화를 일으키지 않는다는 가정을 더 추가했다. 이 가정은 '다른 것들은 동일하다'는 공식에서 주요한 역할을 한다. 경제 '과학'이 편하게 안주하는 또 하나의 허구다.

비현실적인 이론

그 모형에서 가정한 전제 조건들은 절대로 충족되지 않을 것이다. 인간의 동기가 항상 합리적이지는 않다. 현실에서 어떤 사람은 다른 사람보다 경제적 영향력이 크고, 상품은 동질하지 않다(다양한 모델의 차량과 시계, 치마를 생각해보라). 수요가 떨어진다고 해도 자동차 공장이 하룻밤 사이에 비행기나 자전거 공장으로 바뀔 수 없으며, 배관공이 쉽게 제빵업자나 컴퓨터 프로그래머로 변할 수는 없다. 노동시장에는 일반균형 모형에서는 허용되지 않는 '경직성'이 있다. 가격 비교에는 시간과 돈이 들어갈 뿐만 아니라 미래의 상황에 대해서는 거의 파악하기 힘들다. 모든 사람이—심지어 레옹 발라조차—이에 동의한다. 초기 가정부터 현실성이 부족했다. 그 모형이 묘사하는 것은 현실이 아니라 당위(혹은 가능성)로서의 세계이다. 물론 모형이라는 것은 그 설계자가 고안한 대로 특정한 상황을 단순화해서 보여줄 뿐이다. 그러므로 모형에 대한 비판은 논리적으로 그 모형이 이끄는 결론에 집중되어야 하고—모형이 가정하고 있는 관행을 존중하고—그 모형이 다른 방식으로 구성되었을 경우 어떠했을 것 같은지는 상상할 이유가 없다. 그럼에도 불구하고, 발라의 예정된 결론을 '입증'하기 위해 초기 가정을 쌓았던 방법은 아무리 좋게 보아도 좀 이상하다. 이론이 입증되기 위해서는 (그리고 사회적으로 바람직한 시장이 되기 위해서는) 소수의 판매자들에 의해 지배되는 모든 시장을 없애야 하고, 대량생산의 이점을 포기해야 하며, 외부 효과가 없다고 받아들여야 하고, 정보가 완벽하다고 가정해야 한다. 이는 현실 세계와는 너무도 먼 이야기이다.

일반균형이론에 따르면 균형은 단 하나밖에 없어야 한다. 이는 균형에 한 번 도달하게 되면 정지하거나 시간을 초월한 상태로 있게 될 것이라는 의미이다. 이 이론은 현재와 미래의 가격에 대한 완벽한 지식이 있을 것이라는 (시간을 없애버리는) 가설과 신고전주의적 이론의 (시간이 가역적이라는) 역학적 가정들로 짜였다. 게다가 이 모형은 경제성장이나 혁신의 가능성까지도 완전히 배제하고 있는데—혁신은 새로운 균형의 가능성을 기대하면서 기업을 더욱 역동적으로 만드는 것에서 비롯된다—아무도 자신들의 만족을 증가시키려 하지 않게 될 것이기 때문이다. 이런 관점으로 보면 시장의 등장은 곧 '역사의 종말'을 의미하게 된다.

발라의 가치 평가자는 매우 이상한 모습을 하고 있다. 그는 육화(肉化)된 '보이지 않는 손'으로, 자유시장이라는 기적이 실현될 수 있도록 상품의 수량에 맞춰 가격을 조절하고 수요에 맞춰 공급을 조절한다. 물론, 발라의 목표는 시장이 자연스럽게 자원에 대한 최적의 분배를 달성한다는 사실을 보여주려는 것이다.[7] 하지만 발라의 가치 평가자는 (스탈린 국가계획위원회의) 중앙경제 계획위원장의 정확한 모조품이다.

시장경제와 관련된 담론들이 다시 이 발라의 이상을 언급하고 있지만, 그 이론이 실제 현실에서 입증되었더라면 중앙계획경제가 시장을 누르고 승리했을 것이다. 역설이 너무 엄청나다 보니 대다수의 경제학자들은 이 역설을 못 본 체하기로 결정했다. 시장에 대한 표준적이고 지배적인 담론은 시장을 개념적으로 해설할 능력이 없다.[8]

발라의 이론에서 화폐가 견적가격으로 취득하는 상품과 용역의 대응물이라는 역할 외에는 아무런 역할도 하지 않는다는 사실에 주목해야 한다(현대 경제에서 실질적으로 중심적인 역할을 하는 화폐가 중립적이라는 가설). 게다가 사용되지 않는 요소는 균형가격의 하락을 불러올 것이므로—일시적인 상태를 제외하고는—실업이나 과잉생산도 있을 수 없다.[9]

아무튼, 발라는 자신의 가설을 스스로 입증하지 못했는데, 그가 다룰 수 없었던 수학적 공식이 필요했기 때문이다. 발라의 생각과 달리 n개의 미지수를 가진 n차 방정식 체계에서는 해(解)가 하나만 존재하지 않는다. '유사 증명'은 1965년 케네스 애로와 제라르 드브뢰가 대신 제공했다. 그 증명으로 애로는 1972년, 드브뢰는 1984년 소위 '노벨 경제학상'을 탔다. 하지만 그들의 훌륭한 건축물은 몇 가지 이유로 그 후 산산이 무너져내렸다.

존재하지 않는 최적

발라의 이론은 파레토 최적(혹은 '효율적인 상태')을 달성해야 한다고 주장한다. 이때의 파레토 최적이란 사회를 위해 가장 좋은 상태로, 다른 사람의 만족을 감소시키지 않고는 어떤 사람의 만족도 증가시킬 수 없는 상태를 말한다. 하지만 그 상태를 최적의 상태라고 할 수는 없다. 한 사람이 모든 것을 갖고 다른 사람은 아무것도 갖지 않은 상태도 '파레토 최적'이기 때문이다. 한 사람이 최소한의 손실을 입고 그에 따라 다른 많은 사람이 큰 이익을 얻어도 파레토 최적에는 어긋난다. 이는 그들이 말하는 '최적'이 사회적 정의와 전혀 무관하다는 점을 잘 보여준다. 현실에서 시장은 소수의 손에 부를 집중시키고 가난한 이들에게 그 비용을 부담시키는 경향이 있다. 그 이론에 따르면, 행위자들의 모든 결정과 행동은 그들에게 추가적인 만족을 주지만, 그들이 다른 이들에게 미친 (긍정적이거나 부정적인 결과인) 외부 효과는 계산에 넣지 않는다. 파레토 최적은 외부 효과를 무시함으로써 사회적 진공상태에서 작동한다. 게다가 단 하나의 균형이 아니라 다수의 불안정한 균형이 존재한다는 반론이 제출되었다. 소넨샤인(혹은 소넨샤인·만텔·드브뢰)의 정리라는 이름으로 알려진 이 반론은 1974년 제출됐다. 이 반론은 모든 시장에서 단일한 균형의 가능성을 보여주려 했던 1954년의 '애로-드브뢰 정리'에 근본적인 문제를 제기한다.

그와 더불어, 시장을 통제하지 않고 놔두면 교환 상대자들이 초기에 보유한 재원이 불균형하므로 (시행착오를 거치며) 불평등이 점점 더 커지는 결과만 낳을 뿐이다. 다시 말해서, 시장을 자율적으로 놔두면 기능이 개선되지도 않고 모두를 만족시킬 균형에 도달할 수도 없다. 오히려 그와는 반대로 불균형은 커지고 체제는 점점 더 불안정해질 것이다. 더 나쁜 것은 "발라의 모형보다 더 보편적인 내쉬 균형(Nash equilibrium)(게임이론에서 상대방의 대응에 따라 최선의 선택을 해서 균형이 형성되어, 상대의 전략이 바뀌지 않으면 자신의 전략 역시 바꿀 이유가 없는 상태)은 시장이 전략적인 분야에서 가장 최악의 해결책을 준다는 사실을 분명하게 보여준다."[10]

시장의 이익을 정당화해주리라 기대했던 일반균형이론과 완전경쟁이론은 그렇게 곤란한 지경이 되었지만, 아직도 경제학 담론에서 주요하게 인용되는 이론의 위치를 고수하고 있다. "자, 여기 경제와 사회를 모조리 설명해줄 수 있다고 주장하는 이론이 있다. 그 학문 분야에서 출간되는 서적의 4분의 3 이상과 발언의 90퍼센트에 스며든 이론이 있다. 하지만 과학적으로 그 이론은 명백히 실패했다."[11] 경제 과학에서 "교육의 99퍼센트, '연구'의 토대를 이루는 것의 99퍼센트는 마르크스도 아니고 케인스도 아니고 발라다."[12] 안타깝게도 경제학자들은 전혀 알려고 하지 않는다. 경제학자들은 이 모든 문제를 무시하고 발라식의 자유주의가 공공의 복리를 증대시킬 수 있는 정책의 토대를 제공해줄 수 있을 것처럼 계속 행동하고 있다. 완벽한 시장 체제라는 가정이 이루어지지 않을 것이라고 판단한 사피르(1954~ , 프랑스 경제학자)는 합리적인 예측이 균형으로 이끌 것이라는 밀턴 프리드먼의 관점을 추종하는 경제학자들이 가능한 균형점이 여러 개일 경우 사람들이 실제로 어떻게 합리적으로 예측하는지 전혀 설명하지 못한다는 사실을 보여주었다.[13] 게다가 합리적 예측은 (내 결정이 다른 사람에 어떤 영향을 미치는지 하는) 외부 효과에 대한 고려를 수반하기 때문에, (외부 효과에 닫혀 있는) 파레토 최적은 달성할 수 없다. "구매자와 판매자의 이익을 추구하는 합리적인 행동을 기초로 한 이론상의 시장 체제가 각 시장의 균형을 발생시킨다는 주장을 증명하는 것은 단순히 **어렵다**고 말하기 힘들다. 그건 **불가능**하다!"[14] 그래서 사피르는 이렇게 말했다. "신고전주의 경제학은 현실 세계를 참조하지 않았으며 순전히 수학적인 추론일 뿐이라는 사실을 인정하는 것만이 유일하고 솔직한 해결책이다."[15]

경제학자들도 발라의 일반균형이론에 있는 대부분의 가설이 비현실적이라고 대체로 인정하기 때문에(그래도 문제에 대한 수학적인 해법이 있을 것이라는 희망이 조금이라도 있다면 그 이론이 필요하다고 여길 것이다), 그들이 할 수 있는 속임수는 수학에서 가능한 것이 현실 세계에서도 가능한 것처럼(현실이 '과학'의 결정을 따르기라도 하는 것처럼) 우리를 믿게 만들거나, 그보다 더 심각하게는 그 모형에 대한 비판과 현실적인 반박들은 간단히 무시할 수 있다고 우리를 믿게 만드는 방식이 될 수밖에 없다. 즉 그 이론이 보여주는 내용이 여전히 매력적이니까, 그 이론이 잘못되었다는 사실 따위는 신경 쓰지 말라는 이야기이다. "애로-드브뢰는 시간을 생산의 차이로 축소시키고 경제 행위자들이 가능한 생산과 소비에 대해 완벽한 지식을 갖고 있다고 가정함으로써, 행위자들이 파편적이고 불완전한 정보밖에 갖지 못하는 균형의 외부에서는 어떤 일이 일어나는지 사고하기 어렵게 만들었다. 애로-드브뢰의 이론 틀은 경제학의 과제를 지나치게 쉽게 설정한다."[16]

물론, 우리가 걷기나 자전거 타기 중 어느 쪽을 선호하든, 혹은 지구가 둥글다거나 평평하다고 믿든 말든, 우리는 A라는 장소에서 B라는 장소로 정확히 똑같이 이동할 것이다. 이런 경우에는 이론이 현실에 전혀 영향을 미치지 않는다. 우리는 해가 '뜬다', '진다'라는 표현이 은유일 뿐이라는 사실을 알면서도 계속 그렇게 말한다. 반면에, 우리가 현실을 이론에 맞추려고 한다면—이번 경우에는 이론적인 가정으로 모든 사람을 위한 최대 만족을 달성하기 위해 경쟁시장을 최적의 해법으로 간주하는 이론에—그 이론이 타당할 뿐만 아니라, 그 이론으로 인한 사회적 결과가 이론의 목적과 충돌하지 않는다는 사실을 명확히 검증해야만 할 것이다. 하지만 경제학자들은 그럴 시간이 없다. 모든 사람이 완전 시장에 도달하는 게 불가능하다는 사실을 알고 있고, 그보다 더 중요하게는, 완전시장 같은 건 존재할 수 없다는 사실을 알고 있음에도 불구하고, 경제학자들은 여전히 '완전한' 시장을 그들의 이상으로 삼고 있다. 균형이론은 경제 과정이 진행될 때 당연히 일어나게 되는 에너지 손실이 발생하지 않는 폐쇄계를 가정하기 때문에, 경제학자들에게 그들이 스스로 주장해왔던 의도와 충돌하는 불합리한 정책을 제시하도록 한다. 사실, 경제학자들이 제시한 정책은 균형의 달성은 고사하고 반복, 순환되면서 문제를 누적시켜 오히려 그 체제를 교란시키고, 마침내는 자유주의의 가장 강력한 지지자들조차 파탄이 났다고밖에는 부를 수 없을 정도의 위기를 낳게 된다. 미국과 유럽의 대형 은행들을 거의 파산 상태로 몰아가고, 2008년 9월 주식시장을 추락시켰던 '서브프라임' 사태는 그런 위기의 유감스러운 사례다. 결국, 각국 정부가 은행들을 인수하고, 금융기관 간의 초단기 융자를 메꾸고 체제를 구하기 위해 수십억 달러를 투입해야 했다. "시장이 항상 옳다"고 오랫동안 설교해왔던 경제학자들은 2주일 안에 그들의 이론을 수정해야만 했다. 그들은 보편적인 번영과 시장을 통해 사회적 (파레토) 최적을 확산시킬 작정이었지만, 결국 빈곤과 사회적 불평등을 증가시키고 말았다. "자유로운 시장 체제가 본질적으로 균형을 이루려는 경향이 있으며 균형은 최대 다수의 최대 행복을 구체적으로 표현한 것이라고 믿는다면, 결과적으로 완벽하게 자유로운 시장 이외의 모든 체제가 불균형을 만들고 행복을 축소할 것이라고 믿는 것이다. …… 대부분의 경제학자들은 자신들의 정책에 대한 입장이 개인적인 편견이나 종교적인 교리가 아니라, 과학적인 지식에 의해 특징지어진다고 실제로 믿고 있다."[17] 문제가 되는 것은 그들의 의도가 아니라, 그 모형이 현실과 일치하는지 의문을 제기하지 못하도록 만든, 그들이 받았던 교육과 무지이다. 사회학자 테리 쉰은 프랑스 국립통계경제행정학교를 언급하며 다음과 같이 말했다.

교수들과 학생들은 …… 경직되고 엄격히 통제된 필터를 통해 세상을 보는데, 필터의 구조는 사람들과 사물에 대해 분명하고 일관된 이미지를 보장해준다. …… 정치와 계획, 생활의 사소한 부분까지 따라야 하는 일련의 원리와 보편적인 규범 원칙들에 따라 세상을 보고 논평한다.[18]

마지막으로, (안정적인) 균형이라는 개념은 경제학적 중요성 외에도 대단히 긍정적인 의미를 내포하고 있으며, 역학물리학에서 유래해서 시간의 가역성이라는 개념을 공유하고 있다는 사실을 언급할 수 있을 것이다. 하지만 생물의 세계는 이와 다르다. 생물의 세계에서는 불안정한 균형이 일반적이기 때문이다. 생물은 환경의 제약 때문에 일정한 균형을 유지하기 위해서 에너지를 공급받아야 한다. 이 말의 요점은 생물계의 원리를 사회적 영역에 도입하라는 게 아니다. 우리는 그런 방식의 위험성에 대해 잘 알고 있다. 경제 과정은 시간의 흐름에 따라(혹은 순차적으로) 이루어지며, 에너지 문제가 중요한 환경(생물권이 그중 가장 넓다) 안에서 펼쳐진다는 사실을 간과해서는 안 된다. 생태계의 불안정한 균형은 태양뿐 아니라 인간의 활동에 의해서도 영향을 받기 때문이다. 물론 "아무것도 창조되지 않고, 아무것도 사라지지 않는다." 하지만 "모든 것은 형태를 바꾼다." 그것은 이 행성에서도 진리다. 불안정하긴 해도 그 자체로는 행성의 균형을 위협하지 않는다. 하지만 경제학 이론에서의 균형도 인간이라는 종의 생존을 위태롭게 만드는, 현재의 우리가 아는 경제학과는 다르게 구축되어야 했다. 경제 '과학'이 에너지를 (기껏해야 관련된 공해가 포함된) 시장비용 정도의 가치로 축소하고, 에너지의 이용으로 인해 발생하는 모든 장기적인 영향을 무시해버리게 된 것은 바로 이 허구적 '균형' 개념 때문이다.

8장

성장 강박

이 장에서는 경제성장이 왜 그렇게 맹목적인 숭배의 대상이 되었는지 질문하는 것으로부터 시작할 것이다. 경제성장을 평가하는 일반적인 방법이 명백한 결함을 가지고 있으며 모순투성이라는 사실, 그리고 평가의 결과가 그 체제의 '건강'을 나타내지도 않고 복리를 보장하지도 않는다는 사실을 지금까지 수많은 경제학자들이 충분히 입증했다. 그럼에도 불구하고 경제성장은 고용과 소비, 공공사업 관련 문제부터 무역과 연금, 공채와 관련된 문제까지 온갖 사회 문제의 해결을 위해 없어서는 안 될 필요조건으로 계속 제시되고 있다.[1] 경제학자들은 호모 에코노미쿠스의 모습이 환원주의적인 허구라는 사실을 기꺼이 수용하면서도 끊임없이 그 존재가 사실인 양 행동하는 것처럼, 무한한 성장의 추구가 생태적으로 불가능하다는 사실을 인정하면서도 성장이 필요하다는 주장을 꺾지 않는다. 막다른 골목으로 이끄는 개념을 계속 고수하는 이유가 뭘까? 우리의 타고난 성향이 불편한 진실보다는 안락한 환상을 더 선호한다는 사실은 의심할 여지가 없다.

경제 '과학'이 제외한 것들

단도직입적으로 말해서 '성장'은 고전주의 경제학이 사용하던 용어가 아니다. 애덤 스미스의 용어를 빌려 말하자면, 그 당시 경제학자들은 자신들의 일이 '국가의 부', '부의 자연적 진보', 심지어 '사회 내 여러 계급들 사이에 풍요로움'을 확산시키는 방법과 관련되어 있다고 여겼다. 좀 더 자세히 살펴보면, 스미스는 노동 분업과 무역, 상업에 의해 나타난 부의 가능성에 스스로도 놀라워하는 모습을 종종 보인다. 나중에는 그 모두를 '자연 질서'의 일부분이라고 믿어버리긴 했지만 말이다. 그러나 맬서스나 리카도, 존 스튜어트 밀은 스미스의 낙관주의를 따르지 않았다. 그들은 무역으로 인한 이점이나 생산성 증가에도 불구하고, 인구 증가의 영향과 농업 생산의 자연적 한계 때문에 사회는 조만간 서서히 멈추게 되리라고 생각했다.[2]

그렇긴 해도 초기 고전주의 경제학자들이 부를 정의했던 방법에는 몇 가지 문제가 있었는데, 이는 그들이 경제학을 측정할 수 있는 양을 바탕으로 '과학적으로' 구성하려고 했기 때문이다. 그리하여, 맬서스는 자신의 《정치경제학 원리(*Principles of Political Economy*)》 (1920)에서 로더데일 경의 '인간에게 유용하고 기쁨을 주는 것으로써 욕망하는 모든 것'이라는 부의 폭넓은 정의를 다음과 같은 근거로 거부했다.

(이 정의는) 인류에게 이익이나 쾌락을 주는 것이라면 물질적이든 지적이든, 유형이든 무형이든 상관없이 모든 것을 포괄하고 있으며, **종교**, 도

덕, 정치와 시민적 자유, 연설, 교훈적이거나 기분 좋은 대화, 음악과 춤, 연기, 그리고 모든 개인적인 특성과 봉사에서 얻는 이익과 희열까지도 포괄하고 있다.[3]

물론 이 목록이 완벽하지는 않지만, 상식에 따라 추측해 보자면 '물질적이고 지적인' 쾌락으로 이루어진 '풍족한 생활'에 대한 뛰어난 묘사로 생각될 수도 있겠다. 하지만 맬서스는 의사의 진료나 가수의 재능, 매력적인 대화 같은 '무형'은 측정할 수 없으므로 이 정의가 실용적이지 않다고 비판했다. 무엇보다 그런 기준으로 한 국가의 부의 성장이나 쇠퇴를 어떻게 평가할 수 있겠는가? 부에 대한 경제학적 정의는 맬서스의 뇌리를 사로잡았다. 그는 다음과 같이 결론지었다.

세이 씨와 나는 정치경제학을 경험에 기초하고 그 결과를 발표할 수 있는 확실한 과학으로 만들려면 주요한 용어를 정의하는 데 있어서 특히 주의해야 하며 증가와 감소를 추산할 수 있는 대상만을 포함시켜야 한다고 주장한다. 그러므로 비물질적인 대상으로부터 물질적인 대상을 분리하는 선을 긋는 것이 가장 자연스럽고 유용할 것이다.[4]

이 글은 '확실한' 지식이 되고 싶었던 경제 '과학'이 자신들의 학문을 '계산 가능한' 대상으로, 즉 시장에서 사고팔 수 있는 물적 자원으로 초기부터 한정했다는 사실을 잘 보여주므로 주목할 만하다. 게다가, 이 글은 부를 평가하는 계산을 위해 이런 사물의 '증가와 감소'의 중요성을 강조하고 있다.

그러므로 한 국가는 영토의 크기가 아니라 공급받는 유형물(有形物)의 풍요로움과 결핍에 따라 부유하거나 빈곤해질 것이다. 인민은 인구수가 아니라 그들이 공급받는 유형물의 풍요로움과 결핍에 따라 부유하거나 빈곤해질 것이다.[5]

국가회계(national accounting)의 출현을 예고했던 이런 정의들은 경제 '과학'이 국가의 부를 '객관적인' 방식으로 평가하고 싶다는 욕구를 만족시키기 위해 어떤 것을 연구 대상으로 포함시켰는지를 보여줄 뿐만 아니라, 어떤 것을—계산에서 벗어난 것들은 존재하지 않는다고 간주해도 문제가 없다는 듯이—**배제**했는지 이해하는 데 도움이 된다. 맬서스는 그 문제를 분명하게 인식하고 다음과 같이 썼다. "뉴턴의 발견 혹은 셰익스피어나 밀턴과 나누는 대화의 즐거움을 그들의 작품이 팔리는 가격으로 그 가치를 평가한다면, 그들이 조국을 향상시키고 매력적으로 만들어준 정도에 대한 빈약한 평가밖에 되지 못할 것이다."[6] 하지만 이 '향상과 매력의 정도'는 엄밀하게 '계산 불가능'하므로 계산에서 제외할 수밖에 없었을 것이다. 다시 말해, 어떤 사물들은 의심할 여지없는 가치를 가지고 있지만, 그것들에 가격이 붙어 있지 않다는 이유로 경제 '과학'에서 제외시켜버렸다. 이는 경제 '과학'의 구조 그 자체 때문이다. 이는 1883년 켈빈 경의 말과 일치한다. "당신이 언급하는 사물을 평가하고 숫자로 표현할 수 있다면, 당신은 그 사물을 알고 있는 것이다. 만일 당신이 평가할 수 없고 숫자로 표현하지 못한다면, 당신의 지식은 빈약하고 불충분한 것이다."[7]

'경제가 모든 것을 지배한다'는 생각에는 대체로 동의하지만, 경제학이 고의로 제외해버린 그 모든 것, 그리고 삶을 매력적으로 만드는 데 있어서 근원적인 토대가 되는 그 모든 것에 대해서도 잊지 말아야 할 것이다.

국가회계와 GDP의 발명

국가회계 기법은 1940년대가 되어서야 일반적으로 사용되기 시작했다. 국가회계는 국내총생산(GDP)이라는 개념으로 이어졌는데, 매년 GDP의 변화는 다양한 '국가경제'의 성공과 실패를 외형적으로 평가할 수 있는 성장률을 계산할 수 있도록 해주었다. 여기에는 무엇이 포함되었을까? GDP는 공공서비스의 대가(국가 세출, 공무원 월급, 사회보장 수당 등)와 생산 활동으로 인해 발생한 금전적 부가가치를 더해서 한 국가에서 생산된 총가치를 해마다 기록한 통계에 근거한 총액이다. 각 기업은 상품을 변화시킴으로써 가치를 추가한다. 제빵업자의 예를 간단히 들자면, 그가 사용하는 밀가루는 GDP에 포함되지 않으며(농부가 생산하고 제분업자가 빻을 때 이미 GDP에 포함되었기 때문이다), 밀가루를 빵으로 만든 그의 노동의 가치만 포함된다. 대부분의 사람들이 주목하는 성장률은 연도별 GDP의 (양이나 음의) 변화로 나타난다.

이러한 GDP의 정의에 대해 주목해야 할 사항이 몇 가지 있다.

(가) (가사 노동, 상호부조, 자원봉사, 세금 신고하지 않은 노동, 비공식 경제 등) '비시장적인 노동'은 국가회계에 포함되지 않는

다.[8] 따라서, (자연유산이나 이해관계가 없는 교환 등) 국가의 '진정한 부'는 실질적으로 가치에서 제외된다. 이것들은 시장의 영역 밖에 있기 때문이다. 진짜로 계산에 넣어야 할 것들을 계산에서 빼버린 것이다.

(나) (자동차 수리나 교통사고 진료비, 산업 지대나 오염된 강의 정화, 찻길가의 소음방지벽 같은 보호시설, 기름 유출 사고의 뒤처리 등) '수리/복구' 활동에 포함된 비용은 긍정적인 가치로 취급된다. 범죄가 증가할 경우 경찰이나 경비원, 판사를 추가로 고용하는 것처럼, 그런 일이 경제활동을 촉진하기 때문이다.[9]

(다) (공기오염이나 공항소음, 토지오염, 환경파괴 등) 금전적으로 상쇄할 수 없는 진짜로 골치 아픈 문제는 계산에 넣지 않으며 '부정적 외부 효과'로 간주된다. (공해에 노출된 사람들은 의료비가 증가하므로, 부정적 외부 효과의 비용이 외부 효과의 피해자들에게 부과된다고 볼 수도 있다.)

(라) GDP에는 자연이 '무료로 제공하는' 자원의 파괴라는 '비용'은 포함되지 않는다. 그래서 석유의 가격이 비싸긴 하지만, 그 가격에는 자원을 추출할 때 공공 자연유산의 질을 저하시키고 돌이킬 수 없이 파괴한다는 사실은 반영되어 있지 않다.

(마) 매년 GDP의 변화만으로는 한 국가 내에서 부가 어떻게 분배되고 있는지 알 수 없으며, 그로부터 나온 모든 이윤이 동등하게

분배되는지도 전혀 판단할 수 없다. 국가회계는 바로 이런 분배의 관점에서 면밀하게 살펴봐야 하지만, 그렇게 하는 나라는 아주 드물다.

(바) GDP 수치에는 시장 활동의 질(혹은 사회적 바람직함)에 대한 판단은 전혀 포함되지 않는다. GDP 수치에서는 감자든 무기든, 마약이든 의약품이든, 음악 교육이든 광고든 매춘이든, 모두 같다고 본다. 이런 무도덕주의(amoralism)는 모든 상품과 용역의 가치를 화폐로 균질화함으로써 가능해졌다. 자원을 적절하게 관리하려면 시장보다는 정치에 의존해서 무엇을 생산할지(혹은 생산하지 않을지) 결정하는 게 차라리 나을 것이다.

GDP에 대한 이러한 정의는 경제학자와 통계학자가 그들 각자의 목적에 따라 수립한 몇 가지 합의에 기초하고 있다. 하지만 앞서 언급했듯이, GDP는 관계없는 요소들을 하나로 묶어버리고 가족부양이나 자선행위처럼 삶에 큰 매력을 주는 요소들을 계산에 넣지 않기 때문에, 미디어가 GDP를 공공 번영의 척도로 만들어버리자마자 문제가 발생했다. 경제학자들은 GDP의 목적은 그런 게 아니라고 즉시 반박할 텐데, 아마도 그들의 말이 맞을 것이다. GDP 수치의 상승과 하락은 시장 활동 규모의 변화를 기록한 것에 불과하므로, 증가한 세금이 더 나은 공공서비스나 (GDP의 증가분으로 포함된) 공익을 위한 자금으로 사용된다면 모르지만, GDP의 변화만으로는 공공의 복리가 상승했는지 하락했는지는 전혀 알 수 없다. 그럼에도 불구하고, 경제 전문가들은 끊임없이 성장률을 환기시키며 소비자와 생산자, 금융업자에게 유리하거나 불리한 경제 동향에 관한 정보를 제공하고, 그들의 복리에 미칠지도 모르는 영향을 경고한다.

이것은 '이론과 현실의 차이' 그 이상이다. 이는 **양과 질의 혼동**을 바탕으로 의미를 실제로 바꿔버린 것으로, **더 많은 것**(더 많은 활동과 생산이 시장에 포함되는 것)이 **더 좋은 것**을 의미한다는 가정이 바탕에 깔려 있다. 다시 말해, 사회관계와 자연의 상품화(예를 들자면, 생물 다양성에 대한 특허나 조부모에서 유아원으로 보육의 이전) 증가는 항상 축하할 만한 진보의 표시라고 주장하는 것이다.

이런 문제 때문에, 허먼 데일리와 존 캅에게 영감을 받은 캘리포니아 연구팀은 GDP의 모순을 메우기 위해 참진보지수(Genuine Progress Indicator, GPI)를 개발했다. 1975년부터 2000년까지 미국에서 GDP로 계산한 1인당 소득은 사실상 두 배가 되었지만, 그 25년간 GPI는 정체되었다는 사실을 보여준 것이 주요한 성과이다. GPI는 (상당히 과소평가된) 비공식 경제와 가사노동의 가치뿐만 아니라 소득 분배의 불평등을 계산에 포함시키고, 재해와 범죄(절도와 살인, 교도소 유지비용으로 인한 손실), 국방비 지출, 공기와 물의 오염, 토양 악화 등의 비용과 관련된 모든 것을 뺀다.[10] 이것은 GDP로는 사회적 부를 측정할 수 없다는 또 하나의 증거이다. 증거가 더 필요한지는 의문이지만 말이다. GDP 통계가 보여주는 것은 생산의 결과(혹은 생산으로 인한 이익)가 아니라 이제는 의무가 되어버린 경제성장의 과정이다.

성장 강박과 그 결과

'국가의 부'를 국가별로 비교하는 경우를 제외하면, 경제 '평론가들'이나 전문가들, 권위자들이 검토할 때 자주 사용하는 핵심적인 통계치는 GDP의 지표 그 자체가 아니라 GDP의 연간성장률이다. 이 때문에 마치 모든 사람의 삶이 거기에 달려 있는 것처럼, 국가가 올해 혹은 다음 해 얼마나 빨리 성장할 것인지에 대한 끝도 없는 추정이 이어진다.

하지만 GDP 지표는 실제로는 그 체제 안에서 살아가는 사람의 생존이 아니라, 그 '체제' 자체의 생존에 훨씬 더 중요하다. 성장을 멈춘 기업, 다시 말해 더 이상 이윤을 축적하지 못하는 기업은 성장하지 못하면 사라진다는 사회진화론의 원리에 의해 시장에서 곧 배제된다. 어쩌다 성장에 대한 이런 강박이 생겨났을까? 주요한 원인은 줄곧 무시되곤 하는 소유 제도와 관련되어 있다.[11]

우리는 어떤 재화를 사용할 수 있는 조건(보유나 점유)과 소유권을 구분할 필요가 있다. 가장 단순한 예를 들자면, 들판 같은 부동산의 경우 **소유권**에 관한 규칙에는 그것을 이용할 권리와 농업 실시 여부, (무엇을 기를지 결정하는) 관리가 포함되고, 이런 권리를 갖지 않은 자들에 대해 배타적이며, 이 권리를 다른 이에게 (계약이나 유산으로) 양도할 수도 있다. 소유권에 관한 규칙은 사회마다 다양하지만 본질적으로 특정한 자원을 사용할 권한을 가진 개인 혹은 집단을 규정한다. **소유권**에는 소유에 관한 모든 권리(보유나 이용)가 포함될 뿐만 아니라, 일정한 금액에 그 자원(부동산)을 팔거나, 이자를 지불하고 정해진 기간에 대출금을 갚을 수 있는 한 그 자원을 저당잡히고 금융 재원을 대출받을 수 있는 권한까지 포함된다. 그러므로 소유권—그 체제에서 기본적인 제도—은 판매(소유에 부속된 권리와 보유권를 포기하는 것)와 대여(소유권은 유지하고 보유권을 양도)와 대출(보유권은 유지하고 대신 전체나 부분에 대한 소유권을 양도) 같은 다양한 형태의 계약을 통해 금융자본에 대한 특별한 접근을 허용한다.[12]

　사용권(보유나 점유)을 관리하던 규칙이 법률적인 소유권으로 바뀌면, 소유권을 가진 이들은 자원을 비축하지 않고도 금융 재원에 쉽게 접근할 수 있게 된다. 하지만 자원에 대한 평가는 저당이라는 신용 관계 속으로 들어가는 순간 가장 먼저 급격하게 바뀐다. 이제 그 자원은 이자를 갚고 정해진 기간 내에 대출금을 갚기에 충분할 정도로 생산해내야 하기 때문이다. "신용 관계는 네 가지를 만들어낸다. 돈, 부채, 부채와 이자를 갚을 의무, 그리고 그로 인해 발생한, 자신이 받았던 돈보다 더 많이 생산할 의무이다. 이자와 함께 부채를 상환하는 것은 성장을 불가피하게 만든다. 그리고 거기에 더해서 그와 관련된 의무들까지."[13]

　소유를 바탕으로 하는 경제는 성장을 '허용하고', '부추기고', '밀어붙일' 뿐만 아니라, 신용 관계의 조건에 의한 결과로서 성장을 강요하기도 한다. …… [그리하여] 소유를 바탕으로 한 경제에서는 **특유의 경제적 압박**이 팽배해 있다. 이자에 의해 강요되는 기하급수적인 성장 압박, 신용이 허락하는 기간에 의해 강요되는 악명 높은 시간 압박, 부채를 상환하기 위해 비용-이익 조건을 개선하라는 압박.[14]

그렇게 해서 들판을 보유하고 밀이나 감자를 기르던 농부는 부동산의 소유주가 된 후, 그 부동산을 담보로 자본금을 대출받고, 자신에게 주어진 새로운 의무를 이행하기 위해 그 들판을 이용해서 어떻게 해야 가장 '이윤이 높은' 방법으로 농사를 지을 수 있을지 고민해야 하는 새로운 문제에 직면하게 된다. 농부는 전통적인 농작물이 필요한 이윤을 만들어내기에 불충분할지도 모른다는 걱정 때문에, 들판을 대여하거나 땅 위에 무언가 건설하는 것을 선호하게 될 것이다. 자원은 다른 용도로 할당되고, 그 할당은 이제 이윤의 논리에 따라 결정될 것이다. 이는 현재 남반구에 사는 수많은 농부들의 상황과 일치한다. 프랑스 혁명 이후 북반구에서도 똑같은 일이 일어났다. 농부들은 그전에 사용권만 있었던 토지에 대한 소유권을 획득했다. 이것은 또한 왜 스위스 같은 몇몇 나라가 특정한 종류의 '농지'에 대한 투기를 허용하지 않는지 설명해준다. 그 땅이 누군가의 '소유물'이라는 사실은 틀림없지만, 그 소유주는 그 땅을 어떤 목적으로 사용할지 마음대로 결정할 수 없다.

　이런 소유와 이윤의 논리는 경제계 전체에 적용된다.[15] 기업들은 생산수단을 최신으로 유지하기 위해 은행에서 투자금을 대출받을 수밖에 없다. 그 후 기업들은 충분한 이윤을 만들어내서 투입 비용을 감당해야 할 뿐 아니라, 노동자와 주주에게 지불하고, 무엇보다 은행 이자와 대출받은 투자금을 상환해야 한다. 기술의 빠른 변화는 이러한 갱신 과정을 가속화시키고 새로운 투자 요구를 증가시킨다. 기업은 컴퓨터의 노후화와 새로운 자동차 모델에 필요한 조립라인, 기업의 과도한 인수 합병에 대한 고민에서 벗어나지 못하게 된다. 살아남으려면 성장이 필수적이다! 그러므로 이런 제체는 균형을 잡기 위해 앞으로 나아가야만 하는 자전거와 흡사하다. 아니면 마샬 살린스의 말처럼, "'고된 노동의 삶'이라는 형벌이 우리[서구인]에게 선고"[16]된 것은 경제성장에 대한 우리의 강박 때문이다. "이것이 자유주의 경제학자들이 무한한 성장이라는 가설을 받아들일 수밖에 없는 이유이다. 성장이 무한히 가능(전혀 증명되지 않았으며, 모든 것이 그 반대임을 보여준다)하기 때문이 아니라 **무한해야 하기 때문이다**."[17] '경제적 이성'은 한도 끝도 없는 성장 의무를 전제하고 있으며, 사회를 단순히 이윤 창출 집단으로 변형시켜버린다. 실제로 자본주의는 자신을 이렇게 정의한다. "규칙에 따라 평화적인 수단을 이용해서 자본을 무한히 축적하라는 요구이다. 이 요구는 이익을 만들어내기 위해 끊임없이 자본을 경제적 순환 고리 속으로 끌어들인다. 즉 재투자를 위한 자본의 증가라고 할 수 있는데, 이것이 자본주의의 가장 주요한 특징이다."[18]

그에 맞서는 근본적인 문제 제기 없이는 그 체제, 즉 시장의 논리에서 벗어날 수 없다. 현 상태에서 모든 경제 행위자에게 주어진 질문은 "어떻게 성장하지?" 혹은 "어떻게 내 이윤을 증가시키지?"이지만, 그것을 이룰 방법은 그다지 많지 않다.

첫째로 가장 간단한 방법은 자신이 가진 상품과 서비스에 대한 수요가 증가하기를 기대하는 것이다. 인구가 늘어난다면 밀과 자동차, 전기 에너지가 더 많이 필요해질 것 아닌가. 그렇게 되면 농부는 새로운 땅을 찾아 씨앗을 뿌릴 것이고, 자동차 제조업자는 더 많은 차를 생산하고, 대기업은 원자력발전소나 풍력발전을 더 많이 이용할 것이다. 하지만 산업국가들에선 인구가 증가하더라도 간신히 수지를 맞출 수 있을 정도 이상의 이윤은 기대하기 힘들다. 실업이 급격히 늘지 않고 유효수요가 증가할 것이라고 가정하더라도 말이다.

두 번째는 그보다 가능성이 높은 해법으로, 현재까지 대체로 성공적이었던 방법인데, 사회관계와 자연을 상품으로 전환시켜서[19] 모든 사물에 가격을 붙여 시장에 내놓는 것이다. 이는 토지와 물의 사유화부터 시작해 노동력을 구매하는 것으로 옮겨가서(임금노동의 일반화), 오늘날에는 모든 사람에게 '자기 자신을 파는 법'을 배워야 한다고 끊임없이 지시하는 것은 말할 것도 없고, 식물 종자에 대한 특허, 고등교육에 대한 수업료, 신체기관(신장, 안구, 간 등)의 밀매[20]까지 계속 진행 중이다.

세 번째 방법은 혁신이나 생산성 증가와 관련 있는 것으로, 필수품이 될 것이라는 희망을 품고 새로운 생산물을 출시한 후(냉장고, 자동차, 텔레비전, 아이폰, 아이패드 등), 산업입지 같은 조건을 이용해서 경쟁자들보다 더 싸게 생산하는 것이다. 슘페터(1883~1951, 오스트리아 출신의 미국 경제학자. 빈 학파를 대표하는 학자이다)가 파악했듯이 '창조적 파괴'는 기존의 최첨단 상품을 시대에 뒤떨어진 것으로 만든다. 컴퓨터가 타자기를 대체하고, 와이파이가 유선 기기를 없애버린다. 그리고 새로운 소프트웨어 버전은 오래된 버전을 쓸모없는 것으로 만든다. '새로움'의 전통은 멈춰 있는 경영진에게 유죄판결을 내리고, 그전에는 꿈조차 꾸지 못했던 새로운 반응을 불러일으킬 더 '현대적인' 경영진으로 대체해버린다. 이러한 창조적 파괴가 공동체의 행복을 증진시킬지는 의문이지만, 성공적으로 '욕구'를 예측(혹은 창조)하고 시장 의존적인 소비자를 더 많이 만들어내는 사람의 이윤은 확실히 끌어올린다.

네 번째이자 마지막 방법은 수익성이 좋고 온갖 낭비가 허용되는 '틈새'를 개척하는 것이다. 사치품 산업(보석류, 시계, 패션 등)의 성공은 빙산의 일각일 뿐이다. 이윤은 지금 능력이 있는 수요에서만 발생하므로, 말라리아 치료제보다는 비만퇴치약을 만들고, 서민주택보다는 큰 저택에 투자하고, 빈민들을 만족시켜주기보다는 부자들을 유혹하는 게 훨씬 가치 있는 일이다. 그러므로 경제 논리는 불평등을 더욱 부채질한다. 최고의 구매력을 가지고 무한한 '욕구'를 가진 사람들에 맞춰 설계된 시장이 가장 이윤이 높을 수밖에 없다. 쾌락과 안락함의 추구는 실로 무궁무진하며, 점점 더 낭비적인 '과시적 소비'로 향하는 경향이 있다. 이는 산업국가들 안에서뿐만 아니라 세계적 차원에서도 진실이다. 그렇다면 왜 사지도 못할 사람들을 위해 물건을 생산하겠는가? 역설적으로, 이런 시장의 분할이 경제성장에 활기를 불어넣을 수도 있다. 이 체제에서는 부러움과 질투가 핵심적인 역할을 하고 있기 때문이다. 사람들은 오늘 사치로 보이는 것들이 모방 효과를 통해 미래에는 더 '민주적'으로 누릴 수 있을 것이며, (자동차나 냉장고, 비행기 여행의 예처럼) 역사에서 종종 나타났듯이 시장이 새로운 구매자들을 향해 열릴 것이라는 희망을 품는다. 그때가 되면 과제는 '행복한 소수'를 상징적으로 보여줄 더 많은 틈새를 발명하는 게 되어버린다. 맑은 공기가 주는 즐거움, 정원의 잔디밭 대신 특별히 설계된 초원지대의 오솔길, 휴대폰 전파가 차단된 구역에서의 촛불 켠 저녁 만찬 …… 같은 것들.

하지만 성장 강박이 비판받는 이유는 그것이 불평등을 강화하고 자연과 사회생활을 슬그머니 상품화하는 과정을 내포하고 있기 때문만은 아니다. 우리의 도덕관념에 너무나 많이 위배되기 때문이다. 이제는 모두가 인정하듯이 무한한 성장은 결코 불가능하다. 성장은 기본적으로 재생 불가능한 자원(석탄, 가스, 석유)을 이용하며, 산업 생산으로 인한 공해로 전 생태계를 위험에 빠뜨리고 있기 때문이다(오존구멍, 온실효과, 토지오염, 사막화, 식수 부족, 태풍의 빈도 증가, 해수면 상승, 영구 동토층의 가열로 인한 이산화탄소 배출 등). 이 모든 현상은 적어도 30년 전부터 널리 알려진 사실이다.[21] 열역학 원리를 바탕으로 한 엔트로피 증가(growth)의 법칙은 경제 '과학'이 의무로 만들어버린 성장(growth)과는 아무런 관련도 없다. 이 두 '요구' 사이의 균형은 깨졌다. 전자는 자연의 영역에 속해 있으며 무슨 일이 일어나든 꾸준히 작동할 것이다. 사회가 만든 시장을 바탕으로 200년 전에 발명된 후자는 자신이 맹세했던 비현실적인 약속들 때문에 그리 오래 살아남지 못할 것이다.[22] 주류 경제 '과학'뿐 아니라 국제기구, 정치인, 미디어는 이런 사실을 무시하고 경제성장을 사회의 모든 문제에 대한 만병통치약으로 끊임없이 선전해대고 있다. 문제의 원인이 오히려 해결책인 양 행세하고 있는 셈이다.

이 세계관을 떨쳐내는 것은 쉽지 않다. 너무 오랫동안 그 세계관과 결합되어 우리가 살아왔기 때문이다. 우리는 자기 이익을 위해 더 뻔뻔해져야 한다는 말을 늘 들어왔다. "최고는 못 되더라도 패자는 되지 마라." "이익이 될 만한 일을 하거나 돈을 투자하는 것부터 시작해서 삶에서 얻을 수 있는 이익을 챙겨라." "항상 자신의 만족을 극대화하기 위해 노력하라."

이것은 일종의 무의식적인 노예 상태다. "밖에서 우리를 옥죄는 것은 우리 내면에서 우리를 옥죄는 정신적인 실체와도 밀접하게 연관되어 있다."[23] 주류 경제학의 영향력도 이와 마찬가지이다. 주류 경제학은 본래 소수의 사람이 따르던 규범을 다른 모두에게 오랫동안 강요하고 있다. 인류는 '본질적으로' 이성적인 존재가 아니며, 항상 자기 자신의 이익만을 추구하는 존재도 아니다. 하지만 경쟁에 참여하기를 거절하는 이들에게 징벌을 내리는 환경 속에 놓이면 결국 그 체제의 기대에 순응해서 경쟁에 참여하게 된다. 그렇게 되면 거꾸로 그 체제가 기반하고 있는 이론이 정당화된다. 성장과 탐욕에 대한 강박에서 우리 스스로 벗어나는 첫 번째 방법은 (집단적·개인적으로) 획득한 것과 잃은 것에 대해 관심을 적게 기울이는 것이다. 뒤르켐은 오래전에 경제적 자유주의를 비판하며 다음과 같이 말했다. "우리가 그것과 단절해야만 한다면, 사회조직 전체도 재구성해야만 할 것이다."[24] 하지만 사회를 재구성하는 일 자체가 문제일 때는 어떻게 해야 하나?

왜 충분하다는 것만으로는 결코 충분하지 않은가?[1]

다른 책에서 이미 이야기했던 내용을 반복하지는 않겠지만, 몇 가지 핵심 요점들은 다시 살펴보도록 하자.[2] 첫째, 2002년 탈발전성장반대네트워크(Network for Post-Development Growth Objectors)가 조직한 회의에서 '탈성장' 혹은 '하강'이 구호[폴 아리에스(1959~, 프랑스 정치학자)는 이 구호를 '수류탄'이라 불렀다]로 던져졌다. 유한한 세계에서 무한한 성장은 불가능하므로, 이 구호는 (아주 독창적이지는 않더라도) 현명한 해결책으로 참가자들의 마음을 사로잡았다. 그 유명한 로마클럽 보고서는 프랑스에서 〈성장의 정지?(Halte à la croissance?)〉라는 제목으로 불렸다.[3] 그리고 30여 년 전인 1975년 스웨덴 웁살라에 있는 함마르셸드 재단에서는 산업국가들에 '제로 성장' 혹은 성장 중지와 더불어 좀 더 검소하고 연료를 덜 소비하는 생활 방식을 채택하라고 제안하는 보고서를 제출했다.[4] 자크 그린발드(1946~, 프랑스 철학자, 역사학자)는 니콜라스 조제스쿠-뢰겐에게 헌정한 책의 제목에 '하강'이라는 단어를 사용했다.[5] 그렇지만 이후 그런 개념은 마치 집단적인 기억상실증에라도 걸린 듯 대중의 기억에서 사라졌다. 이는 어떤 생각이 사람들의 마음에 스며드는 데 오랜 시간이 걸리며, 그러다 어느 날 갑작스럽게 끓어오르기도 한다는 사실을 잘 보여준다. 최근에야 그 주제에 관해 찬성하는 측[6]과 반대하는 측[7]의 책들이 적지 않게 쏟아져나왔다.

당연한 이야기지만, 이 논쟁에 뛰어든 사람들을 하나의 의견으로 정리하는 것은 불가능하다. 스스로를 '성장 반대론자'라고 생각하는 사람들은 자유주의적인 무정부주의자부터 극우로 여겨지는 사람들까지 넓게 분포하기 때문이다. 이 느슨한 집합 안에 있는 사람들의 접근 방식은 종종 서로 모순적이어서 그들 사이에 논쟁이 격렬하게 진행되기도 한다. 다양한 실천에 따라 각 유형을 나눠보면 다음과 같다.

· 일관되고 단호한 성장 반대자. 상품으로 이루어진 세계 밖에서 '탈성장의 공간'을 수립하기 위해 설계된 새로운 반체제적인 생활양식과 환경 친화적인 건축과 자급자족을 실천하며 살아간다.[8]

· 정치적(혹은 민주적) 성장 반대자. 국가로 하여금 국내시장과 국제시장을 통제하도록 해서 자원을 절약하고, 부를 재분배하고, 핵발전소와 유전자 변형 음식과 새로운 대형 할인점을 금지하고, 재활용과 경제적 분권화를 촉진하고, 새로운 개념의 사회에서 지역사회가 중심적인 역할을 하게 할 수 있을 것이라고 기대한다.

- 무정부주의 성장 반대자. 시장과 성장에 종속된 국가가 자신들의 목표인 자율주의와 자주관리에 역행한다고 판단하며 이를 비판한다.
- 강요된 성장 반대자. 실업과 직업 불안정에 직면해서 소비를 줄일 수밖에 없는 사람들. 더 적은 것들만으로 더 잘 살 수 있다고 생각하는 것은 아니다.
- 실용적 성장 반대자. 소비 모형에 반대하고 자신들이 환경에 남기는 흔적을 염려하며 신중하고 검소하고 간소한 방식으로 살아가려 노력한다.
- 자원 활동 분야의 성장 반대자. 어느 곳에서든 실천을 시작해야 한다고 확신하며, 농업유지를 위한 협회〔Associations pour le maintien d'une agriculture paysanne (AMAP)〕〔일종의 회원제 지역 유기농 직거래 조합으로, 한국의 생활협동조합(생협)과 비슷하다〕나 지역대안화폐〔Local Exchange Trading Systems (LETS)〕, 텃밭 만들기, 그 외 다양한 시간제 활동 등과 같이 지역 중심적인 노력을 많이 기울인다.
- 유토피아적 성장 반대자. 유쾌함과 사회 유대라는 기치 아래 가치관을 바꾸기 위한 사회운동을 펼치고, '제국주의적 문화'나 경제가 모든 것을 지배한다는 거짓말을 거부한다.[9]

이 목록에 다양한 주장들을 모두 다 담지는 못했다. 그러나 이 목록은 지금 우리가 '탈성장'이라는 구호 아래 함께 모이긴 했어도 이념적으로는 서로 대립한다는 사실과, 수많은 개인과 집단이 우리가 직면한 생태적인 위험에 초점을 맞추고 시장 제도에서 빠져나갈 방법을 찾으며 대안적인 생활양식을 궁리하고 실천하고 있다는 사실을 잘 보여준다.

하지만 우리가 잘 알고 있듯이, 구호라는 것은 엄밀하게 계산된 개념이 아니다. 파울 바츨라빅(1921~2007, 오스트리아 출신의 미국 커뮤니케이션 이론가, 심리학자)이 다음과 같이 지적했던 것을 상기해야 한다. 주어진 상황을 바꾸려 할 때 단순히 정반대의 주장을 옹호하는 것은 위험할 수도 있다. 바꿔야 할 것은 "체제의 구조" 그 자체이기 때문에, 구조를 바꾸려고 하지 않을 경우에는 "상황을 바꾸려는 시도가 오히려 문제를 만든다."[10] '성장 요구'에 대한 반대로 '탈성장'을 내세우는 것은 경제 '과학'의 영토 위에서 그들이 고른 무기로 싸우려는 것이나 마찬가지다. 세르주 라투슈는 "'탈성장'이라는 구호는 무엇보다 기하급수적인 성장의 목표를 단념해야 한다는 사실을 완벽하고 명확히 밝히기 위해 계획된 것"이며, "탈성장(de-growth)은 역성장(negative growth)과 다르다"고 주장하기도 했다.[11] 하지만 다른 사람들은 그의 말에 거의 귀를 기울이지 않았다. 그보다 더 고약한 일은, 탈성장에 반대하는 사람들이 '성장 반대자들은 직선적인 경제 하강을 조장하려 한다'는 주장까지 했다는 사실이다. 이들은 무한한 성장이 불가능하다는 성장 반대자들의 주장에 맞서, 세계경제의 '무한한 탈성장'을 조직하려는 것은 가능하지도, 바람직하지도 않다고 반론했다.[12] 물론 '무한한 탈성장'을 추구하는 성장 반대자는 현실에 존재하지 않는다. 즉 생산의 종말이라는 그들의 주장은 터무니없는 소리다.

이미 진행되고 있는 탈성장

논의를 명확히 하기 위해서 두 개의 개별적인 현상을 먼저 구별해
야 한다. 그 둘은 경제 분야에 속하는 현상과 자연 영역에 속하는
현상이다. 그 '대상'이 (생산수단으로서의 천연자원, 소비재, 노동
력 등) 양쪽 모두에 속하는 경우도 있지만, 전자는 경제학 담론 안
에서 역할과 가격이 할당된 상품이고, 후자는 생태계의 구성 요소
이다. 전자는 (화폐라는 '허구적 상품'을 이용해서) 다른 상품과 교
환할 수 있는 일련의 상품이다. 후자는 공동의 유산이며, 생산 가능
하거나 어느 정도 재생 가능하지만, 어느 경우든 적절히 사용하고
보존해야 한다.

경제학적인 관점에서 보면 성장은 목적의식적이며 불가피한 계
획(program)이다. 반면에 생태계의 관점에서 보면 '탈성장'이—구
호가 되기 전부터—실체적 진실이다. 즉 생태계의 관점에서 보면
경제성장에는 값싼 석유의 종말과 토양오염, 사막화, 담수(淡水)부
족, 삼림파괴, 대기오염, 어류고갈, 생물다양성 감소 등이 예정
(program)되어 있다. 다른 '관점'(세상을 관찰하고 이해하는 방법
의 차이)을 바탕으로 하고 있지만, 두 현상은 나란히 동시에 진행된
다. 공동체의 행복을 위협하는 점점 더 빨라지는 자원의 '탈성장'의
근원에는 열역학적 산업사회의 계획에 따른 무한한 경제성장이 있
다.

이것이 우려할 만한 상황이라는 사실을 왜 사람들은 깨닫지 못하
는지 의아할지 모르겠다. "우리는 왜 우리가 아는 사실들을 믿지 않
는가?"라던 장 피에르 뒤피(1941~ , 프랑스 과학철학자)의 이야기처럼

말이다.[13] 우선, '현재 일어나고 있는 탈성장'은 잘 감지되지 않는다. 탈성장을 입증할 수 있는 현상이나 실제로 현존하는 위험조차 사회 여론에 즉시 분명하게 감지되지 않을 수 있기 때문이다. 예를 들어, 체르노빌 인근에 살던 사람들은 방사능의 영향에 대해 별도의 경고를 받지 못했다. (개인으로서는 전혀 알아차릴 수 없는) 오존층의 감소 때문에 피부암이 증가했다. 폴리염화비페닐(PCBs)은 잔류성 유기 오염물질(POPs) 중 하나로, 쉽게 분해되지 않고 먹이사슬에 축적된다. 우리는 PCBs를 주변의 모든 음식을 통해 매일 조금씩 섭취하고 있는데, 이는 우리가 직접경험만으로 알 수 없는 여러 위험 중 하나일 뿐이다. 그러므로 현재 자연에서 일어나고 있는 탈성장 현상은 전문적인 모형을 기초로 계산하고 예측하는 과학자들에 의해 확인되어야 한다. 하지만 과학 보고서로 인해 자신들의 이익에 부정적인 영향을 받는 사람들은 전혀 문제가 없다는 듯이 고의로 보고서의 신뢰성에 의문을 표하며, 어떤 행동도 할 필요가 없고 성장이 계속될 것이라고 주장하기도 한다. 거기에 더해서, 이런 현상의 최종 결과는 미래에나 실감할 수 있을 것이기 때문에, 시간을 앞질러 예측해야 하는 어려움은 현재의 관습에 도전하는 데 또 하나의 걸림돌이 된다. 또한 같은 이유 때문에, 모든 일정이 선거를 기준으로 돌아가는 정치인들 역시 인기도 없고 득표에 도움도 안 되는 대책을 시도하지 않으려 한다. 마지막으로, 산업국가의 부유한 계급은 자신들의 생활양식 때문에 재난이 일어난다고 해도, 먼 나라의 가난한 사람들에게 먼저 영향을 줄 것이라는 사실을 잘 알고 있다. 어쩌면 그들은 다가올 재난에 대한 보상으로 더 높은 가격을 지불하는 데 동의해줌으로써 가난한 이들의 고통을 누그러뜨릴 수 있기를 바랄지도 모르겠다. 유럽인들은 투발루의 소멸이나 방글라데시의 홍수, 아프리카 농지의 사막화를 (텔레비전 외에는) 직접 목격하지 않을 것이다. 석유와 물은 더 비싸지겠지만 그들에게는 고갈되지 않을 것이다. 밀과 생선에 더 많은 돈을 지불하겠지만 그것들 없이 살아가게 되지는 않을 것이다. 일부 사람들이 그 결과를 잠시 동안 피할 수 있으리라 기대한다고 하더라도, 이런 기만과 거부로는 '현재 일어나고 있는 탈성장'이 이 행성에 살아가는 주민 전체의 안녕을 심각하게 위협한다는 사실을 감출 수 없다. 그러므로 시급하게 현재의 진행 방향을 바꾸고, 사회적인 실천 차원에서 '탈성장 운동'을 옹호해야 하며, 이를 단순한 경기후퇴와 혼동하지 말아야 한다.

경제학이 만든 함정 피하기

그렇다고 하더라도, '탈성장'이라는 구호의 의미가 몹시 모호하다는 사실은 인정할 수밖에 없다. 경제 '과학'의 틀에 의해 강제된 굴레의 바깥으로 나가자고 주장하면서 어떻게 경제성장에 맞서 싸울 것인가? 탈성장은 성장의 반대가 아니라 뭔가 다른 것을 의미한다고 주장하면서 어떻게 탈성장을 이야기할 수 있는가? 이러한 모호함을 인식한 세르주 라투슈는 이렇게 주장했다. "우리는 '탈성장 (de-growth)'보다는 '무신론(a-theism)'과 흡사한 개념의 '비성장(a-growth)'을 이론적 차원으로 이야기하고 있는 것이다. 그러면 우리는 성장을 위한 성장에 대한 비합리적이고 유사 우상숭배적인 예찬을 …… 버려야 한다."[14]

언어 간의 소통 문제도 있다. 이 문제에서 프랑스어로는 장난을 칠 수도 있다. Décroissance(하강, 축소)라는 한 단어로 두 가지 다른 의미를 나타낼 수 있기 때문이다. (위에서 묘사했던) 현재 일어나는 현상을 가리킬 수도 있고, 구호로서 경제성장에 대한 숭배를 없애려는 의지를 표현할 수도 있다. 영어권 사람들도 최근 '탈성장'이라는 신조어를 받아들이기 시작한 것처럼 보인다. 그래서 이런저런 이유로 이 책에서도 그 용어를 사용하기로 결정했다. 그들은 물건을 쉽게 이용할 수 있는 사치에서 멀어지고, 훨씬 소박한 삶이라는 의미가 함축된 '규모 축소(downscaling)'라는 용어를 더 쉽게 받아들이는 것 같다. 그 단어는 다의적이긴 하지만—전망의 규모를 세계에서 지역으로 축소시키자는 제안의 의미도 있다—직접적으로 경제 현상을 연상시키지 않는다는 이점이 있다. 독일인들은 합성명사를 무궁무진하게 만들 수 있기는 하지만 아직 프랑스어의 décroissance에 비길 만한 만족스러운 용어를 찾지 못했다. 가장 먼저 떠오르는 Wachstumsabnahme(성장 감소)나 Wachstumsschrumpfung(성장 수축) 혹은 Wachstumsbeschrankung(성장 제한) 같은 단어는 모두 GDP로 측정된 성장률 감소와 관련된 용어로 성장 반대론자들의 관점과는 조금 다르다. 그들이 원하는 개념을 경제학 용어로 정의하는 것은 불가능할지도 모른다. 그 개념은 '해체(deconstruction)'나 '해독(detoxification)' 같은 용어에 훨씬 더 가까울 것이다.[15]

다시 말해, 문제는 주류 경제 '과학' 밖에 있는 용어로 생각해야 한다는 점이다. 감소하거나 성장하지 말아야 할 것은 생산과 소비의 과정에서 발생하는 낭비와 엔트로피를 높이는(즉 쓸모없는 에너지로 변화하는) 에너지-물질의 흐름이다. 감소해야 할 것은 '더 많이'(더 많은 이윤)라는 원리를 바탕에 깔고 있는 체제의 폭식인데, 이것은 내부적으로 붕괴하기 전에는 치료가 불가능하다. 그러므로 무한정 성장하라는 구조적인 성장 강박 자체에 맞서 싸우는 게 중요하다. 성장 강박은 경제학자들이 이야기하는 전망과 무관하게 사회적인 불평등만 증가시키고 있을 뿐이며, 전 지구를 대참사로 몰아넣고 있다. 예를 들어, 일자리를 만들기 위해서는 경제성장이 필요하다는 주장이 끊임없이 반복되지만, 이 주장은 현실과 모순된다. 프랑스에서 실업률은 1980년 6.2퍼센트였지만 2006년에는 9퍼센트가 되었다. 같은 기간 GDP는 56퍼센트 증가했다.[16] 그렇기 때문에 성장 반대자들은 경제학자들과 동일한 근거를 바탕으로 자신들의 이론을 세워서는 안 된다. 성장 반대자들은 전적으로 경제 '과학'의 담론 밖에 놓여 있는 실제 현상에 관심을 기울여야 한다. 단순히 개념에 대한 것을 넘어 근본적인 문제에 대해 논쟁을 해야 한다.

성장 반대자들은 경제적 성장의 반대를 옹호하거나 경기후퇴를 바라지 않지만, (많을수록 좋은 것이라며 더 많은 생산과 소비를 부추기는) 경제 '과학'에 의해 수립된 체제가 매우 위험하다고 생각한다. 경제 '과학'은 오늘날 일어나는 문제들에 대해서는 상상할 수도 없었던 시대에 만들어졌으므로, 경제 '과학'의 창립자들을 비난할 수는 없다. 그들은 자신들에게 알려지지 않은 사실에 대해서는 알 수 없었으므로, 자연은 아낌없이 베풀어주기 때문에 자원을 무궁무진하게 공짜로 베풀어줄 것이라 믿었다. 하지만 세상이 바뀌었다.

설령 경제학자들이 그 사실을 모른 체하며, 증명된 사실을 바탕으로 우리에게 다가올 대재앙을 경고하는 다른 과학자들을 무시하더라도 말이다. 경제학자들은 현재 일어나고 있는 '자연의 탈성장'이라는 현실을 계산에 넣지 않는다. 그들의 '과학'은 오직 단기적인 사건들에만 반응하며, 가격 인상만으로도 수요를 줄이고 그들의 관념에만 존재하는 균형을 회복하는 데 충분하리라고 판단하기 때문이다. 하지만 계산해야 할 것은 장기적 영향이다. 그 수준에서는 경제 '과학'이 전혀 도움이 되지 않는다. 케인스가 "장기적으로 보면 우리는 모두 죽는다"며 빈정거렸다는 이야기는 유명하다. 우리는 재난으로 곧장 이끌고 들어가는 그들의 이론보다는 진짜 과학자들의 경고에 주의를 기울여야 한다.

모든 인류에게 영향을 미치는 생태적인 우려에 더해, 추가적으로 북반구 국가들의 예외적인 상태에 대해서도 고려해야 할 사항이 있다. 북반구 국가들이 누리고 있는 물질적 안락함은 대체로 다른 국가들에 속한 자원을 빼내서 쓴 덕택이다. '저개발' 국가들이 언젠가는 '개발된' 국가들의 삶의 기준을 따라잡을 것이라는 비정상적인 희망 아래서는 이런 부정행위가 오랜 기간 묻혀 있었다. 그러나 극소수의 국가에만 예외적으로 실현된 그 망상이 이제는 바닥을 드러냈는데도, 아직 많은 이들의 마음속에, 특히 남반구의 국가들 안에 끈질기게 살아남아 있다. 마지드 라흐네마(1924~ , 이란 전임 외교관)가 지적했듯이, "[남반구의 사람들] 대부분은 언젠가는 자신이나 아이들이 소위 현대적 생활이 주는 편리함과 안락함, 기술로부터의 이익을 모두 누릴 수 있을 것이라고 **믿고 있을 것이다.** 부유한 국가들의 수많은 빈민들 그리고 가난한 국가들의 부자와 빈민 들도 자신들에게 맞는 전통으로 돌아가길 거부하고, 현대로 가는 길이 개별적이고 집단적으로 자신들 앞에 열려 있다고 **믿고 싶어 한다.**"[17]

이런 상황은 끔찍한 윤리적·정치적 문제를 야기할 수밖에 없다. 도대체 어떻게 끊임없이 불균형이 존재하지 않는 것처럼 행동하고, 한쪽만 이득을 보는 상태로 함께 사는 게 익숙해질 수 있는가? 열역학적 산업의 생산방식으로는 물질적 풍요를 세계로 확산하는 게 불가능하다면, 다른 길을 찾아봐야 하지 않을까?

그 첫째 과제는 '빈곤'을 보는 방식을 바꾸는 것이다. 부끄럽고 힘든 삶이라며 대부분의 남반구 사람들의 삶을 비하하는 주류 경제 '과학'의 주장과 '빈곤'이라는 상태를 우리는 자주 혼동하곤 한다.[18] '고결한 야만인(noble savage)'이라던 루소의 관점과 달리, 과거 대부분의 사회는 조금만 가지고 살아가면서도 어떻게 그토록 놀라운 상징체계를 고안해내고—그들의 건축 유적은 여전히 우리를 감탄시킨다—생활에 필요한 물품을 집단적인 방식으로 충족시킬 수 있도록 해주었던 호혜적인 사회구조까지 만들어낼 수 있었는지 우리는 따져봐야 한다. '잃어버린 낙원'과 '현재의 지옥'을 대비하는 흑백논리나 열대의 낭만주의에 빠지지 않더라도[산업화된 세계에서 절대 빼놓을 수 없는 것이 되어버린 수많은 과학기술의 성찬(聖餐)에도 불구하고], '모든 것이 부족한' 듯 보이는 사회는 사회적 풍요로움을 보여주는 반면, 스스로 부자라고 생각하는 나라들에서는 삶의 기쁨을 거의 접할 수 없다는 사실을 우리가 어떻게 놓칠 수 있겠는가? 이 주장이 터무니없거나 부당해 보일 수도 있다. 이는 물론 극심한 빈곤 상태에서 살아가는 사람에게 해당되는 이야기는 아니지만, 우리에게 익숙한 안락함을 알지도 원하지도 않는다는 이유 때문에 그저 '가난하다'고 불리는 사람들, 그리고 남반구 주민의 대부분을 구성하는 사람들에게 해당되는 이야기이다. 역으로, 그들이 우리의 세계에서 시간을 좀 보내면, 우리 사회가 보여주는 비인간적인 광경에 놀라며 고통스러워하지 않을까? 당연한 이야기지만, 소위 '전통' 사회의 특징인 복잡한 위계적 관계는 '인권'을 기초로 한 우리의 평등주의적이고 개인주의적인 관점과 충돌한다. 우리의 눈에는 다양한 사회 관계망 안의 상호 의존관계가 파벌주의나 마피아 같은 족벌 구조로 보일 때도 있다. 그럼에도, 이런 상호 의존관계는 사람들을 서로 묶어주고, 재분배를 위해 축적하고, 사람들이 가난하거나 사회적으로 의지할 데 없는 상황이 되지 않도록 하기 위한 (결코 이기심이 적지 않은!) 사회 논리인 것이다.[19]

'못 가진 이들'이 살기 어렵긴 해도 전쟁과 정치적 문제 혹은 침략적인 시장 기제에 의해 타격을 받지 않는 이상 품위 있는 삶을 누릴 수 있는 '전통' 사회의 모형을 우리 사회에 도입하자고 제안하려는 것은 전혀 아니다. 각 사회는 서로 무척 다르기 때문이다. 그보다는 전세계적인 상황을 고려해서 질문을 던지고, 폭넓은 배경 속에서 생각해보고, 서구를 기준으로 삼으려는 생각을 거부하고, 모든 것을 시장에 맡겨두었을 경우에는 불가능했을 이점을 사회적 유대가 만들어낼 수 있었던 방법에 대해 고찰해보자는 것이다. 여기서 궁금한 점은 서구 사회가 성장시켜서 최근 익숙해진 생활양식을 보존할 수 있을까가 아니라, 우리의 사회보다 먼저 존재했고 여전히 인류의 대다수를 형성하는 모든 사회 안에서의 일상과 (다시) 비슷하게 되는 것이니 그리 급진적인 변화는 아니지 않을까 하는 점이다. 사회적 유대의 확산이, 우리를 얽어매고 있는 체제에서 잃어버렸던 이점들을 보충해줄 수 있을까?

'지속 가능한 발전'이냐, 다른 모형이냐?

환경문제를 걱정하는 다수의 비주류는 단순히 적게 소비하거나 다르게 소비하는 정도로는 우리가 평소에 누리는 안락함을 파괴하지 않는다는 사실을 보여주려 애쓴다. 그들은 그렇게 함으로써 '성장 지상주의' 강박이 초래한 광범위한 낭비(여객·화물 수송, 수없이 많은 포장, 병에 담긴 물, 광고 등)를 줄이거나 아예 없앨 수 있기를 바란다. 이를 위해 그들은 소비 거점에서 지리적으로 더 가까운 곳에서 생산하고(특히 음식), 집약 농업 체계를 변화시키고, 토양과 지하수면에서 사람들의 건강을 해치는 비료와 농약을 없애고, 에너지 소비를 현저히 줄이고(이미 환경에 최소한의 영향만 미치면서 효율적으로 생산하는 능력이 개발됨에 따라 실현 가능해졌다),[20] 재생에너지 자원과 건물 단열재 등을 발전시키자고 제안했다. 이런 변화는 "여덟 개의 R로 이루어진 '선순환'으로 종합될 수 있을 것이다. 재평가(re-evaluate), 재개념화(reconceptualize), 재구성(restructure), 재분배(redistribute), 재지역화(relocalize), 축소(reduce), 재사용(re-use), 재활용(recycle). 이 여덟 개의 상호의존적인 목표는 안정되고 즐겁고 지속 가능한 탈성장 과정을 촉발시킬 수 있을 것이다."[21] 여기 나열된 대책들은 선한 의도로 만들어진 '지속 가능한 발전' 계획의 특징을 잘 보여준다. 하지만 '지속 가능한 발전'은 두 개의 상반되는 개념을 하나로 묶어놓은데다, 격렬한 반대 진영에

의해 끊임없이 도용당하는 탓에 오해하기 쉬운 표현이다.[22]

　이 모든 제안은 확실히 유용하다. 하지만, 다른 사회의 모형, 즉 다른 생산과 소비 형태를 제시하기보다는 해야 할 일이 거의 없는 것처럼(혹은 적게만 생산하면 되는 것처럼) 보이게 함으로써 실질적인 논쟁에서 주의를 돌리게 만든다. 유감스럽게도 성장 반대론자들 역시 서로에게 목표에 대해 묻기보다는 (이념적인 확신에 바탕을 둔) 수단에 관해 논쟁하는 게 보통이다. 어떤 이들은 실천을 통해 다른 이들을 같은 편으로 설득할 수 있을 것이라는 희망을 품고 (단지 그들 자신의 양심을 달래려는 것일 수도 있지만), 농촌에서 일종의 경제적 자치의 실천이나 좀 더 온건하게는 자신들의 일상 활동으로 인한 환경파괴를 줄이는 것부터 당장 행동하고 싶어 한다. 다른 이들은 '에너지 소비가 많은 산업(energy-guzzler)'이나 정치적 차원으로 문제를 제기하지 못하는 이들을 비난한다. 그리고 또 다른 이들은 관료들이 자본주의와 생태를 융화시키려 시도하면서 '재난 관리' 이상은 결코 관여하지 않을 것이기 때문에, 국가적인 모든 강제는 결국 '생태파시즘(eco-fascism)'이나 마찬가지라고 주장한다.[23] 첫 번째 집단은 설령 혼자 행동하는 한이 있더라도 행동을 가장 우선순위에 둔다. 두 번째 집단은 사회적 선택은 사회 전체에 달려 있으므로 개인행동은 무의미하다고 주장한다. 세 번째 집단은 자본주의와 국가를 끝내기 위한 급진적인 사회 비판을 요구한다. 설령 그들 모두가 공통적으로 '지속 불가능한' 체제에 대한 비판을 바탕으로 하고 있다고 할지라도, 이런 입장 차이들 때문에 이론적으로나 정치적으로 공존하기 힘들다.

　성장 반대자들의 진짜 과제는 검소하게 살라고 설교하는 것이 아니라, 성장 강박이 역효과를 낳고 있다는 사실을 이해하는 것이다. 더불어 다른 이들에게 그러한 이해를 확신시키는 것이다. 그리고 우리가 계속 생산은 할 수 있겠지만, 공동체의 삶을 위해 다른 목표를 설정하고, 전후 관계를 바꿈으로써 지금까지와는 다른 방식으로 생산해야 한다는 사실을 이해해야 한다. 환경적·사회적 한계가 있다는 사실을 이해해야 한다. 정신분석학이 가르쳐줬듯이 환경적·사회적 한계들이야말로 변수가 아닌 진정한 상수이다. 성장 반대자들의 과제는 과거에 대한 향수를 자극하거나 '시계를 거꾸로 돌리기' 위한 문제 제기가 아니다. 그런 문제 제기는 전혀 의미가 없을 것이다. 그보다는 불합리한 체제를 중단시키기 위한 실천과, 시장이 가끔 제공해줄 수 있는 것보다 더 큰 부가 시장 바깥에 있다는 사실을 보여주기 위한 실천으로 표현되길 바란다. 최근 발간된《성장 없는 번영?(*Prosperity without Growth?*)》[24]이라는 제목의 잭슨 보고서도 같은 견해를 제시했다. 잭슨 보고서는 탈성장이 경제적인 '불안정'을 불러올 수도 있다고 봤지만, 성장 강박을 설득력 있게 논박했으며 성장 없이 모든 사람의 복리를 개선할 수 있는 방법들을 제시했다.

이것이 성장 반대를 규제나 포기, 배급에 몰두하는 운동으로 생각하지 말아야 하는 이유이다. 성장 반대 운동은 모든 것을 성장과 이윤을 위한 제물로 바치도록 하는 강제로부터 자유로운 사회를 만들어낼 수 있는 새로운 가능성에 주안점을 두어야 한다. 모든 번제 (燔祭)는 희생양을 전제하고 있다. 그리고 시장 사회에서 희생양의 목을 칠 칼날을 쥔 자는 그 '보이지 않는 손'이라고 할 수 있을 것이다. 하지만 현실에서 보면, 모든 사람이 그 번제에서 잠재적인 제사장이면서 희생양이고, 오염시키는 자이면서 오염된 희생자이다. 모든 사람이 혼신을 다해 경제적·사회적 경쟁에 참가하지만, 그 경쟁의 결과에 따라 괴멸될 수도 있는 위험에 처해 있고, 곧 구식이 되어 필요없어질 '신'제품이나 과거에는 무료였던 상품과 용역을 얻기 위해 더 열심히 일하도록 강요받고 있다(오염되지 않은 동네에 살기, 깨끗한 해변에서 해수욕하기, 노동시간 동안 보육원에 아이 맡기기 등). 자연과 사회 구성원을 희생양으로 바치지 않는 사회의 삶은 어떤 모습일까? 우리는 전자제품, 전화기, 의약품 같은 것들 없이 지내며 다른 방식으로 살아가는 사람들의 삶에 대해 생각해보지 않는다. 고기, 채소, 생선, 꽃 등의 풍요로운 소비를 위해 시장이 주도하는 다양한 상품의 지구적 수송이라는 에너지 낭비에 맞서서, 제한된 지역에서만 사용되는 화폐인 지역통화는 생산자와 소비자 간의 지역적 근접성을 장려하는 미덕이 있다. 마음대로 통제할 수 없는 국제통화의 영향으로부터 벗어난 지역통화는 경제를 '재지역화'할 수 있는 쉬운(그리고 자유로운!) 방법이다. 널리 알려진 사실은 아니지만, 지역통화를 이용한 공동체적이고 상부상조적인 시험은 아주 오래전부터 진행되었다. 스위스의 WIR 기구는 1934년부터 존재했다. 크리스토퍼 플레이스에 따르면, 2007년에는 2,600개 이상의 지역통화가 존재했다.[25] 지역통화는 공황기에 번성하는 경향이 있다. 예를 들어, 2002년 아르헨티나에서 물물교환 아르헨티나 망(Red argentina de trueque)은 평가절하된 페소화와 함께 널리 사용된 빠따꼰(patacon)이라는 화폐를 만들었다. 영국에서 가장 유명한 사례는 루어스 파운드[Lewes Pound(서섹스)]와 토트네스 파운드[Totnes Pound(데번)]이다. 토트네스 파운드는 석유

의존에서 벗어나기 위한 운동을 주도한 '전환 마을(Transition Towns)'과 관련되어 있다.

성장 반대자들은 모든 이를 위한 '좋은 삶'의 규칙을 위에서부터 내려주는 '철인(哲人)정치 공화국'을 설립하려는 게 아니다. 성장 반대자들이 최우선적으로 고려하는 사항은 의문을 제기하는 것이지만, 자연을 남용하지 않고 이용하며 다른 사람들과 경쟁하지 않고 관계를 맺는 방법을 다시 찾아내 체제의 강제에서 벗어나 자유로 가는 새로운 길을 탐구하는 것이기도 하다. (언제나 위험한) 유토피아적인 이상주의와 (때로는 하찮은) 실용적인 처방 사이에는 질문과 창조를 위한 공간이 있다. 사회가 스스로 경제성장이라는 강박에서 벗어나게 된다면, 어떤 실천이 가능해지고 어떤 실천이 구시대적인 것으로 폐기될까?

맬서스의 시대 이래로 시장이 배제해왔던 그 모든 것이 여전히 개인과 사회의 존재를 매력적으로 만들어주는 핵심적인 역할을 하고 있다는 사실을 잊지 말아야 한다. 우리 각자에게 가치 있는 많은 것들에는 가격이 붙어 있지 않다. 그것들은 시장에서 교환되지 않기 때문이다. 예를 들어, 우리가 사회 교제를 통해 얻는 즐거움, 시장의 순환 고리에서 벗어나 되찾은 약간의 자유로 인한 행복, 검소한 생활양식을 공유하는 사람들과의 친밀감, 다른 사람들의 이기심이 아니라 (애덤 스미스의 설교와 반대로) 선의에 기대었을 때 일어나는 애정 같은 것들. 경쟁에 빠져 있는 세계에서는 이 모든 것이 다 '이상주의'로 들릴 것이다. 당연한 이야기지만, '더 적은 상품'이 반드시 '더 강한 유대감'을 의미한다고 주장하려는 건 아니다. 그러나 우리는 다시 한번 경제 '과학'의 왕국 바깥으로 나온 것이다.[26]

그리고 경제학이 설명할 수 없다는 이유로 그것들이 중요하지 않다고 선언하는 것은 전혀 합리적이지 않다.[27]

남반구 국가들의 복리는 어떻게 할 것인가?

이제 끊임없이 논쟁을 불러일으키는 마지막 부분이 남았다. 선진국들이 성장에 대한 희망을 버리고 에너지 탐욕을 줄이고 생태계를 더욱 존중하고 자신들의 부를 더 나누기 위해 스스로를 다른 방식으로 조직하는 모습을 상상해보는 일은 그리 어렵지 않을 수도 있다. 하지만 경제성장을 이뤄본 적도 없고 경제적 만족을 누려본 적도 없는 남반구 국가들에서도 더 나은 복리에 대한 갈망을 박탈하는 게 이치에 맞는 일일까? 더 많은 학교와 의료기관, 기반 시설과 식수 공급에 비용을 대기 위해서라도 더 많은 성장이 필요하지 않을까? 많은 이들이 "북반구는 성장 감속, 남반구는 성장 가속"[28]이 해법이라고 생각한다. 이런 생각은 명백히 선의에서 우러나왔겠지만, 이는 자본주의 경제성장과 좋은 '발전'이 다르다는 위험천만한 구별을 하고 있으며, 20세기의 경험을 잊어버린 것이나 다름없다. 유감스럽게도, '발전'—자칭 사회주의국가들을 포함해서 온갖 이론들을 바탕으로 수많은 형태의 발전이 있어왔다—의 60년은 실패로 마감됐다.[29] 그 '발전'의 추구라는 게 언제나 대체로 경제성장의 추구였다는 매우 단순한 이유 때문에 GDP라는 측면에서 보면 성장은 서서히 진행될 때도 있고 급격히 진행될 때도 있다. 하지만 남동아시아 일부 국가의 독재 정권을 제외하고는 바라던 효과를 만들어내지 못했다. 유엔개발계획이 인정한 바와 같이 "경제성장이 인간의 발전을 위해 필요한 것과 마찬가지로, 인간적 발전이 경제성장에 결정적으로 중요하다."[30] 경제성장과 분리된 발전은 상상의 산물일 뿐이다. 경제성장의 그 모든 역효과 없이 '발전'할 수 있다는 희망은 완전한 착각이기 때문이다. 그렇다면 남반구의 국가들은 지금의 곤궁한 처지로 계속 살아가야 하는 걸까? 전혀 그렇지 않다. 우선, 그들은 언제나 그래왔듯이 계속 생산하겠지만, 이제는 자신들을 위해 생산하고 식량 자급과 주권을 지켜야 한다. 부유한 국가들을 위해 원료만이 아니라 꽃과 과일, 채소, 목화, 나무나 콩으로 만든 동물 사료까지 수출하라는 국제기구의 지시에 따라 경쟁에 뛰어들기보다 자신들을 위해 생산하고 식량 자급을 지킬 수 있어야 한다. 또한 소수에게 강탈당했던 거액의 자본을 재분배하고, 자국의 국민들을 군사적으로 탄압하는 남반구 정부들을 국제 무기 시장에서 철수시켜야 한다. 다시 말해서, 남반구의 국가들을 행복하게 해줄 것이라 주장하면서 오히려 그들을 구속하고 빈곤하게 만들어 왔던 '발전'이라는 경제성장의 악순환에서 벗어나게 해줄 해결책은 존재한다. 마지막으로, 남반구 국가들의 경제성장은, 북반구의 국가들이 힘이 없거나 부패한 정권들을 돌봐주면서 예전의 식민지 권력이나 국제금융 기구의 경제적 지침을 통해 진행되므로, 경제성장의 파멸적인 영향이 남반구의 국가들에서 훨씬 명확하게 드러난다.[31] 그 결과는 잘 알려져 있다. '발전'이라는 이름으로 성장이 계속되어야 한다는 생각은 순진함의 극치다.

'탈성장' 운동의 흐름은, 생태 환경에 대한 우려와 '발전'에 대한 비판이 동시에 일어났던 즈음에 나타났다. 초기 두 비판이 만났던 그 지점이 '성장 반대자들' 간에 진행되는 논쟁의 특성을 부분적으로 설명해준다. 어떤 이들은 주로 환경에 가해지는 위협에 민감하게 반응하고, 다른 이들은 '발전'으로 치장한 경제성장을 폭로해야 한다는 입장을 바탕에 깔고 있다. 이러한 강조점의 차이는, 종종 발생하는, 타협하기 힘든 이념적·정치적 접근법의 차이로 인해 자연스럽게 강화되었다. 이런 사실에 놀라거나 비난할 필요는 없다. 지난 10여 년에 걸쳐 연이어 발생한 생태, 금융, 식량 차원의 재난이 세계를 흔들면서 어느 때보다 많은 사람이 '탈성장'에 동의할 정도로 다양한 경로를 통해 새로운 인식이 점차 확산되었다. 일부 사람들이 현 체제가 자신들에게 제공해준 특권을 지키려 하는 것도 이해할 만하다. 하지만 그 체제는 빠르게 한계를 드러내고 있으므로 이제는 다른 체제를 고안할 때가 되었다. 성장 반대 운동이 다양한 형태를 띠고 있기는 하지만, 그들 모두는 우리에게 닥쳐오고 있는 문제의 주요한 원인에 맞서 싸우며 경종을 울리고 있다. 그 운동이 환자에 대한 진단을 완벽하게 하기 위해 수고하기보다는 응급 처방처럼 긴급한 문제들만 다루는 한계를 드러내더라도, 그들은 경제 '과학'이 200여 년 동안 기초해왔던 토대를 비판하며, 사람들에게 근본적으로 새로운 체제가 불가피하다는 사실을 상기시키고 있다.

우리는 고전 경제학파가 냉정한 태도로 '정상 경제(stationary economy)'(경제가 변동 없이 멈추어 있는 상태)라는 시나리오를 다루었던 적이 있다는 점을 기억할 필요가 있다. 그들에게 정상 경제는 불변의 균형 상태나 경제활동의 정지를 의미하는 것은 아니었지만, 농업 산출량의 증가가 불가능해지는 시점이 올 것이며(그러면 식량 가격이 상승하게 될 것이다), 그렇게 되면 이윤은 현재 자본 투자의 상각(償却)과 임금으로 전부 다 돌려질 수밖에 없을 것이라고 앞서 지적했다. 다른 말로 하자면, 정상 경제는 본질적으로 경제적 과정이라기보다 성장의 중단에 해당한다(이 둘은 전혀 다른 말이다).[32] 우리는 고전 경제학자들이 추론했던 가정적인 상황이 농업 산출량의 감소보다는 자원의 전반적인 부족으로 인해 실현될 위험은 없는지 따져봐야 할지도 모른다. 이익배당이 노동자 임금을 지불하다가 끝나버리지만 않는다면!

성장을 위한 경쟁과 이윤 추구는 자연환경과 사회생활을 망쳐놓는 동일한 현상의 양면이기 때문에, 존 스튜어트 밀이 정상 경제가 더 선호되기를 진심으로 바랐던 이유를 우리는 이해할 수 있다. 밀의 발언은 오늘날의 성장 반대자들에게도 적절해 보인다.

솔직히 고백하자면, 삶을 꾸려가기 위해 투쟁해나가는 상태가 인간의 정상적인 상태라고 생각하면서, 다른 이를 짓밟고, 박살내고, 팔꿈치로 찌르고, 뒤꿈치를 밟고 지나가는 현 사회생활의 전형적인 형태가 대다수 인류에게 가장 바람직한 형태라거나, 산업화 과정의 한 국면에서 발생하는 불쾌한 징후일 뿐이라고 생각하는 이들이 제시하는 삶의 이상이 내게는 전혀 매력적이지 않다. 또한 자연 발생적인 자연의 활기라곤 하나도 남아 있지 않은 세상을 지켜보는 것도 그리 만족스럽지 않다. 모든 땅은 한 뙈기까지 인간의 식량을 재배할 수 있는 경작지로 바뀌었다. 모든 꽃들은 쓰레기로 버려지고, 자연의 목초지는 갈아엎어졌다. 인간이 가축화하지 않은 모든 네발짐승과 새들은 인간의 식량을 축내는 경쟁자로 취급되어 몰살되었다. 모든 관목들과 불필요한 나무들은 뿌리째 뽑혔다. 향상된 농업기술의 이름으로 야생 관목이나 야생화가 잡초로 제거되지 않고 자랄 수 있는 땅은 이제 거의 남아 있지 않다. 더 낫거나 더 행복한 인구가 아니라, 단순히 더 많은 인구를 부양할 수 있게 하려는 목적으로, 무한한 부와 인구의 증가가 박멸해버릴 것들에 빚지고 있는 즐거움의 대부분을 이 땅에서 잃어버릴 수밖에 없다면, 난 후손을 위해 기꺼이 정상 상태를 유지하기를 충심으로 바란다. 후손들이 궁핍 때문에 경제를 멈출 수밖에 없는 상태가 되기 전에.[33]

10장
종교가 되어버린 경제 '과학'

우리는 경제 '과학'의 토대를 이루고 있는 가정들을 샅샅이 살펴보고, 그 가정들 대부분이 근거 없는 주장을 바탕으로 이루어져 있다는 사실을 확인했다. 현재 세계를 시장 교환이 지배하고 있다는 주장은 지나치게 현실을 단순하게 본 결과였으며, 호모 에코노미쿠스의 보편성은 상상의 산물이고, 근원적인 희소성이라는 원리는 인류학적인 정밀한 조사 앞에서는 꼼짝도 못하는 우화에 불과했으며, 효용의 정의는 동어반복이었고, 표준 경제학이 과학적이라는 자만은 불가역적인 생태상의 현상을 설명하지 못하는, 시대에 뒤떨어진 뉴턴 역학을 기초로 한 것이며, 신고전주의를 유명하게 만들어준 균형이론은 경제학자들 자신에 의해 확실히 논파되었고, 경제학 체제의 생존 그 자체를 위해 필요한 경제성장은 이제 막다른 길을 향해 나아가고 있다. 그럼에도 불구하고, 이런 잘못된 생각들이 계속 진리인 양 교육되고 있다. 이것이 우리가 이제 풀어보려는 수수께끼이다.

에밀 뒤르켐에서 루이 뒤몽까지

"어디에서나 들을 수 있는 어떤 진술이 이성적이거나 과학적으로 자신을 포장하면서도 그 근거를 제시하지 않는다면, 사람들로 하여 금 다른 형태의 정합성을 받아들이게 했거나, 〔사회의〕 바탕에 깔린 이데올로기의 그물망이 표면에 모습을 드러낸 것으로 확인될 가능성이 대단히 높다."[1] 이는 썩 괜찮은 실마리로 보인다. 하지만 이를 채택하기 전에 혹시 모를 의미론적 혼동을 제거해야 한다. 루이 뒤몽이 생각하는 이데올로기는 "한 사회의 공통된 가치와 관념의 총체"[2]이다. 다른 말로 하자면, '개방적인 사회'에서 보이는 사회적이거나 정치적 현실에 대한 다양한 해석(자유주의, 마르크스주의, 사민주의 등) 중의 하나가 아니라, 사회적으로 공유된 한 덩어리의 개념이나 심상이다. 이런 정의도 타당하긴 하지만, 이데올로기에 대한 이 정의는 오해를 낳을 수도 있다. 그래서 나는 지금 진행하는 논제에 맞는 뒤르켐의 '종교' 개념을 선호하는데, 그의 개념은 의무적인 신앙이나 의례와 관련되어 있다(즉 정치적인 이데올로기와 달리, 한 사회에서 논쟁의 여지가 없는 것처럼 보이며 그 사회의 구성원 전체에게 강요되는 '진리들'). 뒤르켐은 종교를 "사회라는 특별한 존재가 자신이 경험한 것들에 대해 생각하는 방법"[3]이라고 썼다. 이 관점에서 보자면, 종교는 마음속 깊은 곳에 있는 개인적인 확신이나 초자연적인 영역, 혹은 어떤 신적인 존재와는 관련이 없다. 특정한 사회에서 사람들이 '믿어야 하는' 모든 것을 응축한 것이 종교이다. 사람들이 믿는 이유는 단지 다른 모든 사람이 그것을 믿는다고 믿기 때문이다.[4]

루이 뒤몽의 주장에는, 표준 경제학 이론이 더 광범위한 서술이나 범주 혹은 해석 들의 일부분이기 때문에 타당성 조사를 철저히 면제받을 수 있었으므로 '이성적이고 과학적'이라는 지위를 유지해 왔다는 의미가 담겨 있다. 경제학의 주요한 개념들은 평범한 일상 언어에 둘러싸여 보호받고 있다. 이는 "모든 시대에 지배계급의 관념이 지배적인 사상이 된다. 즉 사회의 물질적인 힘을 지배하는 계급은 동시에 정신적인 힘도 지배하게 된다"라던 마르크스와 엥겔스의 주장이 사실임을 보여준다.[5] 상징 권력이 피지배계급에게 작용해서 세계에 관한 지식과 평가에 대한 동일한 신념을—'사회적인 마법'에 의해 일어나는 것처럼—받아들이도록 만들며, 이미 수립된 체제에 충성하도록 만든다.[6] 이는 '바탕에 깔린 이데올로기의 그물망'이라는 루이 뒤몽의 개념과 연결된다. 경제 '과학'은 사회 현실 바깥에서, 혹은 거만하게 사회 현실을 무시하고 자신의 이론을 창조했음에도 불구하고, 세상에 대한 해석을 가능하게 해주는 조건들을 결정하는 시대정신을 벗어나지 못했다. 모든 시대에는 마치 유목민처럼 각 학문 분야를 가로지르고 학술 용어에서 일상적인 용어로 변화하며 널리 퍼지는 관념이나 개념이 있는데, 그런 개념어는 퍼져나가는 동안 의미가 바뀌며 다른 학문의 담론 체계를 풍부하게 만들고, 대중들이 공유하는 자연 발생적인 지식의 더미에 경건하게 기록되어 유사-진리를 만들어내게 된다.

성장이 대표적인 사례이다. 서구의 전통에서 성장은 아리스토텔레스와 함께 처음 등장했다. 아리스토텔레스는 성장이 '자연스러운 일'이라고 생각했는데, 과학적으로 고찰할 만한 가치가 있는 모든 것(식물이나 동물만이 아니라 국가 역시)은 태어나고 성장해서

무르익은 뒤 죽기 때문이었다. 그리스어의 동사 φύω(성장하다)에서 명사 φύσις['자연'이라는 뜻이며, 'physics(물리학)'의 어원]가 유래했다. 아리스토텔레스에게 '자연적'이거나 '물질적'인 것은 '발전'하거나 '성장'하는 것이었다.[7] 그 후로 '성장'은 생물학이라는 기나긴 우회로를 거쳐 경제학의 핵심 용어가 되었다.[8] 자세한 이야기는 여기서 생략해야겠지만, 경제성장에 따라다니는 긍정적 평판은 아리스토텔레스와 생물학 담론에서 유래했다. 그렇다고 하더라도, 그 두 가지 모두에서 끝없는 성장은 불가능하다! 자연의 특성이라고 간주되는 성장에 대해서 '반대'하는 것은 확실히 힘들다. 하지만 자연계에서 진리인 것이 사회 체계에서도 진리라고 주장하는 게 옳지 않다는 사실은 다들 알지 않는가.

비슷한 문제는 **균형**과 **효용**에도 적용된다. 이 두 용어는 사회적으로 긍정적인 의미를 담고 있다. ('선호'라고 옮겨지기도 하는) 욕구도 마찬가지인데, 그 의미가 명확하게 정의되지는 않았다고 하더라도 대체로 일치되는 의견은 있다. 균형에 도달하고 그 상태를 유지하는 것은 감탄스러운 일이다. 아이들 블록 쌓기에서의 정적인 균형이나 자전거 탄 사람의 동역학적 균형, 혹은 어려운 시기를 거친 성인의 심리적 균형은 어떤가? 균형이라는 용어는 상황에 따라 뜻이 변하더라도 언제나 동일한 종류의 만족감을 준다. 균형 장애로 인한 고통이나 여러분의(혹은 이웃의) 예산의 균형이 깨졌다는 것을 알게 되는 것보다 더 힘든 일이 있는가? 그렇다면 가능한 최상의 세계라고 해도 부족하지 않은 '일반균형'을 보여주기 위해 이론을 수립한 경제학자들을 비난해야 할 이유가 무엇인가? '효용(유용함)'은 또 어떤가, 우리가 일상적으로 선택을 할 때의 중요한 기준 아니던가? 신고전주의 경제학자들은 효용이라는 용어에서 모든 윤리적 내용을 벗겨내고, 대상에 대한 '욕망'만으로, 그리고 대상의 가격으로 의미를 축소시켰다. 하지만 경제학자들은 용어의 정의가 본래의 의미에서 벗어난 상황에서도 여전히 효용(유용함)을 말한다. 그리고 우리가 섬에 갇힌 로빈슨 크루소라도 되는 양, 오로지 욕구와 이익을 만족시키기 위해, 선택의 순위를 매기고 해롭거나 쓸모없는 것 혹은 무용한 것보다 유용한 것을 선호하라고 강요하지 않는가.

경제학적인 담론은 '과학'이 되려고 최선을 다하지만 전문용어보다는 주로 일상 언어를 사용한다. 경제 '과학'은 용어를 아주 평범하게 사용함으로써 사람들에게 자신들의 주장이 더욱 쉽게 받아들여지도록 한다. 자신들이 관찰하는 대상에 대한(혹은 미시물리학처럼 새롭게 알게 된 존재에 대한) 독특한 개념을 조금씩 만들어내는 다른 과학들과는 달리, 경제학은 기꺼이 일상 언어를 계속 사용하면서 그 단어들의 의미를 슬그머니 바꿀 뿐이다.[9] 어떤 서술에 담긴 오류가 '이성적이고 과학적'으로 인정받는 이유는 그 서술을 사실이라고 여기는 체계에 속하는 '다른 종류의 정합성'으로 가려져 있기 때문이라는 루이 뒤몽의 말이 떠오른다. 경제 '과학'은 담론을 일반적인 상식(즉 공유되는 진실의 덩어리)에 맞춰 묘사함으로써 자신의 지배력을 견고하게 만들고 있다. 이것이 경제 '과학'이 (사용하는 단어를 통해) 자신들의 담론과 모든 사람이 믿는 내용을 일치시키기 위해 했던 일이다. 이는 '과학' 용어와 일상 언어 사이의 모종의 혼동—담화에 내포된 의미의 혼동—없이는 일어날 수 없는 일이다. 모든 것을 휘감으며 확립된 사회적으로 일치된 의견

(뒤르켐은 이를 '종교'라고 했을 것이다), 즉 성장과 균형, 효용 등이 긍정적이고 필수적이며 바람직하다는 평판[10]이 마침내 경제 '과학'의 영역으로 들어가 모습을 바꾼 후, 경제 '과학'의 정당성을 확인시켜주고 기본 개념과 그로 인한 결과를 비판적인 검토에서 벗어나도록 해주었다. 그들의 진리성은 질문을 받지 않는 더 높은 종교적 실체에 의해 선험적으로 보장받기 때문이다. 경제 '과학'을 논박하거나 비난하는 것은 전 사회가 수여해준 압도적인 힘을 가진 일련의 공유된 신앙에 도전하는 일이 될 것이므로, 진지한 분석을 통해 밝혀졌어야 할 오류들이 이런 식으로 토론에서 제외된다. 신앙의 효력은 사람들을 믿게 만드는 사회적인 압력으로 측정할 수도 있겠지만, 그 신앙과 충돌하는 모든 진실을 거짓과 불합리의 영역으로 제쳐놓고 사람들에게 믿지 못하도록 하는 것들을 통해서도 측정할 수 있을 것이다.[11]

자연주의 도그마

경제학 이론의 타당성을 유지하기 위해 맹목적인 신앙에 의지하는 이런 '진리의 전이(轉移)'는 의심할 바 없이 반대로도 작용할 것이다. 지금까지 보아왔듯이, 경제 '과학'은 설명적이면서 규범적이다.[12] 경제 '과학'은 모은 자료에서 결론을 이끌어내는 정도를 넘어서 상황이 어떠해야 하는지 지침을 제시한다. 게다가 자신들의 주장을 현실화하기 위해 실천적인 측면으로도 관여한다. 예를 들자면, 경제학은 시장이 존재하지 않는 곳에 시장이 존재한다고 선포하기도 하는데, 여기에는 '전통적' 교환에 대한 형식주의 경제인류학(자본주의 이전의 경제도 신고전주의 경제학 이론으로 설명하려는 경제인류학파. 칼 폴라니는 형식주의 경제인류학에 반대하며 신고전주의 경제학으로는 시장경제 이전의 사회를 설명할 수 없다는 실재주의 경제인류학을 내세웠다)의 해석이 뒤따르고, 부부 관계를 일련의 비용-이익 협상으로 축소시켜버렸던 공공선택론(정치적·사회적 의사 결정에 신고전주의 경제학적인 관점을 도입한 이론으로, 이기적이고 합리적이며 효용의 극대화를 추구하는 방법론적 개인주의에 기초하고 있다)이 보조를 맞춘다. 경제 '과학'은 마치 진리로 검증이라도 된 듯 자신들의 이론에 맞춰서 행동을 유도하기도 한다. 또한 희소성은 실제로는 '경제 과정'이 진행됨에 따라 발생한 것인데도, 사회생활이나 인간적 경험을 구성하는 한 부분인 양 사람들을 믿게 만든다. 다시 말해서, 경제 '과학'은 일종의 대중화된 이성에 갇혀 있는 시대정신 안에 자신을 그런 식으로 구축했으며, 그와 동시에 삶 그 자체를 경제적 '관리' 정도로 점차 축소시켰다. 그래서 경제학자들이 쓴 경전의 자투리에서 일반 통념들이 수없이 쏟아져 나오고 있다. "희소하니까 비싸다" 혹은 반대로 "공짜는 없다", "모든 사람은 자신의 이익을 추구한다" 등. 사람들은 '현실'(하늘의 색깔이나 이웃의 기분, 과일의 맛, 노동의 수고, 비옥한 땅, 시간의 흐름, 질병으로 인한 고통)과 더불어 '경제적 현실'도 '계산'해야만 한다. '경제적 현실'에 사회생활 전체가 걸려 있고 누구도 빠져나갈 수 없다. 역설적이게도, 그 '과학'은 스스로 묘사하고 있다는 현실에 맞춰 자신들의 모형을 검증하지 않고 수립했으며, 가설들은 빈약하거나(즉 특정한 상황에서만 들어맞는다) 틀렸다.[13] 그럼에도 불구하고 경제 '과학'은 자칭 전문가들의 입을 통해 세계를 지배할 권리를 요구하고 있다. 마치 현실에 담을 쌓은 경제학의 특성이 현실에 대한 판단이나 지침을 내기 위한 전제 조건이라도 되는 양 말이다. '현실원리'(정신분석에서 도덕원리나 쾌락원리에 대비되는 개념으로, 현실적 조건을 바탕으로 판단하는 '자아'의 심리 과정)의 이름으로! 다시 반복하자면, 경제 '과학'은 매우 규범적으로 상황이 어떻게 진행되어야 하는지 지시한다. 경제 '과학'은 반복해서 사회 공동체의 심상에 깊게 파고 들어 모든 사람이 이제는 그들의 말이 진리인 것처럼 행동한다. 즉 모든 사람은 반드시 획득하고 성장하고 자신의 이기심을 추구해야 한다. 이는 경제학이 과학적이라는 허세를 강화한다. 모든 사람이 싫든 좋든 경제학의 주장을 따른다는 사실은 경제학이 옳다는 증거가 된다!

종교가 경제학 이론 쪽으로 넘어간 걸까? 표준 경제 '과학'이 신학과 거의 다르지 않다는 논쟁적인 주장은 이미 오래전에 나왔다. "따라서 정부 관료들과 미디어에 나오는 경제학자들이 참고하는 주류 경제학적 사고는 신학으로밖에 볼 수 없다."[14] 세르주 라투슈는 경제학자들이 공황이나 주식시장의 붕괴를 예측할 능력이 전혀 없다는 사실을 지적한 후 다음과 같이 결론지었다. "성직자 개인은 가끔씩 무가치한 사람이 되기도 하지만, 종교는 난공불락으로 유지된다."[15] 그것으로 끝이 아니다. 마리 우프레-세게트는 최근 논문에서 경제학이 우리 시대의 새로운 종교가 되었다고 주장했다.[16] 그녀는 이런 현상을 '타자 결정 환상(illusion of heterodetermination)'이라고 불렀다. 타자 결정 환상은 한 사회가 스스로 설정한 다른 세상에 자신을 투영해서, 사회를 통치하는 '규정'이 그 사회의 영역 밖에서(자연이나 과학에서) 오는 것으로 보이게 만든다. 이것은 클

레망 로세의 결론으로 이어진다. "그러므로 자연주의 이데올로기는 자연이라는 관념이 그 기본적인 가정들을 정당화해주고 강화해주는 시대에서 비롯된 종교적인 이데올로기로 간주되어야 할 것이다."[17] 쟁점은 이것이다. '현실'은 어디에 있는가? 모든 사람이 계속 바쁘게 자신들의 사업을 하고 노동하고 이기거나 지고 주거나 받고 희망하거나 절망하는 사회적 실천에 있는가? 그게 아니라면, 진리를 말하고 있다고 주장하며, 자신들이 '불가피'하고 필요하다고 여기는 행위를 자연에 새겨진 진실이라며 사람들에게 강요하는 경제학 이론에 있는가? 우리는 무엇을 믿어야 하는가? 인간의 행동은 다양해서, 관대하거나 이타적이었다가 이기적이거나 자기 본위적일 때도 있는가, 아니면 모든 사람이 언제나 자신의 이익만을 추구하는가? 우리의 시간은 언제나 소중한데, 시간은 신에게 속하는 걸까, 아니면 역시 우리 마음대로 할 수 있는 걸까? 자연은 인색한가, 관대한가? 모든 것은 희소한가, 아니면 시장의 유혹에 빠져들지 않는 한 풍요로울 수 있는 걸까? 사실상 그런 '현실'이나 (아무도 창조하지 않았으며 하늘에서 떨어진 것 같은) 경제적 '제약'의 존재를 믿는 것은 '타자 결정 환상'의 또 다른 징후로, 우리의 눈을 멀게 하고 경제학적 교리를 종교 영역에 헌정하는 것이다. 그래서 스티브 킨은 이렇게 말했다. "가장 헌신적인 경제학자들조차 경제학에서 종교성을 좀 덜어내고 좀 더 과학적으로 변한다면, 경제학의 기초는 무너져내리고 다른 것으로 대체되리라는 사실을 인정한다."[18]

다시 말해서, 경제 '과학'이 (사회적 통념에 대한 확신으로 응축되었으며, 모든 사람에게 신앙을 강요하는) 종교적 서술 방식을 많이 차용하기는 했지만, 그런 종교적 행태가 경제 '과학'의 주장들을 정당화시켜줄 수 있을지는 의문이다. 반대로, 경제학이 사회가 무조건 복종해야 하는 규범(혹은 '제약')을 규정할 권리를 주장한다고 해서 종교의 지위를 차지할 수 있을지도 알 수 없다. 프레데릭 레바론은 두 번째 입장을 더 선호한다. 그는 "경제학은 대체로 과학과 수학에 대한 '현대적' 신앙으로 설득력을 갖춘 사회적 주술로서 세상의 바깥에 위치해 있다. …… 그러므로 1970년대 이래 진행된 신자유주의 경제학의 지배는 더 진전된 **개종**의 역사적 징후이다. 이는 경제학 분야의 독립성에 대한 신앙에서 유래했으며, 경제학을 과학에 대한 신앙을 바탕으로 한 집단적인 환상으로 바꾸어놓았다"며 경제학자들의 영역이 "사회 공동체의 신앙이 생산되고 재생산되는" 종교적 영역에 가까워졌다고 지적했다.[19] 신앙은 항상 존재한다. 어떤 사회가 바탕에 깔린 사회적 상상을 없애지 않은 상태에서 신앙을 제거할 수 있겠는가? 예전에 마르크스가 제시했듯이 경제학은 이제 새로운 지배계급을 위해 복무하고 있다. 하지만 더 중요한 점은 모든 사람이 포함된(심지어 노예까지도 포함된) 체제 그 자체를 위해서도 복무하고 있다는 사실이다. 전통사회에서 종교(혹은 신화)는 특정한 실천들에 대한 의무나 금지규정을 만들고 구조화하는 역할을 했다. 현대 사회에서는 신앙을 사회적으로 받아들이게 만들어서 체제에 복무한다.

　종교 근본주의자들과 마찬가지로 신자유주의 정통파가 가장 비타협적이다. 정신분석학자인 티에르 드 소쉬르는 다음과 같이 지적했다. "근본주의자들의 담론은 본질적으로 경험적 지식에 입각해서 만들어지며, 종종 매우 독단적으로 자신들이 진리를 파악하고 있거나, 혹은 적어도 특권적으로 진리와 연결되어 있다고 주장한다."[20] 우리가 지배적인 경제학 이론의 광신자들 사이에서 발견했던 게 바로 이것 아닌가? 그들은 '진리를 파악하고 있다고 주장'하는 것만이 아니다. 그들에게는 개인적인(그리고 직업적인) 안전을 보장해주고, 다른 의견과 부딪혔을 때 발생한 고통을 나눌 수 있는 동업자들에 대한 소속감도 있다. 그들은 "내가 진리를 확보했으니, 다른 이들의 생각을 들을 필요는 없다"고 생각한다. 최근에는 경전을 믿는 세 가지 종교(유대교, 기독교, 이슬람교를 가리킨다)의 주변부에서 가장 자주 보이는 종교 근본주의의 징후에 대해 많은 사람들이 폭넓게 비판하고 비난한다. 사회 전체를 위협하는 다른 종류의 위험과 마찬가지로, 경제학적 근본주의에 대해서도 긴급하게 점검하는 게 필요하지 않을까?

어떤 식으로 해명하더라도 결론은 거의 똑같다. 그 모든 신뢰와 명성(사람들이 경제학에 대해 가지고 있는 믿음[21])은 경제 '과학'이 종교로 변했기 때문이며, 그럼으로써 사회 공동체의 의식 속에서 우월한 자리를 차지했다. 이 때문에 경제 '과학'은 로마 가톨릭 교회의 교권(敎權)에 결코 뒤지지 않는 자기 과신과 야심을 가지고, 수많은 사람의 삶과 사회의 진로를 형성할 수 있게 하는 '진리들'을 발표할 수 있는 특권을 갖게 되었다. [22]

경제학이라는 종교의 자기 면역

그렇다고 해도, 경제 '과학'이 종교 영역으로 들어갔다는 것은 우리가 "현실이 경제학적이라면 따르지 않을 이유가 없잖아?"라는 생각을 받아들이고 체념하면 끝나는 단순한 문제가 아니다. 모든 종교는 **면역 방어 체계**라는 특성을 가지고 있기 때문이다. 종교에 대해서는 비판이 전혀 작동하지 않는다. 시장이 자원을 최적의 방법으로 분배한다는 약속을 지키지 않는다고? 그것은 아직 완전 시장이 실현되지 못했기 때문이다. 성장은 오로지 부자들에게만 이익이라고? 그것은 가난한 사람들이 충분히 참여하지 않았기 때문이다. 경제 과정이 천연자원을 파괴한다고? 그것은 천연자원에 대한 적절한 가격이 아직 책정되지 않았기 때문이다. 경제 '과학'은 어떤 문제 제기에도 흔들리지 않는 종교적 진리의 면역성을 자꾸 떠올리게 한다. 아이를 치료해달라는 어머니의 기도에 신이 응답하지 않았다면, 신의 존재가 의심스럽기 때문이 아니라, 그 어머니에게 충분한 신앙이 없거나 충분히 오래 기도하지 않았기 때문이다. 종교재판에서 체포된 마녀가 고문에도 자백하지 않는다면, 악마가 그 여자를 홀리고 고문을 버틸 수 있는 초인간적인 힘을 주었기 때문이다(이 것은 그녀를 화형시킬 또 하나의 이유가 된다). 아잔데족(중앙아프리카에 사는 종족으로, 신탁과 주술이 통치 체계의 핵심을 이룬다)이 신탁에 조언을 구했을 때 원하는 답을 얻지 못했다면, 그것은 그 방법에 문제가 있기 때문이 아니라, 사용된 독약의 질이 나쁘거나 의식을 담당한 사람의 경험이 부족하기 때문이다.[23] 구소련에서 곡물의 수확이 안 좋을 경우에도 항상 부적절한 계획을 탓했지, 계획경제 그 자체를 탓하는 일은 결코 없었다. 종교를 진리로 유지하기 위해서는 **필연적으로** 논쟁을 배제할 수밖에 없다. 사회적 결속은 언제나 현실의 세계와 대면했을 때 흔들리지 않는 공유된 상상을 바탕으로 한다.[24]

경제 '과학'이 역사적으로 유래하고—정확한 발생 시기에 대해서는 여러 의견이 존재한다—사회적으로 수립된 학문이긴 하지만, 그 기본적인 원리들이 이제는 모든 경제학자들이 파문의 고통을 당하지 않기 위해 동의할 수밖에 없는 교리가 되어버렸다는 사실을 바꾸지는 못한다.[25] 그와 마찬가지로, 경제학 분야에도 자신들의 정통성을 강요하려는 경쟁적인 학파들 사이의 투쟁이 난무하긴 하지만, 이것이 종교 분야와의 유사성을 약화시키지는 않는다. "경제학적인 신앙의 생산자들이 때때로 정반대의 '이데올로기들'(신자유주의, 케인스주의, 사회주의, 마르크스주의 등)에 따라 변형된 것들로 분열되더라도, 그들은 모두 동일한 세상의 부분이며 자신들의 경제학적인 신앙을 강요하려 한다. 그들 모두는 특정한 경제학적 신앙을 강요하려는 싸움에 휘말려서, 부지불식간에 경제학적 신앙에 대한 정통성을 인정해주는 데 기여하게 된다."[26] 모든 '교회'—즉 공유하는 일련의 신앙과 의례—는 내부 경쟁을 겪었으며, 특정한 교리상의 문제에 대한 해석을 놓고 논쟁하는 것에 더해서, 의식을 정화하거나 믿음의 원류로 돌아가기 위해 시대적인 경향을 개혁하기도 했다. 기독교 교회의 역사는 치열한 논쟁이 조직을 약화시키기보다는 오히려 강화시킨다는 사실을 잘 보여준다. 논쟁은 무엇을 받아들일(혹은 믿을) 수 있고 무엇을 받아들일 수 없는지 더 엄밀하게 정의하거나, 논란의 여지가 없는 사실이 무엇인지 다시 확정하기 때문이다. 이것은 수용할 수 있는 비정통파와 구제할 길 없는 이단 사이의 경계에 대한 까다로운 의문을 제기한다.

11장
새로운 패러다임?

새로운 생각을 하는 것보다 낡은 생각에서 빠져나오는 것이 더 어려운 법이다. 우리 대부분이 그 낡은 생각에 의해 성장한 탓에 마음의 구석구석에 가지를 치고 퍼져 있기 때문이다.
―존 메이너드 케인스[1]

2007년 여름부터 세계경제를 흔들고 있는 공황 덕택에(이 말이 적절한지는 모르겠지만) 경제 '과학'에 대한 비판의 강도가 배가되었다. 비판의 종류는 다양했다. 그들이 각각의 집단으로 완벽하게 나눠지지는 않지만 크게 두 유형으로 구분할 수 있다. 한쪽은 주류 경제학과 이론을 달리하는 경제학자들이 내부적으로 혹은 학술적으로 제출한 비판인데, 널리 퍼져 있는 '정통파'들이 만들어내는 소음의 한복판에서 그들의 목소리는 거의 들리지 않았다. 다른 쪽은 '전투적인' 비판이다. 그들은 이 행성을 비참하게 만드는 엄청난 재난에 대한 책임이 주류 경제학자들에게 있다고 간주하며, 최근 '대안 세계화' 운동을 통해 커다란 대중적 반향을 일으켰다. 그리고 그보다는 영향이 조금 적었지만, 성장 반대자들의 운동이 있었다. 하지만 이런 다양한 비판도 그것만으로는 신자유주의자들의 확신을 무너뜨리기에 충분하지 않았다. 신자유주의의 옹호자들 역시 자신들의 처방이 공익에 이바지한다고 믿기 때문이다.

그렇다면 어떤 형태의 비판이 가능할까? 그 논쟁에는 누가 참여할 수 있도록 열려야 할까? 당연히 역사학자들과 인류학자들을 향해 열려야 한다. 그들은 이 책의 앞선 장들에서 자주 소개되었다. 경제 '과학'의 기본 원리에 의문을 제기하기 위해서는 지금 학제적인 접근이 반드시 필요하다. 그것이 바로 '반공리주의 사회과학 운동〔Mouvement anti-utilitariste dans les sciences sociales(MAUSS)〕'(프랑스에서 일어난 학문 운동으로, 반공리주의를 기치로 내세우고 사회과학 내의 경제주의와 정치철학에서의 도구적 이성주의를 반대한다. 마르셀 모스의 이름을 땄다)이 1981년부터 지금까지 꾸준히 해오고 있는 일이다.

비정통파가 해결책이 될까?

그 다양한 비판들을 어떻게 검토해야 할까? 많은 경향을 포함하고 있는 비정통파 경제학의 흐름이 전망이 가장 밝아 보인다. 이 흐름에는 종종 일류급 경제학자들이 참여하고 있으며, 그들이 주류에 상당한 영향력을 발휘할 것으로 짐작되기 때문이다. 하지만 많은 경제 '과학'의 비판자들이 경제 '과학'에 대해 (어떻게 해야 하는지는 설명하지 않고) 도덕적으로 고찰하거나 인도적으로 접근하거나, (마치 정치 영역이 경제로부터 독립적인 양) '정치'와 '합리적인' 민주적 결정에 책임을 떠넘기는 것 이상의 의견을 제시하지 않은 것은 유감이다. 최근 논쟁에 대해 살펴보기에 앞서, 파스칼 콩브말(프랑스의 경제학자, 사회학자)의 의견을 들어보자.

위대한 비정통파 경제학자 세 명을 시대순으로 살펴보면 마르크스(1818~1883), 케인스(1883~1946), 슘페터(1883~1950)가 있었다. 하지만 그들 중 누구도 진정한 이단의 토대를 쌓지는 못했다. 즉 그들이 한 일이라곤 처음부터 끝까지 과학적인 허세로 둘러싸인 또 하나의 경제학 담론을 제시한 것뿐이었다. 그들의 연구 중 일부는 전문용어로 전환되어 주류로 흡수되었으며, 그보다 더 학문적이면서 더 논리적이고 수학적 형식화에 덜 영향을 받은 부분들은 역사의 바람을 맞아 뿔뿔이 흩어지고, 경제학자들로부터 과학이 발생하기 이전 시대의 오류로 보기 흉한 이론으로 취급되며 거부되었다.[2]

콩브말의 견해는 조절학파(자본의 축적 과정에서 노동, 시민사회, 생산방식, 금융, 경쟁 양태 등의 주요 부문들이 어떤 형태로 서로 맞물리느냐에 따라 체계가 변한다는 경제학파)나 '관행학파'(경제에서 제도의 역할을 중요하게 생각하는 제도학파의 한 분파로, 공식적인 제도가 아닌 '관행'에 주목한다) 같은 오늘날의 비정통파들에게도 그대로 들어맞는다. 시장과 화폐의 역할에 대해 재고하고, 사회생활에서의 경제활동을 새로운 맥락에서 연구하고, 근본적인 불확실성을 결론에 집어넣었으며, 시간의 불가역성을 감안하려 노력했음에도 불구하고, 그들은 '주류에 맞서는 총체적인 대안'을 구성하지 않았다. 이들은 '모든 경제학자에게 강제된 게임의 규칙인 인식론적이고 방법론적인 제약'에 사로잡힌 포로였기 때문이다.[3] 그렇게 되면 비정통파는 자신들이 문제를 제기하고 있는 정통파의 용어를 이용해서 정의할 수밖에 없다. 그러므로 비정통파는 기껏해야 정통파에서 멀찍이 떨어져서 어떤 요소들을 추가하거나 제거하고 조건들을 명확히 하는 정도에 불과할 뿐이며, 근본적인 도전은 시작해보지도 못한다. 게다가 경제학 내부에서 비판하려면 학술적인 논쟁에 참여하기 위해 수학이라는 언어로 자신을 표현해야만 한다. 정통파의 모형은 그렇게 함으로써 이론적 혁신을 흡수하거나 제거해버린다. "예측의 어려움, 비용, 비대칭적이거나 불완전한 정보, 다른 종류의 합리성, 다른 형태의 시장, 조직, 국가 개입, 생태의 국제화 등을 다룰 때 보아왔던 것처럼, 조만간 정통파는 내부적인 비판을 대부분 먹어치울 것이다."[4] 마지막으로, 혹시라도 지금 비정통파로 간주되는 이론이 그럭저럭 지배적인 정통파를 대체하는 일이 일어난다고 해도, 하나의 진리를 다른 진리로 대체함으로써 얻을 수 있는 것이 무엇인지 따져봐야 한다. 그러므로 다원주의적인 경제학이 필요하다. 다원주의 경제학은 폭넓은 경제적 관습을 설명하기 위해 (인류학을 포함해서) 다양한 자료를 이용하고 다양한 이론을 검토한 후에야 등장할 수 있을 것이다.

세르주 라투슈의 관용구는 추종자들에 의해 자주 인용되곤 하는데, 그는 지배적인 경제학 이론에 대한 우리의 집착을 깨기 위해서 "우리의 상상을 탈식민화하라"고 주장했다. 그의 관용구에 깔린 생각은 명확하지만, 그 은유만 따지고 보면 그리 잘 선택되었다고 보기는 어렵다. 탈식민화로 충분한가? 사실 라투슈는 다른 사람들과 마찬가지로, 많은 경우 식민화에서 벗어나더라도 식민 지배를 받았던 사람들과 식민지 지배자들 사이의 관계가 거의 바뀌지 않았으며, 특히 식민 지배를 받았던 사람들의 사고방식이 거의 바뀌지 않았다는 사실을 잘 아는 위치에 있다. 아무리 아프리카의 독재자들이 권력의 '진정성'을 주장하더라도 말이다. 그것이 표준 경제학 모형의 공상하는 세계가 계속 사람들의 마음을 지배하는 이유이며, 몇몇 사람들이 주저하지 않고 경제활동에서 확실하게 '퇴장'해야 한다고 제안하는 이유이다.[5]

우리가 사용하고 있는 용어들을 명확히 하자. '경제활동에서의 퇴장'이 생산과 소비, 투자, 교환을 하지 않는다는 의미라면 그것은 생각하기조차 어렵다. 칼 폴라니는 그처럼 인간의 삶과 뗄 수 없는 경제활동을 '실체적' 경제라고 했다. "다른 생물들과 마찬가지로 인간은 자신을 유지해주는 물리적 환경 없이는 단 한순간도 생존할 수 없다."[6] 폴라니는 다른 글에서 이에 대해 간략하게 설명했다. "실체적 경제라는 개념의 원천은 경험을 바탕으로 한 경제이다. 그것은 간략히 …… 인간과 인간을 둘러싼 환경 사이의 제도화된 상호작용의 과정으로 정의할 수 있으며, 그 과정에 의해 욕구를 만족시키는 물질적 수단이 꾸준히 공급되게 된다."[7] 누군가는 '욕구'라는 자연주의적인 개념에 의지하는 것에 대해 이의를 제기하거나 비판할 수도 있겠지만, 그 정의의 요점은 '실체적 경제'는 인간 간의 관계와 인간을 둘러싼 환경과의 관계를 무엇보다 중요하게 여기며, 이것이 제도에 의해 형태를 갖춘다는 것이다. 이것은 형식적인 경제(혹은 형식주의 경제학)와 대비된다. 형식주의 경제학은 "불충분한 수단 때문에 발생한 선택 상황과 관련되어 있다. 이것이 소위 희소성 가설이다. 희소성 가설을 위해서는 첫째, 수단의 부족, 둘째, 부족에 의해 초래된 선택이 필요하다."[8] 이것은 오히려 벗어나야 할 관점으로 문제에 접근하는 방식이다. 자, 어떻게 해야 할까?

경제형태의 다양성

칼 폴라니가 언급했던 '경험을 바탕으로 한' 경제학이 탐구해볼 가치가 있는 첫 번째 방안이다. 그는 경제학을 순전히 인간의 실천에 대한 관찰을 바탕으로 하는 '경험주의적 과학'으로 구성하자고 제안한 게 아니다. 왜냐하면 우리도 알다시피 "사실(fact)은 스스로를 설명해주지 않는다." 이론적인 관점은 언제나 연구 대상을 한정해야 한다. 희소성 가설을 바탕으로 하고, (희소한) 수단을 상호 배타적인 소유와 일치시키려는 단일한 시장 형태 너머에 있는 경제적 과정을 이해하자는 것이 폴라니 주장의 핵심이다. 경제인류학의 결론[9]이 표준 경제 '과학'의 가설과 그렇게 근본적으로 차이가 난다면, 그것은 두 학문이 정반대의 지식 개념과 방법론적인 원칙에 기초하고 있기 때문이 아닐까? 경제 '과학'은 근원적인 희소성과 획일화된 인간 본성에 따른 행동이라는 가설을 기초로 한 일반 '법칙'을 근거로 규범적인 입장을 취하지만, 경제인류학이 주로 관심을 가지는 부분은 인간의 관습과 행동 방식이다. 그래서 '경제'(생산 체계, 교환과 분배의 규칙, 노동 분업 등)는 생태적 환경(숲, 사바나, 해안 지역, 고원 지대)에 따라, 그리고 무엇보다 역사와 문화, 전통, 권력의 분배, 간단히 말해 **제도**에 따라 매우 다양한 형태를 띠게 된다. "경제학의 일은 경험을 바탕으로 사회적 현실을 관찰하고 묘사하는 것이 되어야 하며, 경제적 사실들 간의 인과관계를 분석하고 설명하는 것이 되어야 한다. 하지만 현실적이든 상상적이든, 사회의 어떤 상태가 다른 상태보다 바람직하다는 주장은 과학적인 연구의 결과에서는 결코 추론될 수 없다."[10] 이는 (사회적 변화에 따라 선호가 바뀐다는 사실을 무시하는) 경제 '과학'의 자연주의에 대한 소스타인 베블런(1857~1929, 미국 제도학파 창시자. 저서로 《유한계급론》 등이 있다)의 비판을 그대로 되풀이한 것이다. 그는 경제학이 관습들에 대한 관찰에서 벗어나지 않아야 하며, 다른 무엇보다 해결책을 안내해주는 유용하고 '실용적인' 역할을 해야 한다고 주장했다. 현실에는 몇 가지의 포괄적인 원칙을 바탕으로 한 하나의 경제가 아니라, 사회와 환경, '제도적 배합'에 따라 다양한 경제형태(혹은 교환 형식)가 존재한다.[11]

이런 주장은 표준 경제 '과학'의 추종자들에게는 목에 박힌 가시나 다름없다. 그들은 경제의 다양성을 거부하고 동일한 가설이 모든 곳에서 발견된다고 주장한다(혹은 보편적인 타당성이 증명되리라 희망하며 모든 사회의 생활 방식을 자신들의 이론적 모형에 우겨넣으려 한다). 하지만 다른 사회과학들은—그들이 방법론적 개인주의를 신봉하지 않는 한—연구 대상에 따라 자신들의 이론을 수정하고 다른 결론에 도달한다. 다른 세계(노동 현장, 시골, 교외 등)나 일생 동안 일어나는 상황(어린이, 성인, 이주 등)을 동일한 방법으로 이해할 수 없기 때문에, 사회학이나 심리학은 점차 분화되고 전문화된다. 연구 방법만이 아니라 결론도 각각 다르다. 남성이 여성과 다르게 행동한다는 사실, 도시화된 유럽 사람이 아프리카 시골 사람과 다르게 판단한다는 사실, 혹은 전통주의자들(프로테스탄트나 가톨릭, 유대교나 무슬림)이 불가지론적인 자유주의자들과 동일한 가치를 공유하지 않는다는 사실을 제시했다고 해서 심리학이나 사회학을 '비과학적'이라고 주장한다면 정말 어처구니가 없을 것이다. 표준 경제 '과학'은 자신의 전문 '영역'(즉 실질적인 사회적 관습)과 일치되기를 거부하고, 대신 일련의 방정식만으로 타당성을 입증하는 공식 모형을 구축하는 일에 전념하는 유일한 사회(혹은 인간) 과학이므로 매우 특이한 사례라고 할 수 있다. 하지만 바탕에 깔린 모형을 일반화하려는 경제 '과학'의 잘못된 주장을 거부하는 것이 패러다임을 바꾸기 위해서 가장 먼저 필요한 일이다.

그럼에도 불구하고, 다양한 형태의 경제가 존재한다는 사실을 인정하는 것이, 단지 야만인들은 문명화된 사람들과 다르게 행동한다는 것을 근거로 각 경제형태의 타당성이 특정한 지역에 제한된다는 주장을 받아들인다는 의미는 아니다. 신자유주의 경제학자들이 어떻게 생각하든, 시장이 유일하게 가능한 교환 형태는 아니며, 시장에 가장 종속되어 보이는 사회 안에서조차 시장이 모든 것을 장악하지는 않았기 때문이다. 이는 이미 오래전의 연구가 잘 보여준다.

〔선물주기는〕가족 간 현금 선물, 관습적인 절차나 자발적인 선물, 자선, 혈액이나 장기 기증 …… 등을 제외하고도, 최근 프랑스 사회에서는 GDP의 4분의 3 정도의 규모로 이루어지고 있다. 이 계산에서 제외했던 선물교환까지 포함한다면 선물과 답례 관계에서 교환되는 물건과 용역의 '시장'가치는 GDP를 상회할 것이다.[12]

이 계산 내용이 조금 불명확하기는 하지만, 우리에게 시장의 패권을 믿으라고 강요하는 규범적인 경제학 이론과 사회 현실의 경험을 바탕으로 한 연구의 차이를 명확하게 보여주는데, 경험을 바탕으로 한 연구는 전혀 다른 결론을 이끌어냈으며, 선물이 순전히 과거 관습의 유물일 뿐이라는 식으로 판단하지 않도록 해주었다.[13] 경제 '과학'은 사회 관습에 대한 조사를 기초로 한 판단이나 '법칙'을 방법론적으로 거부하기 때문에 구제할 길 없는 환원주의에 시달리고 있다. 그들은 사회 현실을 비웃으며 시장의 마법에 걸린 세계만 묘사하고 있을 뿐이다.

선물은 교환되는 양이 아니라 교환을 통해 유지되는 사회 유대의 질에 따라 중요성이 결정되기 때문에, '선물경제'라는 용어를 사용하는 게 논리적인지 따져보고 싶을 수도 있다.[14] 하지만 이러한 반론은 두 가지 방식으로 물리칠 수 있을 것이다. 첫째, '선물경제'라는 용어를 특정한 사회에서 실행되는 모든 거래에 적용해야 한다고 강요하는 사람은 없다. 사실상 선물경제는 모든 곳에서 이미 시장 형태의 교환과 **공존**하고 있기 때문이다. 둘째, 모든 사회에서 선물과 답례가 계속 유지된다는 사실은 호모 에코노미쿠스의 행위를 결정하는 이기심의 원리가 교환의 유일무이한 이유가 아니라는 사실을 명확하게 보여준다. 이에 덧붙여서, 마르셀 모스는 《증여론》의 결론장에서 사회보험과 상호부조 체계, 협동조합, 영국 공제조합 분야를 환기시키며 주저하지 않고 다음과 같이 단언했다. "우리는 낡은 방식으로 돌아갈 수 있고, 돌아가야 한다."[15] 지금 모든 것을 포괄하는 사회경제에 대해 언급하고 있는데, 이는 시장을 통해 입수한 자원과 국가의 재분배, 그리고 상호부조로부터 유래한 다른 자원들을 하나로 통합한 개념이다. 또한 이윤보다 사회적 유대를 우선시하는 공동경영 구조를 염두에 두고 있는데, 이것 역시 일련의 '낡은 방식'의 요소를 바탕에 깔고 있다고 할 수 있지 않을까?[16] 거미줄처럼 뻗어 있는 사회관계망 덕분에 시장 밖에서의—혹은 시장과 공존하며 다른 방식으로 사는—삶이 실제로 존재할 수 있다. 그렇게 해서 상호부조와 자선은 이기적인 교환만큼이나 '실체적' 경제의 상당 부분을 차지한다. 그러나 경제 '과학'은 이기적인 교환에 대해서는 근근이 설명해줄 수 있을지 몰라도, 상호부조와 자선에 대해서는 전혀 이해하지 못한다.

뉴턴 역학 신봉자들의 막다른 길

교환의 다양성에 주목하는 이유는, 경제학 이론을 인간 행동의 복잡성과 사회과학의 성과들에 열어놓으려는 것만이 아니라, 그렇게 함으로써 최종적으로는 (어디에도 존재한 적이 없었고, 앞으로도 존재하지 않을) 극단적인 자동인형의 허구를 잠재우기 위해서이다. 그보다 더욱 근본적인 문제는 초기부터 자연과학과 함께 구축된 경제 '과학'이 뉴턴 역학에 의해 지배당하고 있는 상황을 재고하는 것이다. '과학'이라는 외피를 두르고 있는 경제학자들은 자신들의 개념 틀이 오늘날에는 시대에 뒤진 구식이 되었다는 사실과, 경제 과정을 이해하기 위해서는 (에너지 보존법칙인) 열역학 제1법칙만이 아니라 불가역적인 에너지 감소와 관련된 열역학 제2법칙도 고려해야만 한다는 사실을 인식해야만 한다. 뉴턴 역학적인 원리를 바탕으로 세상을 바라보는 것은 인간의 활동이 환경에 미치는 해로운 영향을 경제적 계산에 포함시키지 못하도록 하며,[17] (동일한 정도로 해로운) 무한한 발전과 경제성장에 대한 믿음을 계속 유지시킨다.[18] 그렇기 때문에 경제학적 패러다임의 변화는 수학 공식의 과도한 사용을 통해 도달한 추상적인 관념의 천상계에서 벗어나는 것만으로는 부족하다. 세상을 있는 그 자체로, 그리고 끊임없이 변화하는 것으로 인식해야 한다. 경제 '과학'이 신뢰를 받으려면, 현재의 상황과 달리 과학적 발견들을 받아들이며 발전하는 수용 능력을 갖춰야 한다.

앞서 지적했던 내용과 관련해서, 경제인류학을 경유하는 우회로 역시 다른 전망을 열어줄 수 있을 것이다. 경제인류학에 따르면, 많은 '전통' 경제에서 나타나는 특징은 ('시장'이라는 용어가 여기에 아주 적합하지는 않지만) 시장의 '분할'이다. 이것은 모든 상품을 교환할 수는 없다는 의미이며, 상품에도 위계가 있어서 명성이 높은 상품은 생활용품의 교환과는 다른 규칙에 의해 순환된다는 뜻이다.[19] 이러한 관습에 관해 구체적인 부분까지 세세히 들어가기보다는, 아프리카와 남태평양의 멜라네시아에서 발견되는 경제형태에서는 화폐가 다양한 범주의 상품에 대한 공통적인 척도나 일반 등가물로 기능할 수 없으며, 상품은 그 출처와 용도에 따라 분류된다는 사실 정도만 간단히 기억해두도록 하자. 이런 방식은 우리에게 복잡해 보일지도 모르지만 그 안에 담긴 논리는 명확하다. 각 상품의 가치는 다르며 아무 상품이나 마음대로 교환할 수는 없다.[20]

이런 관점은 화폐를 일반적 등가물로 사용하는 방식에 근본적으로 도전하는 것이기에 주류 경제학이 보기에는 확실히 괘씸한 일이다. 우리에게 참여하라고 강요하는 그들의 교리에 따르면 모든 사물은 사고팔 수 있어야 한다. 하지만 우리는 성물(聖物) 매매(면죄부나 성직록 같은 영적인 상품 판매)를 금지하던 당시까지 돌아가지 않더라도 확실한 예외 사례들을 얼마든지 나열할 수 있다. 예를 들어, 혈액과 인간 장기의 거래는 국제적으로 금지되어 있으며(물론 불법적인 밀매를 막지는 못한다),[21] 내가 숙모로부터 물려받은 루이 16세 당시의 서랍장이나, 화폐적 가치보다는 상징적인 가치가 큰 가보처럼 '돈으로 가치를 매길 수 없는' 물건들에 대한 개인적인 '비시장화'도 있다. 그러므로 모든 사물이 판매용은 아니다. 감정적이거나 사회 체계 등의 다양한 이유로, 주로 유일무이하다는 생각에 따라 **재생산할 수 없는 물건에는 특별한 지위가 부여된다.**

경제 '과학'이 처음으로 모습을 갖춰가던 19세기 초에는 자연의 혜택이 무한하다고 오해했기 때문에, 자연의 혜택이나 천연자원이 유한하다는(혹은 재생 불가능하다는) 인식을 갖기 어려웠다. 리카도는 장 바티스트 세이를 인용하며 다음과 같이 말했다. "토지에는 독창적이고 파괴할 수 없는 힘"이 있고 "자연의 다른 선물도 무한히 존재"하므로, "아직 전용되지 않은 토지가 풍부하게 존재한다면, 누구도 그에 대한 사용 대가를 지불하지 않아도 될 것이고, 누구라도 마음대로 경작할 토지를 선택할 수 있을 것이다."[22] 하지만 시대가 변했다! 그러므로 우리는 저런 관점이 오늘날에도 여전히 적절한지, 생태적인 한계를 이미 알고 있는 상황에서 '공공의 재화'에 대해 돈으로 잘못된 권한을 행세할 수 있도록 해주는 시장의 '법칙'에서 재생 불가능한 자원(혹은 스톡)[23]은 제외시켜야 하는 건 아닌지 당연히 따져봐야 할 것이다.[24] 이것은 리카도의 오래된 규칙을 상기시키는데, 그는 정치경제학에 '인간의 노력에 의해 수량을 늘릴 수 있는 상품만' 포함시켜 시장의 확장에 따라 발생한, 출처가 다른 상품들에 대한 혼동을 피하려고 했다.[25] 원래부터 부족하다고 주장하는 (사회적으로 구성된) 공상적인 희소성에 대한 투쟁에 얽히기보다는 특정한 자원의 불가피한 유한성을 진지하게 받아들이는 게 더 현명하지 않을까?

이제 그런 재화들이 시장에서 제외된다면 어떻게 관리해야 할지 규정하는 일이 남았다. 첫 질문은 재생 불가능한 자원에 대한 소유권 관리 문제일 것이다. 특정한 지역에 위치한 자원에 대해서는 해당 지역이 환경에 따른 고액 지대에서 이익을 얻을 뿐만 아니라, 일종의 '생태식민주의(ecological colonialism)'와도 관련되어 있어서 사적 소유뿐만 아니라 공적 소유로도 (미래 세대를 포함해서) 공정한 이용에 관한 문제를 제대로 해결하지 못해왔기 때문이다.[26] 유일하게 이론적으로 실현 가능성 높은 해결책은—어쩔 수 없이 상당한 정치적 장벽에 부딪히겠지만—재생 불가능한 자원을 국제적인 기관의 통제 아래 두어 계획적으로 사용하고 환경적 영향에 맞춰 접근을 규제하는 방법일 것이다.[27] 몬트리올 의정서(1987)와 교토 의정서(2005)가 그 문제에 대한 최초의 소극적인 접근 방법이다. 교토 의정서는 통상 '화폐'(달러) 곁에 나란히 탄소 배출권을 부여하는 '탄소 화폐'를 위한 길을 열었다. 이는 배급 시대에 버터를 사려면 돈과 함께 '버터 배급표'가 필요했던 것과 흡사하다.[28] 거기에 덧붙여, 누군가는 재생 불가능한 자원을 그 환경과 실질적으로 맞바꿀 수 있을 만한 '가치'가 반영된 특별한 회계 단위(혹은 불환(不換) 화폐)로 교환해야만 취득하도록 하자는 상상을 할 수도 있을 것이다.[29] 그 생각은 다분히 이상주의적이긴 하지만, 우리에게 경제성장과 스톡 사용 간의 연관성에 대해서, 그리고 누구도 만들어 내지 못하는 재화에 소유권을 부여한 후 나타난 결과에 대해 생각할 수 있도록 해준다.

앞서 언급했듯이, 경제 '과학'은 다양한 교환 형태에 대해 좀 더 관심을 기울여야 하며, 스톡(혹은 재생 불가능한 자원)의 사용에 대해서는 열역학적인 엔트로피의 증가를 고려해서 특별한 지위를 부여해야 한다. 이것이 '지배적인 흐름에 대한 포괄적인 대안'이나 (새로운 정치적 계획에서 흘러나와야 할지도 모르는) 새로운 경제학 이론을 위한 기준이 될 수 있을까? 그렇게 생각하는 것은 비현실적일지도 모른다.

경제학 이론에서 공상적이거나 명백히 잘못된 가정을 없애고, 지금까지 (고의든 아니든) 무시해왔던 것들, 특히 천연자원의 고갈과 일련의 환경문제 등을 파악하도록 만들 수 있다고 잠시 상상해보자.[30] 다시 말해서, 문제는 어떻게 해야 경제학을 과학이 아니라—(시장뿐만 아니라) 생산과 소비, 교환의 바탕에 깔린 근본적인 문제를 이해하는 데 유용한—인문학으로 만들 수 있느냐는 것이다. 경제학이 '집안 살림의 관리'라는 본래의 의미로 돌아간다면, 여느 집안 가장들과 마찬가지로 가능한 자원의 목록을 작성하는 것부터 시작해서, 펀드와 스톡을 명확히 구분하고, 남용이나 고갈의 위험성을 평가하고, 이용할 수 있는 에너지자원의 목록을 만들고, 거기에 더해서 특정한 자원에 관련된 집단적 권리를 다시 정의할 것이다. 스톡과 펀드의 구분을 넘어 사용에서의 차이점에 대해서도 주의를 기울여, 수영장을 채우려 사용하는 물과 우리가 마시는 수돗물에 같은 요금을 책정하는 게 합당한지, 혹은 (물이나 바람 같은)

재생 가능한 자원과 (화석 연료나 원자력 같은) 재생 불가능한 자원에서 생산한 전기에 다른 요금을 책정하지 않는 게 합당한지 따져볼 수도 있을 것이다. 그리고 다음으로 (항상 이기적이지는 않지만, 때로는 탐욕적이기도 하는) 경제 행위자들 간의 관계 그 자체와 상품의 계획적인 이용에 대한 기준을 바탕으로, 가능한 많은 종류의 상품과 용역의 (시장, 재분배, 자급자족, 선물주기 등을 통한) 순환을 파악하게 될 것이다. 그렇게 되면 경제학의 접근 방식은 지시적이기보다는 설명적인 형태가 될 것이다. 그리고 단기적인 이득만이 아니라 장기적인 손실에 대해서도 평가하고, 모든 사회적·환경적인 영향을 고려하며, 특정한 목적을 위해 어떤 상품을 생산할지 ('계산적'이기보다는!) 지적이고 이성적으로 선택하도록 하기 위해 전반적인 운영 상황에 먼저 초점을 맞추게 될 것이다.

그와 같은 경제학은 생산의 영향으로 어쩔 수 없이 파괴될 수밖에 없는 것이 무엇인지 분명히 밝히기 위해, 그리고 일어나리라 짐작되는 결과를 예측하기 위해, 공정한 기준에 따라 비용을 나누기 위해 다양한 관습과 에너지-물질의 흐름을 연구하는 일부터 시작할 것이다. 이것이 경제적 현실을 탐구할 수 있는 유일한 방법이다. 이는 경제학을 현재의 경제학과는 매우 다른 방향으로 이끌어갈 것이다.

새로운 패러다임을 기다리는 동안 좀 더 급진적인 길로 나아가서 미셸 푸코의 주장을 살펴보는 것도 좋을 듯하다. "어떤 문화나 시기에도 가능한 지식이 무엇인지에 대한 조건을 규정하는 단 하나의 에피스테메(episteme)(미셸 푸코의 용어로, 특정한 시대를 지배하는 무의식적인 인식 체계를 의미한다)가 항상 존재"[31]하지만, 합당한 질서의 한 부분으로 인식되어왔던 사회의 기초적인 규칙과 법률에 맞서 문화가 은연중에 도전하기 시작하는 시기에 새 시대의 여명이 열리곤 했다. "이 체제가 유일하게 가능하거나 최고가 아닐 수 있다는 사실을 인식할 수 있을 정도로 스스로 충분히 자유로워졌을 때"[32] 그 시기가 온다. 다시 말해서, 얼마 전까지 당연하다고 생각했던 일이 갑자기 **생각할 가치도 없는 일**이 되었을 때(혹은 그 반대가 일어났을 때), 역사적으로 중요한 순간이 왔다고 생각해도 될 것이다. 푸코의 '고고학적' 연구는, 부에 대한 연구가 정치경제학적 '발견'으로 바뀌던 19세기의 변환기 당시에 그러한 단절이 일어났다는 사실을 잘 보여준다. 이때 필요한 질문은 우리가 지금 그에 필적하는 시기로, 즉 사람들이 당연시하던 것들이 구시대적인 것들로 바뀌게 될 새로운 방향 전환이 일어나는 시기로 접어들고 있는가 하는 점이다. 물론 어떤 시기가 역사적 전환점이 될 것이라고 추측하는 일은 항상 주제넘은 짓이었다. 하지만 물리학, 유전학, 천체물리학, 의학 같은 다른 학문들에서 일어났던 주요한 변화를 고려해본다면,[33] 사회생활에 대한 우리의 개념(과 특히 경제학 이론)이 어떤 경우에도 변하지 않을 것이라고 믿는 게 과연 이성적일까? 각 시대에 모든 지식을 포괄하는 오직 하나의 에피스테메만이 가능하다(그리고 그것은 바뀔 수 있다)는 푸코가 옳다면, 어떻게 임박한 방향 전환이 불가능하다고 믿어버릴 수 있겠는가. 지배적인 경제학 패러다임은 뉴턴 역학으로부터 유래한 개념에 둘러싸여 화석화되어, 열역학 법칙으로 불가피한 엔트로피의 상승에 따른 결과를 집요하게 무시한다. 경제학이 앞으로도 얼마나 오래 문제 제기를 피할 수 있을까?

　더욱 구체적으로 이야기하자면, 경제 현상(생산, 소비, 교환)의 묘사와 해석은 '경제학'에 맡겨두기보다 다양한 모든 경제 양상을 고려하는 학제적 연구에 '끼워넣어야' 하지 않을까? 지식의 파편화와 전문화라는 일반적 경향과는 반대로, 사회적·생물학적·물리적·에너지학적·환경적 현상의 끊임없는 상호작용을 포괄하는 확장된 학문이 있어야 하지 않을까?

결론

위기는 낡은 것이 죽어가는데 새로운 것은 탄생하지 못한다는 바로 그 사실에 있다. ―안토니오 그람시

우리가 문제를 초래했을 때 이용했던 것과 같은 종류의 생각으로는 그 문제를 해결할 수 없다. ―알버트 아인슈타인

이 책에서 나는 주류 경제학의 이론적인 토대와, 현 상태에서 그 '과학'(혹은 세계에 대한 서술)이 오늘날 우리가 직면한 국내외적 불평등의 증가와 생태적 위험의 상승 같은 주요한 문제들을 푸는 데 무능한 이유를 상세히 살펴보았다. 경제 '과학'의 핵심적인 가정들에 대한 비판을 통해, 경제학적 담론 안에 은연중에 함축되어 있거나 입 밖으로 내지 않는 요소들 중의 일부를 밖으로 끌어냈는데, 주류 경제학이 일으킨 오류와 결함의 원인은 대체로 이 부분에 있다. 우리가 도달한 결론은 새로운 패러다임을 고안해낼 필요가 있다는 것이다. 규범을 제시하거나 인간의 모든 행동을 시장 차원으로 초자연적으로 축소시키는 대신, 다양한 '경제형태'뿐 아니라 그

것들과 생태 환경(특히 재생 불가능한 자원)의 관계를 고려한 '경제적 사실들'에 대한 연구를 기초로 한 새로운 패러다임 말이다.

이 주장에 대한 확증이 필요하다면, 현재 우리가 겪고 있는 공황이—가슴 아프게도—훌륭한 증거가 되어줄 것이다. 이 책의 대부분은 2007년 여름 이전에 쓰였지만, 그 이후 자본주의 체제를 뒤흔든 오싹한 충격은 주류 경제학이 잘못 들어선 막다른 길을 완벽하게 예증했다. 거기에 더해 두 가지의 심각한 상황이 있었다. 첫째는 (거의) 아무도 그런 사태를 진지하게 예견하지 못했다는 사실이다. 2008년 말 런던정경대학을 방문한 엘리자베스 여왕이 이에 대한 놀라움을 표시하자, 일군의 뛰어난 경제학자들은 6개월이 더 지나서야 "수많은 영리한 학자들의 집단적인 상상력의 실패 때문입니다"[1]라고 답변했다. 이것이 그 사태에 대한 설명의 일부분에 불과하다는 것은 의심할 여지가 없다. 하지만 경제학자들 대다수가 얼마나 무능한지는 잘 보여주었다. 놀랍게도 두 번째 이유는 그보다 더 심각하다. 막다른 길이라는 은유가 적절하다면, 더 깊이 들어가는 게 아니라 왔던 발자취를 되짚어가야만 나갈 길을 찾을 수 있다. 하지만 그들은 기묘하게도 더 깊이 들어가는 길을 선호했다. '미친 증권 매매업자'들이 희생양으로 선택되었다. 그리고 몇몇 인사들은 '자본주의를 윤리화'하겠다며 큰소리쳤다. 2009년 4월 2일 런던에서 열린 G20 정상회담은 무모하게도 "이 공황을 마지막 공황으로 만들 것"이라고 장담했다. 하지만 수십 억 달러와 유로, 파운드를 금융 체계에 투입한 것말고 한 게 무엇인가? 무엇을 위해서? '신뢰 회복'을 위해서였다. '신뢰 회복'은 이제 의사 결정자들의 언어에서 성장(지금은 '녹색'으로 불린다)의 동의어가 되었다.

공황의 원인을 되돌아보자

이미 수많은 분석이 제기되어 있는 상황에서 이 장에서 공황의 세세한 원인을 모두 검토하기는 어렵지만 최소한 몇 가지 핵심적인 요소에 집중해보는 건 나쁘지 않을 것이다. OECD의 자료에 따르면, 1980년대 이래로 국민소득(혹은 국민경제에서의 부가가치)에서 노동자가 급료로 가져가는 몫이 자본이 가져가는 몫에 비해 상대적으로 느리게 증가하거나 심지어 떨어지고 있다는 사실에서부터 시작하기로 하자. 미셸 후송에 따르면,[2] 1980년부터 2005년 사이 급료의 비율은 유럽에서 8.6퍼센트, 미국에서 3.5퍼센트 떨어졌다.[3] 이 때문에 미국에서는 임금이 낮은 상황에서 가계 소비를 끌어올리기 위해 두 가지 방법이 사용되었다. 그중 하나는 주식시장에 개인 투자를 끌어들인 것인데, 이것이 거품을 더욱 빠르게 키웠다. 다른 하나는 모기지 대출의 한도를 늘린 것인데, 이는 부동산의 가치가 항상 상승하므로 되팔 때 이익이 남는다는 잘못된 근거를 바탕으로 정당화되었다. 그 결과로 자신들의 재산을 대출 담보로 이용하도록 열심히 부추김을 받았던 수많은 저소득 가계들이 2006년부터 이자율의 상승 때문에 부채 상환을 할 수 없는 상황에 놓였고, 그 사이 그들의 대출은 은행 산업 안에서 다양한 이름으로 '증권화'되었다. 그리고 이는 안전하고 높은 수익을 보장하는 투자처럼 보였다. 수익성이 높으면 그에 비례해 위험성도 높다는 사실을 이해한다면, 이는 앞뒤가 맞지 않는 말이다. 이런 '부실 자산'의 가치가 거의 0에 가까워지자, 은행은 자신들의 대차대조표에서 이들을 떨어낼 수밖에 없었다. 이로 인해 5조 달러가 넘는 총손실이 발생했으며 중앙은행과 국부 펀드(Sovereign Fund)가 신규 유동성 자금을 투입했어도 그 충격을 흡수하지 못했다. 예금자들은 점차 은행을 불신하게 되었으며 많은 돈을 잃자 통장에서 거액을 인출함으로써 공황을 더욱 가속화시켰다. 결국 2008년 봄 영국 정부는 노던록 은행을 국유화하라는 압력을 받게 된다. 이미 프레디맥(Freddie Mac)과 페니매(Fannie Mae) 연방저당공사를 구제하기 위해 개입한 바 있던 미국은 9월에 리먼브라더스의 파산이 진행되도록 방치함으로써 전 은행 체계를 위험에 빠뜨린다. 그전부터 급격히 하락했던 주식시장은 10월 초가 되자 가치의 20퍼센트를 추가로 잃는다. 수백만의 미국인들이 집을 잃고 수백만의 예금자들이 돈을 강탈당했다.

이것은 미국 내에서 진행된 대략적인 전개 과정으로, 이런 상황은 산업화된 전세계의 다른 국가들로 빠르게 확산되었다. 하지만 이 사태가 주류 경제학 패러다임에 대한 우리의 비판과 어떤 관계가 있을까? 그 사건은 평소에는 거의 존재하지 않았던 많은 요인들에 의해 발생한 일시적인 일탈에 불과한 것 아닌가? 만약에 미국의 이자율이 그렇게 높아지지 않았더라면? 만약에 신용조사기관들이 맡은 일을 적절하게 처리했더라면? 만약에 금융계의 '신동들'이 자신들의 부실 자산을 아무도 이해할 수 없었던 구조적 생산물인 것처럼 포장하지 못했더라면 ? 글쎄, 그럴 수도 있겠지만, 문제는 더 심각해졌을 것이다.

칼 폴라니의 귀환

이 전개 과정에서 주요 '경제 행위자' 셋을 식별해낼 수 있다. (생산성은 높으나 임금은 적게 받는) 노동, (부동산 모기지 형태의) 토지, ('현실'과의 모든 고리가 끊어진 가치인) 화폐. 칼 폴라니는 이 '허구적 상품' 세 가지가 표면상의 자기 조정(self-regulation) 시장에 제공되었다고 설명한다.[4] 그런데 이 상품들이 어떤 의미에서 허구라는 것인가? 실은 간단한 이야기다. 이 상품들은 매매를 위해 '생산'되지 않았다. 인간의 삶은 상품과는 다른 기준을 가지고 있으며, 자연은 누가 창조해내지 않았고, 중앙은행에 청구할 권리가 있는 화폐라는 상징물은 금융 구조에서 생겨난 유동자산이기 때문이다. 그전에 사회 속에 '집어넣어'졌으며, 당시까지 전혀 자율적인 존재가 아니었던 것들이 상품으로 전환된 것은 19세기 전환기 즈음의 시장 확대 시기이다. 그때부터 "돈의 사용가격은 이자 …… 땅의 사용가격은 지대, 노동력의 사용가격은 임금"이 되었다.[5]

폴라니는 총체적인 상품화라는 이 '악마의 제분소'가 사회를 시장의 단순한 부속물로 만들어버린다면 필연적으로 사회를 파괴할 수밖에 없으리라고 확신했다. 하지만 그는 시장의 무한한 힘은 1930년대의 공황으로 붕괴됐다고 생각했다. 폴라니의 그런 낙관주의는 거의 근거가 없었고, 설령 그가 이렇게 거대한 공황이 다시 일어나리라곤 짐작조차 못했다 하더라도, 그의 분석은 오늘날까지 타당하다. 앞서 간단히 언급했던 특정하고 특수한 상황 이상으로, 그 '허구적 상품' 세 가지는 최근 10여 년간 글자 그대로 '미쳤다'. 노동에 대한 대가가 점점 더 부당하게 지불되어 '가난한 노동자'가 극빈

층으로 몰락하고 중산층의 가처분소득이 줄어드는 동안 극소수는 터무니없는 거액을 벌었다. '발전된' 사회에선 누구도 시간당 몇 달러나 몇 유로 정도의 '가치'로 평가받아서는 안 되며, 누구도 1년에 수백만(혹은 수천만) 달러를 벌어들일 만한 '가치'는 없다. 토지는 돈을 만들 구실로만 기능하게 되었고, 채무자가 대출업자에게 제공해야 하는 담보 정도의 가치밖에는 없으며, 금융 투기가 나머지를 처리한다. 하지만 금융시장이 서로 더 촘촘히 연결될수록 투기로 인한 위험성은 더욱 커지게 됐다. 케인스가 말했던 수많은 비유 중 하나를 빌려오자면, 투기자들은—이들은 모든 사람이 승자가 될 수 없다는 사실을 아주 잘 알고 있는 사람들이다—검은 피터 게임(카드놀이의 일종으로, 마지막에 검은 피터 카드를 가지고 있는 사람이 지는 게임)을 하고 있는 것처럼 행동한다. 모든 사람이 다른 사람에게 지는 카드를 넘겨주려 애쓴다. 차이점이 있다면 부실 자산은 게임 자체를 엉망으로 만들어버린다는 점이다. 그러므로 폴라니는 '역사적으로' 틀렸지만, 공황의 깊은 원인에 관한 그의 분석은 오늘날까지도 시사적이다.

이 사태의 처방에 대해 말하자면, 본질적으로 금전적 처방이었는데, 은행들을 재난의 결정적인 국면에서 구해내고 일자리가 괴멸적으로 사라지는 것을 피하기 위해 필요했기 때문이다. 그래서 금융기관의 준비금을 재구축하고, 은행자본을 확충하고, 부실 자산을 없애기 위해 5조 달러가 할당되었다. 몇몇 사람들은 주류 경제학의 교리가 이렇게 갑작스럽게 180도 방향 전환하는 모습을 보며 놀라워했는데, 그전까지 경제학은 국가를 체제의 구원자로 변화시키는 일은 쓸모없는 정도를 넘어 오히려 해악이 된다고 간주했기 때문이다. 이는 공황이 일어나게 된 발단인 자유화(혹은 규제 철폐)가 대체로 경제적 의사 결정의 핵심을 이루는 국가 자체에 의해 이루어졌다는 사실을 망각해버렸기 때문이다. "자유무역과 경쟁조차도 실행되려면 〔국가의〕개입이 필요하다."6) 국가와 시장 간의 대립은 몇몇의 주장처럼 그렇게 크지 않다. 그 둘은 서로 단단히 얽혀서, 동일한 역관계에 묶인 존재들 아니던가? "더욱 충격적인 사실은 지난 20년 동안 진행된 국가의 점진적인 사유화이다."7) 이 점에 대해서도 19세기와 20세기 초반의 공황에 대해 언급했던 폴라니의 말이 적절하다. "자유방임은 계획되었으나, 계획은 계획되지 않았다."8) 신자유주의의 강력한 유혹에 수년간 끌려다녔던 많은 국가들이—그리고 궁극적으로는 납세자들이—이러한 사태에 개입할 수밖에 없었던 이유는 (폴라니가 언급했던 '계획'에서는 여전히 멀기만 하지만!) 이데올로기의 전환 때문이 아니라 단순히 "확장된 시장 기제에 의해 침해당한 주요한 사회적 이익"을 지키고 "자기 조정 시장이라는 관념에 내재한 논리적 모순이 …… 마침내 사회를 파괴하는"9) 상황을 피하기 위해서였다. "시장경제가 사회를 구성하는 인간과 자연에 위협이 된다면 …… 보호 장치를 요구하는 수많은 사람의 열망 외에 무엇을 기대할 수 있겠는가. …… 시장경제의 바탕에 깔린 원리에 대한 입장과 상관없이, 이론적이거나 지적인 편견이 없더라도."10)

변하지 않기 위한 변화

경제학자들이 공황에서 교훈을 얻었을까? 확실한 것은 거의 없다. 그들의 구호는 여전히 예전 그대로다. 신뢰는 반드시 회복되어야 하며 '강력하고 지속 가능하고 균형 잡힌 세계의 성장'은 장려되어야 한다. 이것이 두 번에 걸친 G20 정상회담(2009년 4월 2일 런던, 2009년 9월 25일 피츠버그)의 가장 중요한 메시지였다.[11] 앞서 상세하게 비판했던 성장 강박은 이제 그 정점에 도달했다. 물론 일반인들의 화를 가라앉히기 위해 주식시장 종사자들을 '과잉', '무모함', '무책임'이라는 용어로 잠시 공격하기도 했다. 그리고 이윤이 생기기 전까지는 임금에서 '변동적인 부분'을 인상하지 않겠다고 합의했다. 하지만 2009년 미국 은행들이 지불한 삼사분기 상여금은 그 어느 때보다 많았으니, 그 듣기 좋은 말들은 모두 사문화(死文化)되었다. 그들은 그해의 이윤이 많았다는 기록을 변명이랍시고 내놨지만, 이런 조치는 문자 그대로 도발로밖에 보이지 않았으며 소득 불균형을 더욱 심화시켰다. 그들은 체제가 바뀌지 않았다는 사실을 공식화했다. 자본주의를 좀 더 윤리적으로 만들 것이라고 허풍을 치긴 하지만, 이 체제는 여전히 완벽하게 이윤에 따라 움직인다. 다양한 어조에 담겨 반복되는 핵심 용어는 여전히 '성장'이다. 때때로 녹색이 덧붙여지는데, 무엇보다 '지속 가능한'이 가장 자주 덧붙여진다.[12] 브룬틀란의 유명한 보고서 〈우리 공동의 미래(Our Common Futre)〉(1987)에 실린 환경적인 우려가 널리 받아들여지면서 과거에는 '발전' 앞에 언제나 '지속 가능한'이라는 형용사가 어김없이 붙었다. 당시 이미 몇몇 독설가들이 그 모순적인 표현이 생태적인 한계를 고려한 발전의 형태가 아니라 '지속적인 발전'으로 이해될 것이라고 지적했는데,[13] 그들의 우려는 이제 충분히 정당해 보인다. (현실을 중요하게 고려하는) 이론적인 차원에서 보면, 현재 일어나고 있는 공황의 심각한 결과는 의사 결정자들의 생각 속에서 생태적 고려가 거의 사라져버렸다는 사실이다. 기후변화에 관한 코펜하겐 회담의 실패는 장기적인 전망에 대한 집단적인 무관심을 잘 보여준다.[14]

이 공황이 이론적인 에너지를 새롭게 분출시키고, 그 아래 깊은 곳에 깔려 있는 원인에 대한 진지한 조사를 촉발시키는 방아쇠가 될 것이라고 기대할 수도 있다. 하지만 그동안 일어난 사건들만으로는 경제 '과학'의 기본 원리에 의문을 제기하기에 부족했던가? 다양한 공식 발언들을 통해 금융 거품의 존재는 꾸며낸 이야기에 불과하며 부동산 시장은 완벽하게 건강하다고 선언했던 앨런 그린스펀(1926~ , 미국 경제학자로 1987년부터 2006년까지 미국 연방준비제도 이사회 의장)과 로런스 서머스(1954~ , 미국 경제학자로 세계은행 자문위원, 미국 재무부장관, 하버드대 총장 역임)에 대해 역사의 이름으로 유죄 평결을 내렸으니, 이제 전면적인 개선을 기대해도 좋을까? 한 가지 문제가 있다면 경제 '과학'은 그 학문의 정당성을 지켜주는 사회적인 힘과 별개로 존재하지 않는다는 사실이다.

공황은 수백만 명의 집과 일자리에 타격을 주었지만,[15] 경제학자들의 머릿속 생각에는 거의 영향을 주지 못했다. 하지만 그들이 이 시대의 표준적인 패러다임 안에서 사고하고 있다면, 누가 그들을 심하게 비난할 수 있겠는가? 수년간 신자유주의적인 '민물 경제학파'[16]로부터 비웃음을 받다가 다시 각광을 받기 시작한 케인스 학파도 상황을 바꾸진 못했다. 경쟁 상대인 두 학파 간의 논쟁이 '시장의 효율'이라는 아주 협소한 부분에 대해서만 이루어졌기 때문이다. 경제학 분야 전문가들 중에서 가장 비판적인 회원으로 간주되어, 프랑스 대통령이 GDP를 대체할 새로운 지표를 제안하도록 임명됐던 학자들[17]이 기본 모델과 충돌하지 않는 상대적으로 사소한 몇 가지 조정을 하는 것만으로 만족했다는 사실 역시 의미심장하다.[18]

경제적·정치적 차원에서 이 공황은 적절한 문제 제기를 하지 못했고, 오히려 새로운 패러다임의 출현이 가능할 것이라는 희망을 꺾어버렸다. 하지만 역사는 그렇게 쉽게 무시할 수 있는 존재가 아니다. 마르크스가 이미 지적했듯이 자본주의 체제는 "이런 자본의 모순이 사회와 생산 그 자체의 토대를 위협하는 거대한 폭풍우가 되어 분출하며 점점 더 스스로를 위협"[19]하는 공황에서 벗어날 수 없다. 그리고 마르크스는 공황을 금융자본의 일탈과 특별히 관련되어 있다고 이야기했다.[20] 그러나 공황이 아무리 자주 일어나더라도, 경제학자들에게는 아무런 가르침도 주지 못했다. (그동안 방대하게 분석되었으나, 그런 규모의 파멸적인 사태는 다시 반복되지 않을 것이라는 순진한 믿음을 바탕으로 분석되었던) 1929년의 대공황까지 되돌아가지 않더라도, 최근에 일어났던 사례들을 숱하게 언급할 수 있다. (주식시장이 48퍼센트 폭락했던) 1973~74년,[21] 1987년, 아시아의 1997~98년, 2000년의 '인터넷 거품'까지 그 어느 경우도 경제학 이론에는 타격을 주지 못했다.

왜 그렇게 고집스럽게 현실을 부인하는 걸까? 주류 경제 '과학'의 종교적인 특성이 모든 비판을 면역시켜주기 때문으로 보인다. 경제 '과학'은 실질적인 사회적 관습에는 전혀 주의를 기울이지 않고, 호모 에코노미쿠스가 자신이 창조해낸 허구일 뿐이라는 사실을 모른 척하며 자신이 만든 확신의 구덩이에 빠져서, 경제 행위자의 '합리성'에 현실을 끼워 맞추도록 고안된 우아한 원리에 만족하며 그 자리에 버티고 있다. 실패는 명백하지만, 그런 결론을 내리려는 사람은 아무도 없는 것 같다. 주류 경제 '과학'에서 가장 신망이 높은 옹호자들은 당연히 '정상으로 복귀'할 것이라고 믿고 있다. 즉 이는 피츠버그에서 열린 G20의 성명서처럼 '강력하고 지속 가능하고 균형 잡힌 성장'으로의 복귀를 의미한다.

경제학의 무지

경제학은 매우 기묘한 '과학'이다. 역사적 사실에 대한 경제학의 저항은, 정반대의 증거들을 보면서도 집요하게 종교의 교리를 지키려던 사람들을 떠올리게 한다. 그러므로 경제학의 패러다임 변화가 주류에 충성하던 사람들에게서 나오리라고는 기대하기 힘들다. 가끔 불붙는 그들 간의 내부 논쟁도 그들이 함께 공유하고 있는 밑바탕에 깔린 가정에는 거의 영향을 미치지 않기 때문이다.

　우리가 보아왔듯이 현재 필요한 것은 **패러다임의 변화**이다. 이것은 '경제적 사실'(생산과 소비 그리고 무수한 상품과 용역의 교환)을 부정하지 않으면서, 주류 경제 '과학'에 의해 채택된 방식을 벗어나 다른 접근 방식을 도입하는 것을 의미한다. 칼 폴라니는 이것을 사회에 경제적 사실을 '재삽입'한다고 표현했다. 즉 경제적 사실들이 인간 생활의 나머지 부분들로부터 분리되어 존재하는 게 아니라, 사회라는 뼈대 안에서 구성된 현상으로 본다는 의미이다. 예를 들자면, 실업은 단순히 노동시장의 '조정 변수'가 아니며, 가격은 상품의 '가치'를 측정하는 유일한 방법이 아니다. 물건의 '효용'은 그 물건을 획득하기 위해 지불할 용의가 있는 가격이 아니라 우리의 가치관에 달려 있다. 그러므로 인류학은 행동 방식과 교환만이 아니라 경제학 담론의 허구 바깥에 있는 거의 대부분의 사회생활 형태를 드러내는 데도 기여할 수 있을 것이다.

폴라니의 연구 방법을 더 많이 채택해서 경제학을 지구의 생태 환경에 '재삽입'시키고 (가장 중요한 현상만 언급하더라도, 모든 종류의 공해와 에너지의 공급과 소비, 삼림 파괴, 해양자원의 고갈, 기후변화, 생물 다양성 침해를 포함한) 지구 생태계 전체에 '경제적 사실'이 끼친 영향을 평가해야 한다. 폴라니는 토지를 '허구적 상품'으로 다룸으로써 일반적으로 '자연'이라 불리는 존재의 특별한 상태에 대한 인식을 명확히 보여주었다. 자연은 오랜 시간 동안 시장 밖에 있었다(그리고 있어야 했다). 최근 수십 년 사이에 우리가 알게 된 새로운 정보들로 인해 시장 근본주의에 대한 비판은 폴라니가 살았던 시대보다 더욱 집요해졌다. 사회생활도 자연의 생물들과 같다. 다른 사람들 없이 혼자만 살아가는 것을 상상하거나, 소생활권(biotope)에 대한 고려 없이 사회에 대해 생각하거나, 반대로 그 속에 살아가는 존재들을 무시하면서 자연을 신성시(혹은 '성역화')할 수는 없다. 진정한 세계화는 경제학자들이 주장하는 것과는 다르다. 상품과 자본의 흐름 그리고 그것들을 순환시키며 느끼는 자유의 즐거움과 그것들을 더욱 자유롭고 만들고 더욱 숫자를 늘리려는 야망에만 초점을 맞추는 것은 결국 세상을 매우 비참한 상황으로 내몰 뿐이다. 세상만사를 아우른다고 주장하는 거시경제학은 결국 거의 아무것도 파악하지 못했다. 게다가 무엇보다, 가장 중요한 사항들을 배제해버렸다. 이것은 소설책의 두께로 소설의 질을 판단하는 것이나 마찬가지다.

그러므로 주류 경제학은 실명 상태라고 볼 수 있을 정도로 근시안적인 '과학'이다. 시장에 등록된 모든 것들은 계산하고 또 계산하지만, 자신들이 의지하는 그 수치에 현실 세계가 거의 반영되어 있지 않다는 사실은 무시한다. 혹자는 내가 틀렸다며, 경제학자들은 자신들이 시장 교환에 대해서만 다룬다는 사실과, 다른 '영역들'의 활동이 존재한다는 사실, 자신들의 범위 바깥에 놓여 있는 많은 문제들 그리고 자신들이 방법론적인 엄격함을 위해 배제하기로 했던 것들에 대해 완벽하게 잘 알고 있다고 반론을 할지도 모르겠다. 좋다. 그 반론을 받아들이도록 하자. 하지만 그게 끝은 아니다. 대부분의 경제학자들은 단순히 묘사하는 데 만족하지 않기 때문이다. 그들은 끊임없이 지시를 내린다. 이자율을 올려야 할지 내려야 할지, 무역을 자유화해야 할지 국가가 규제해야 할지, '주식의 가치'가 생산 재배치를 정당화해줄지, 원료의 가격을 현물시장에 의해 결정해야 할지 아니면 미래에 발생할 희소성을 반영해야 할지, 원시림을 수지가 맞는 기름야자나무로 교체해야 할지, 비만방지약과 말라리아 치료약 중 어디에 투자해야 할지, 개발도상국의 시장이 자동차 산업을 구하게 할지에 대한 결정은 경제학자의 조언에 달려 있다. 이러한 각각의 문제에 대답할 때 '훌륭하고' 높은 명성을 지닌 경제학자들은 '합리적 기대(rational expectations) 가설'을 내세우는데, 이는 정부의 정책 결정자나 기업가의 결정에 '과학적' 근거를 제공해준다.

하지만 이런저런 경제학 이론에 따른 그 결정들은 '경제적'인 것만이 아니며, 상품이나 용역의 교환과 그로 인한 이윤에 관한 준-학술적인 고찰로 축소될 수도 없다. 경제가 다른 분야의 인간 생활로부터 분리된 독립적인 분야가 아니라는 사실을 인정한다면, 예상 가능한 모든 영향을 고려해야만 하기 때문이다. 각각의 '경제적' 결정은 엄청나게 많은 사람에게 영향을 미치며, 우리 모두에게 중요한 소생활권에도 예측 가능하거나 또는 불가능한 영향을 끼친다. 물론 이러한 사회적이고 생태적 영향은 직업적 경제학자들의 고도로 정교한 모형에는 포함되지 않으며, 그 부분을 무시한 것에 대해 비판하면 그들 대부분은 불가능한 일을 하리라는 기대를 버리라고 대꾸한다. 하지만 피해가 발생한다. 그리고 경제학자들이 그 피해에 대해 가장 큰 책임을 져야 한다.

그러므로 경제학자들의 주장에 따라 '강력하고 지속 가능하고 균형 잡힌 성장'을 통해 현재의 공황에서 빠져나갈 방법을 찾는 것은 완전히 미친 짓이며, "이와 같은 공황이 다시는 발생하지 않도록 하겠다"는 런던 G20 정상회담의 약속은 전혀 신뢰가 가지 않는다. (지급 능력이 있는 수요의) '회복'을 추구하는 것은 해결해야 할 문제를 더욱 키우고, 기후변화와 에너지, 음식에 관련된 더욱 심각하고 통제할 수 없는 공황의 시작을 재촉할 뿐이다. 돈을 벌거나 '대마불사(大馬不死)'의 은행을 매입하기에는 편리할지 몰라도, 예정된 석유 보유량의 고갈과 해수면의 상승, 지구온난화를 다루기에는 더욱 어려워질 것이다.

변화의 희망?

가장 신자유주의적인 경제학자들은 대개 자신들의 가설에 대한 어떤 문제 제기에도 영향을 받지 않지만, 그 체제의 희생자들은 체제로부터 자신을 보호하거나 아예 탈출하는 게 가능하다는 사실을 차츰 인식하기 시작했다. 이들의 비판은 이론적이기보다는 실천적이다. 하지만 특유의 장점으로 문제의 핵심을 찌른다. **성장** 말이다.

케네스 볼딩(1910~ , 미국 이론경제학자이자 사회철학자)의 "이 유한한 세상에서 무한한 성장이 가능하다고 믿는 사람은 미치광이거나 경제학자뿐이다"라는 격언은 잘 알려져 있다. 그리고 대부분의 사람들은 둘 중 어느 쪽도 되고 싶지 않기에, 성장 그 자체를 위한 성장을 꺼려 하고, 자가용보다 대중교통을 선호하며, 광고를 보지 않고, 육류 소비를 줄이고, 버리기보다 재활용하고, 슈퍼마켓 대신 농민들에게서 직접 구매하고, 생태적인 영향을 걱정하는 등의 검소해지려는 새로운 노력과 '성장 반대' 운동이 탄생했다. 이 책의 9장에서는 그런 개인과 집단의 솔선수범만으로는 사회 전체적인 흐름을 의미있게 변화시키지 못한다는 사실을 강조했다. 하지만 그들은 아주 놀라운 방법으로, 현재와 다르게 사는 것이 가능하다는 생각을 퍼뜨리는 데 도움을 주었다.

어떤 대가를 치르더라도 성장해야 한다고 고집하는 이들은 2009년처럼 공황이 다시 발생해서 (GDP의) 실질적인 '탈성장'을 야기하게 되면, 사회적·인적 비용이 엄청나게 늘어나기 때문에 오히려 더 성장을 해야 한다고 주장할 것이다. 이에 대해서는 밀접하게 관련된 두 개의 답변이 있다. 첫째, 성장 강박을 바탕으로 한 체제는 그 강박이 남아 있는 상태에서 성장을 달성할 수 없게 되었을 때 필연적으로 잘못된 길로 나아가게 된다. 세르주 라투슈가 좋아하던 비유를 사용해서 말하자면, 그때의 사회는 마약중독자가 갑자기 주사를 박탈당한 상태와 비슷하다. 최악의 사태가 벌어질 수도 있으며, 그 결과에 따른 미친 질주는 사회적 보호막과 일자리를 위협하게 될 것이다. 지속 가능하고, 균형 잡히고, 안정되며, 조화롭고(독자가 형용사를 채워보라) 탈성장에 기초한 사회가 **현실적이며 달성 가능한 계획**이라는 사실은 피할 수 없는 귀결이다.[22] 하지만 이를 위해서는 지난 수십 년간 우리가 배워왔던 개념적 도식과 단절하고 경제학적인 교리에 맞서 싸워야만 한다.

주류 경제 '과학' 옹호자들의 마지막 반론은, 성장 반대론이 고통 없이 어느 정도의 안락한 상태를 포기할 수 있고 체제를 비판할 수 있는 북반구에 사는 일부 버르장머리없는 아이들의 젠체하는 태도일 뿐이라는 주장이다. 하지만 최근 볼리비아에서는 모랄레스 대통령 주도로 경제적 자유주의와 결부된 성장 지향적인 '발전'과는 다른 방식으로 사회를 조직하는 방법을 연구하기 시작했다. 그 '국가발전계획(Plan nacional de desarrollo)'의 배후에 있는 주요한 사상은, 자연과 다른 사람을 희생시킬 우려가 있는 물질적인 상품의 획득을 중심에 둔 서구의 '복리(well-being)' 개념과는 대조적으로 모든 사람이 '좋은 삶(bien vivir)'을 누려야 한다는 것이다.

"'좋은 삶'은 '함께 잘 사는 것'을 의미한다. 다른 사람이 나쁜 삶을 살 때 혼자서만 잘 살 수는 없기 때문이다. 그것은 공동체의 구성원으로서 공동체의 보호 아래 자연과 조화롭게 사는 것을 의미한다."[23] 다시 말해서, "'좋은 삶'은 물질적 재화를 이용할 수 있는 기회와 누릴 수 있는 권리, 그리고 모든 사람이 자연과 더불어 인간 공동체와 조화하면서 각자의 감정적이고 주관적이며 정신적인 삶을 꽃피우는 데 달려 있다."[24] 모랄레스 대통령이 목표를 달성할 수 있을지 없을지는 역사가 말해주겠지만 그 달성 여부가 실제로 중요한 핵심은 아니다. 그런 계획이 존재한다는 사실은 북반구와 마찬가지로 남반구에서도 성장을 맹목적으로 숭배해왔던 체제에 대한 비판과, 이제는 성장을 버릴 때가 되었다는 목소리가 높아지고 있다는 징후이다.

사람들이 세상을 생각하는 방법, 가치관과 신앙의 혁명은 하루아침에 일어나지 않는다. 혁명은 연설이나 행동으로 시작되기도 하고, 그전까지는 반대할 것 같지 않았던 행위를 거부하는 것으로부터 시작되기도 한다. 혁명은 북반구에서 시작될 수도 있고 남반구에서 시작될 수도 있으며, 부유한 사람들에서 시작될 수도 있고 빈곤한 사람들에서 시작될 수도 있다. 하지만 그런 변화는 언제나 유일하게 가능한 방법이라고 여겨왔던 방식으로는 더 이상 계속 살아갈 수 없다는 깨달음으로부터 시작된다. 칼 폴라니가 기대했던 '거대한 전환'의 시기가 지평선 위로 떠오르고 있는 것일까? 그렇게 말하기는 아직 이르지만, 이미 변화가 진행되고 있다는 사실은 명확하다. 이러한 변화에는 마침내 시작된 사람들의 관습의 변화 그리고 경제학적 패러다임에 대해 비판적인 검토가 수반될 것이다.

새로운 패러다임을 위한 비판

이제 새로운 경제학적 패러다임이 필요하다. 토머스 쿤에 따르면,

위기에 빠진 패러다임에서 정상 과학의 새로운 전통이 출현할 수 있는 새로운 패러다임으로의 전환은 오래된 패러다임의 수정이나 확장에 의해 달성되는 점증적인 과정이 결코 아니다. 그보다는 그 분야를 새로운 토대 위에 재구축하는 것이고, 그 분야에서 가장 기초가 되는 이론적 개괄과 더불어 그 패러다임의 수많은 방법론과 응용 과정을 변화시키는 재구축이다.[25]

그러므로 최근 몇몇 사람들이 시도하듯이 낡은 패러다임을 현실에 맞춰서 '땜질'하는 것은 무의미하다. 새로운 기반 위에서의 출발을 목표로 삼아야 한다. 다른 방향에서 경제학에 대한 문제를 제기하거나, 경제 '과학'이 어둠 속에 내버려두고 있는 모든 것(성장의 이유와 그 생태적 영향, '불합리한' 행동의 고집과 비시장 교환, 다른 자원과 상품 사이에 삽입된 화폐가 일으키는 혼란 등)을 훈련된 눈으로 바라봐야 한다. 새로운 모형은 다른 사람들로부터 떨어져 혼자 지내는 경제학자들의 연구실에서 만들어질 수 없다. 그 모형은 역사로부터 시작해서 지구생태학을 거쳐 사회인류학에 이르는 수많은 지식을 필요로 하며, 지금의 패러다임의 영향에 맞서 싸우고 있는 사회운동의 한 부분이 되어야 한다. 그러므로 과제는 새로운 패러다임을 학제적이고 사회적이며 인간 활동의 결과와 원인을 이해하기 위해 설계하는 것이다. 그 결과에 따라 경제 '과학'의 요새가 마침내 흔들릴 것이다. 경제가 '하부구조'의 형식으로 표현될

때조차 사회와 자연환경의 변화로부터 봉쇄된 분야로는 생각되지 않기 때문이다.

이 책은 새로운 경제학 이론을 제공하겠다고 주장하지 않는다. 이 책의 목표는 그저 경종을 울리는 것이며, 표준 경제 '과학'이 우리를 끌고 들어가고 있는 막다른 길에 맞서 목소리를 높이는 것이다. 다시 말하지만, 이 책에 포함된 비판은 수많은 참고문헌에서 보듯이 결코 새로운 것이 아니다. 어떤 비판은 경제학계 내부에서 만들어진 것이고, 어떤 부분은 동료들로부터 인정받는 저자들에게 빚지고 있다. 다른 부분은 역사학자와 사회학자, 인류학자 들의 연구뿐만 아니라, 시장의 '과학'이 제공해주었던 것과는 다른 관점으로 '경제적 사실'을 바라보는 방법을 보여주었던 정치인들의 연구로부터도 도움을 받았다. 경제학은 표준 경제 '과학'이 우리에게 믿도록 만들었던 것들에 국한되지 않는다. 이런 목소리가 널리 알려져야 한다. 경제 '과학'에 대한 비판 그리고 경제학이 사회과학과 인문학에 행세하려는 주도권에 대한 반론은 이 책에서 없어서는 안 될 부분이라 넣을 수밖에 없었지만, 그 논쟁이 즐거웠다는 사실에는 의문의 여지가 없다. 지구라는 행성의 상황과 사회적 불평등의 증가, 무한한 경제성장의 영향, 우리를 포로로 잡고 있는 체제의 일탈까지 우리의 관심사는 매우 다양하다. 주류 경제학의 일반적인 경향은 이런 상황에 전혀 개의치 않고 계속 나아갈 것이다. 하지만 주류 경제학은 더 이상 우리의 선택 사항이 아니다. 이 책에서 나는 새로운 패러다임의 수립이 필요한 이유를 최대한 쉽게 설명하려고 했다. 인류의 생존이 시급한 상황이다. 미래를 믿는 것만으로는 더 이상 충분치 않다. 이제 준비하고 시작해야만 한다.

주석

한국어판 서문

1) Dudley Seers, *The Limitations of the Special Case*, 옥스퍼드 경제·통계 연구소 편람, 25(2), 1963. 5, pp.77~98.

서문

1) Hannah Arendt, *The Human Condition*, Chicago: University of Chicago Press, 1958, p.322.

2) Frédéric Lebaron, *La Croyance économique. Les économistes entre science et politique*, Paris: Seuil, 2000.

3) 엥겔스는 1890년 9월 21일 요제프 블로흐에게 보낸 편지에서 그런 저급한 마르크스주의를 명확히 거부했다. "역사적 유물론의 개념에 따르면, 역사에서 가장 결정적인 요인은 현실의 생산과 재생산이다. 마르크스도 나도 그 이상의 주장을 해본 적은 없다. 따라서 누군가 이것을 경제적인 요인만이 유일하게 결정적인 요인이라고 왜곡한다면, 그 논제를 무의미하고 추상적이고 불합리한 어구로 변형시키는 것이 된다. 경제적 상황은 토대다. 하지만, 다양한 상부구조의 요소들 …… 역시 역사적 투쟁 과정에 영향을 미치며 많은 경우에 그 투쟁의 형식을 결정한다." Marx Engels, *Selected Correspondence*, Moscow: Progress Publishers, 1975, pp.394~395.

4) "기후변화로 얻은 가장 혹독한 교훈은 성장을 밀어붙이고 부유한 국가들에서 방탕한 소비를 주도해온 경제 모형은 생태적으로 지속 가능하지 않다는 것이다."

United Nations Development Program, *Human Development Report 2007~2008*, New York: Palgrave Macmillan, 2007, p.15. 유엔개발계획은 외교적인 이유로 '부유한 국가들'만 언급했지만, '성장주도형 경제 모형'은 이제 모든 국가에 적용되고 있다고 봐야 한다.

5) 모든 국가, 특히 '발전도상국'에서의 '생활수준'이 대체로 나아지고 있기 때문에 세계적인 규모에서는 불평등 정도가 낮아지고 있다고 주장하는 이들도 있다. 하지만 이런 식으로 규모를 선택적으로 묶으면, 남반구와 북반구의 각국 내부에 존재하는 가장 중요한 현실 문제들이 감춰지게 된다(Trent Schroyer, *Beyond Western Economics*, London: Routledge, 2009, pp.1~2를 보라). 2005년도에 발간된 연구에 따르면(Carole Frydman과 Raven Saks, "Historical Trends in Executive Compensation, 1936~2003", 15 November 2005), 1940년부터 1980년 사이에 미국 내 기업의 고위급 중역들의 임금은 평균 40배, 2000년까지는 300배 인상되었으며, 임마누엘 사에즈에 따르면 2006년 10%의 가장 부유한 사람들이 국내 소득의 절반을 가져갔다(수치들은 Hervé Kempf, *Pour sauver la planète, sortez du capitalisme*, Paris: Seuil, 2009, pp.27~28에서 인용). Pierre-Noël Giraud, *L'inégalité du monde. Economie du monde contemporain*, Paris: Gallimard, 1996 참조.

6) 질베르 리스트, 《발전은 영원할 것이라는 환상》, 봄날의책, 2013.

7) Thomas S. Kuhn, *The Structure of Scientic Revolutions*, 3rd edn, Chicago: University of Chicago Press, 1996, p.37. "과학 공동체가 하나의 패러다임을 통해 얻을 수 있는 것은 문제를 선택할 때 이용할 수 있는 기준으로, 패러다임이 받아들여지는 동안에는 그 문제들에 대한 해법이 있다고 가정할 수 있다."

8) "경제학의 가정들이 현실적인지 아닌지에 대한 논쟁을 거부하는 것이 표준 경제학의 신념이다." Jacques Sapir, *Les Trous noirs de la science économique. Essai sur l'impossibilité de penser le temps et l'argent*, Paris: Albin Michel, 2000, p.35. 내 접근 방식은 스티븐 A. 마글린의 방식과 유사하다. 그는 다음과 같이 언급했다. "나는 '경제학'을 너무 심하게 단순화하고 현대 경제학의 지적인 기획의 폭과 깊이를 시대에 뒤떨어진 것으로 우스꽝스럽게 묘사함으로써 하찮은 것으로 만들어버렸다는 비난을 받게 될 것이다. 내가 대답해줄 말은 두 가지이다. 첫째, 경제학의 기획은 최첨단 경제학 이론 분야에서 일어나고 있는 일보다는 경제학 개론서들에서 그 특징이 더욱 잘 드러난다. 둘째, 최첨단 분야조차 경제학의 기본 가정에 대해서는 거의 문제 삼지 않는다." (*The Dismal Science. How Thinking Like an Economist Undermines Community*, Cambridge MA: Harvard University Press, 2008, pp.4~5) 그

리고 결론에 전적으로 동의하는 것은 아니지만, 트렌트 슈로이어의 접근 방식과
도 유사하다(*Beyond Western Economics*, London: Routledge, 2009).

9) 그들의 연구는 www.peacon.net에서 참조할 수 있을 것이다. Edward Fullbrook,
Pluralist Economics, London: Zed Books, 2008도 참조할 수 있다.

10) 여기에 적절한지는 모르겠지만 짧은 이야기를 하나 하겠다. 프랑스 국립고등학
교에서 대입시험을 준비하고 있는 백 명의 학생에게 경제학 가정들에 대해 강의
해달라는 초청을 받았을 때, 나는 이 책에 있는 몇몇 주장을 소개하기로 결심했
다. 나는 청중들로부터 찬사를 들었고 흥미로운 질문을 받기도 했다. 당시까지
도 난 학생들과 동행한 교사들이 어떻게 반응할지 걱정했다. 교사들은 내 비판
적인 주장을 어떻게 생각했을까? 교사들은 당황스럽다는 반응을 보였다. "물론
교수님의 관점에 대체로 동의하긴 합니다만, 그런 내용을 가르칠 수는 없습니
다. 우리의 일은 학생들을 대학에 보내는 겁니다. 학생들의 답안은 외부 채점관
이 채점할 것이기 때문에 교과 내용에 있는 주류의 관점에서 벗어나면 분명히
시험에 떨어지게 될 거예요." 이는 부족한 비판 의식, 그리고 궁극적으로는 무
지가 어떻게 전파되는지 잘 보여주는 사례이다.

11) Steve Keen, *Debunking Economics: The Naked Emperor of the Social Sciences*, London:
Zed Books, 2007(2004), p.154.

1장 경제학과 역사학, 인류학

1) 질베르 리스트의 《발전은 영원할 것이라는 환상》 참조.

2) 이러한 저속한 자기 사회중심주의에는 탈출구가 없어 보인다! 레비-스트로스가
보여주었듯이, 모든 사회는 자신들이 '최고'라고 생각한다. 이누이트(inuit), (베
르베르족의) 아마지겐(amazigen), 문투/반투(muntu/bantu)는 모두 '남자' 혹은
'인간'을 의미한다. 여기에는 다른 사람들은 인간이 아니라는 의미가 내포되어
있다. 아프리카에 있는 나라 '부르키나파소(Burkina Faso)'는 '진짜 인간들의 고
향'이라는 의미이다. 중국은 자신들을 '중앙의 왕국', 즉 지구의 중심이라고 생각
했다. 쿠스코(Cuzco)는 '세계의 배꼽'이라는 뜻이다(그리스의 섬 델로스도 마찬
가지다).

3) Jean-Loup Amselle, *Rétrovolutions. Essais sur les primitivismes contemporains*, Paris:
Stock, 2010 참조.

4) 애덤 스미스가 이렇게 이야기한 것은 맞다. "두 마리의 개가 두 개의 뼈다귀를 공평하게 의식적으로 교환하는 것을 본 사람은 아무도 없다."(*The Wealth of Nations*, vol. 1, London: Methuen, 1961, p.17) 하지만 애덤 스미스가 이기적인 교환을 개인이 '이웃의 도움'을 얻는 유일한 방법이라고 생각하기라도 했던 것처럼 그의 생각을 단순한 이기적인 교환 이론으로 축소해버리는 것은 옳지 않다. 그와 동시에, 인류학에 대한 스미스의 지식이 피상적인 수준이었으며 쉽게 오해하는 경향이 있었다는 사실도 잊지 말아야 한다.

5) Pierre-André Taguieff, *L'Effacement de l'avenir*, Paris: Galilée, 2000 참조.

6) Gérald Berthoud, *Vers une anthropologie générale. Modernité et altérité*, Geneva: Droz, 1992, p.II에서 인용했다. 샤베통의 몇 가지 발언은 몽테뉴를 연상시킨다. 예를 들어 이 짧은 인용문을 몽테뉴의《수상록》1권, 30장과 비교해보라. "이 나라[브라질]에서 야만스럽거나 미개한 것은 전혀 발견하지 못했다. …… 자신의 나라에서 익숙하지 않은 모든 것에 야만이라는 칭호를 붙이는 사람들을 제외하면 말이다. 사실 우리가 가진 진실의 척도와 근거는 우리가 사는 곳의 사례와 관습, 의견 정도에 불과하다."(*Essays*, Chicago: University of Chicago, 1952, p.93)

7) Jean-Claude Michéa, *L'Empire du moindre mal*, Paris: Climats, 2007, p.54; *Impasse Adam Smith*, Castelnau-le-Lez: Climats, 2002를 보라.

8) Jean-Jacques Rousseau, "Essay on the origin of Languages", *On the Origin of Language*, New York: Ungar, 19, pp.30~31.

9) 이것이 실체적 경제학(칼 폴라니에게 있어서 이 용어는 어디에 살든 사람들의 생계는 환경과 다른 이들과의 협력에 달렸으므로, 경제적 측면은 사회관계에 둘러싸여 있다는 의미이다)과 (호모 에코노미쿠스의 합리성과 시장 교환에 호응하는) 형식 경제학의 차이이다. 몇몇 학자들은—예를 들자면, 클로드 레비-스트로스 "Productivité et condition humaine", *Études rurales*, 159~160, July-December 2001, p.130—전통적인 사회에는 합리성이나 계산, 시장 형태도 없고, 현대 사회에서도 시장 교환으로 모든 것을 설명할 수 없으므로, 그 둘 사이의 대립이 "점차 사라져가고 있는 것처럼 보인다"고 주장하기도 한다. 하지만 우리의 시각으로 보자면, 주로 비정통적인 이론에 반대하는 '표준' 이론의 비타협성 때문에라도 둘 사이의 균열은 확실히 존재한다.

2장 실패한 과학적 야망

1) *Le Monde*, 2008년 10월 16일자, Patrick Moynot의 "Nobel d'economie: coup de maitre" 참조.

2) 프레데릭 르바롱은 프랑스의 경제학 분야에 대한 오랜 연구 끝에 이와 같은 실망스러운 결론에 도달했다. *La Croyance économique. Les économistes entre science et politique*, Paris : Seuil, 2000, p.41.

3) 위의 책, p.63.

4) Jacques Sapir, *Les Trous noirs de la science economique. Essai sur l'impossibilite de penser le temps et l'argent*, Paris: Albin Michel, 2000, p.29. Bernard Maris의 *Lettre ouverte aux gourous de l'economie qui nous prennent pour des imbeciles*, Paris: Albin Michel and Seuil, 1999/2003에서는 비판이 훨씬 혹독한데, '순수한' 경제학에서 훨씬 자주 다뤄지는 문제는 애로의 불가능성 정리(Arrow's impossibility theorem)로서 '수학자들이 십자말풀이 퍼즐처럼 …… 무척 흥미로워' 하는 '수학적 호기심'이다 (p.40).

5) 세르주 라투슈의 *L'Invention de l'economie*, Paris: 2005 참조. 조금 덧붙이자면, 경제학이 '발명'된 시기는 확실히 자의적이다. 스미스, 리카도 혹은 마르크스와 같은 학자들은 아리스토텔레스 시대까지 올라가고, 다른 이들은 16, 17세기의 중상주의자부터 시작한다. 이 책에서는 경제학의 시작을 18세기, 특히 애덤 스미스로 잡았다. 비록 애덤 스미스의 견해가 보편적인 이익을 성취하기 위한 수단으로서 개인적인 이익 추구를 칭송하기라도 한 것처럼 자주 왜곡되긴 하지만 말이다. 그 부분에 대해서는 애덤 스미스의 《도덕감정론(*Theory of Moral Sentiments*)》(1795)에 나오는 서술이 훨씬 뛰어나며 내용은 무척 다르다.

6) 린네는 그 작업을 진행하는 동안 '자연의 경제(economy of nature)'를 제기했는데, '자연의 경제'가 최소한의 비용으로 최대한의 '보상'을 보장하도록 한다는 의미였다.

7) 이를 대략적으로 살펴보려면 2006년 파리에서 개최된 전람회의 훌륭한 카탈로그를 참조하라. Yann Fauchois, Thierry Grillet and Tzvetan Todorov, eds, *Lumières! Un héritage pour demain*, Paris: Bibliothèque Nationale de France, 2006.

8) 예를 들자면, 《국부론》에서 '자연가격'(1편 7장)이나 '국부 증진의 자연적인 진행과정'(3편 1장)에 대한 애덤 스미스의 설명을 보라. 4편 9장에서 애덤 스미스는 다음과 같이 썼다. 만일 우리가 "특혜나 제한을 가하는 모든 제도"를 철폐하면

"분명하고 단순한 자연적 자유(natural liverty)의 제도가 스스로 확립된다." 이를 통해 국왕은 "사적인 개인들의 사업을 관리"하는 불가능한 과업으로부터 해방된다. 이와 같이 초기 정치경제학 연구는 주로 경제적 자유를 정치적 자유와 밀접하게 연관시킴으로써 절대왕정을 비판했던 것처럼 보인다. 그와 동시에, 이익의 조화 이론은 개인적인 이익의 추구와 시기심으로 인한 불만을 제거함으로써 도덕성을 불필요하게 만들었다. Jean-Claude Michéa, *L'Empire du moindre mal. Essai sur la civilisation libérale*, Paris: Climats, 2007, p.98를 보라.

9) 《백과전서》의 '농업' 항목(Georges Gusdorf, *Les Sciences humaines et la conscience occidentale*, vol.6: *L'Avènement des sciences humaines au Siècle des lumières*, Paris: Payot, 1973, p.548에서 재인용).

10) 위의 책, p.549.

11) Jacques Grinevald, "Le sens bioéconomique du développement humain: l'affaire Nicholas Georgescu-Roegen", *Revue européenne des sciences sociales* 38(51), 1980, pp.62~63 참조.

12) Pierre-François Le Mercier de la Rivière, *L'Ordre naturel et essentiel des sociétés politiques*, London: Jean Nourse, 1767.

13) "사물(事物)이 존재하고 생성되는 방식은 그 사물의 본질이라고 부르는 것을 구성한다. 그리고 그 사물의 본질에 대한 조심스러운 관찰은 모든 진실의 유일한 토대이다. …… 부와 관련된 사건이 일어나는 방식을 보이는 …… 정치 경제는 …… 실험적 화학의 한 부분을 구성한다. …… 그 토대를 구성하는 원리가 논란의 여지가 없는 일반적인 사실의 엄밀한 추론인 한 …… 정치 경제는 …… 불변의 토대 위에 놓인 것이다." Jean-Baptiste Say, *A Treatise on Political Economy*, 5th edn, Philadelphia: Claxton, Remsen & Haffelfinger, 1871, pp.xvii-xviii.

14) "그렇게 되면 자연은 인간 활동과는 별개로 존재하는 것이 된다." Clément Rosset, *L'Anti-nature. Éléments pour une philosophie tragique*, Paris: PUF, 1986(1973)에서 인용. 경제 '과학'의 근거를 '자연'에 두는 것은 경제학의 역사적이고 사회적인 기원을 감출 수 있도록 해준다. "그것은 근대 이념이 그들에게 영향력을 행사할 수 있도록 용인해주는, 외면상으로는 '과학적' 지식이라는 이름 아래 여전히 숨어 있다."(Jean-Claude Michéa, *L'Empire du moindre mal*, Paris: Climats, 2007, p.54) 엥겔스 역시 사회주의가 과학적이라고 주장했다.

15) Keen, *Debunking Economics*, p.81.

16) 주목할 만한 예외가 있다면 소스타인 베블런이다("Why Is Economics Not An

Evolutionary Science?", *Quarterly Journal of Economics* 12, 1898, pp.373~397). 그
는 물리학이 아니라 생물학의 관점에서 경제학을 설명하려 했다. 그리고 그 전
의 가정들을 낡은 것으로 만들어버리는 사회적·제도적 변화를 계산에 넣었다.

17) Léon Walras, "Preface to the Fourth Edition", *Elements of Pure Economics*, London:
George Allen & Unwin, 1954, pp.47~48.

18) Léon Walras, "Economics and Mechanics"(1909), Philip Mirowski and Pamela Cook,
"Walras' 'Economics and Mechanics': Translation, Commentary, Context", Warren
J. Samuels, ed., *Economics as Discourse: An Analysis of the Language of Economists*, Dor-
drecht: Kluwer, 1990, pp.189~213.

19) 위의 책, p.208.

20) 위의 책, p.213.

21) Nicholas Georgescu-Roegen, "The Entropy Law and the Economic Problem"(1970),
Energy and Economic Myths: Institutional and Analytical Economic Essays, New York:
Pergamon Press, 1976, p.53.

22) "초기부터 열역학의 엔트로피 법칙이 있었더라면 경제학자들은 가치 있는 자원
(낮은 엔트로피)과 무가치한 부산물인 최종 산물(높은 엔트로피) 사이의 질적
인 차이를 인식할 수 있었을 것이다." Nicholas Georgescu-Roegen, "Energy and
Economic Myths"(1972), *Energy and Economic Myths*, p.9.

23) José Manuel Naredo, *La Economía en evolución. Historia y perspectivas de las categorías
básicas del pensamiento económico*, Madrid: Siglo XXI de España, 2003, p.68.

24) "경제 과정을 역학적 과정과 동일시하는 데에는 경제 과정이 물질과 에너지 환
경에 아무런 영향을 미치지 않고 순환하는 회전목마라는 신화가 내포되어 있
다." Georgescu-Roegen, "Energy and Economic Myths", p.6.

25) 위의 책, p.9.

26) 과학적인 특성의 근거로 내세우기 위해 경제학의 수학화가 계속 진행된다는 것
이 사실이긴 하지만, 리카도 역시 계산식과 도표를 아끼지 않고 사용했다는 사
실도 잊지 말아야 한다.

27) 이렇게 잘못된 방식에 대해서는 고전 경제학자들도 부분적인 책임이 있다. 열
역학에 대한 무지는 차치하더라도(이에 대해서는 거의 책임을 묻기 힘들다), 그
들은 비용이 전혀 들지 않는 자연의 '관대함'을 절대적으로 신뢰했다. 예를 들
어, 리카도는 애덤 스미스의 다음과 같은 주장에 찬성했다. "탄광과 채석장의
지대(地代)는 …… 거기에서 옮길 수 있는 석탄과 석재의 가치에 따라 지불되며,

토지 본래의 파괴할 수 없는 힘과는 관계가 없다." 쉽게 말하자면, 석탄이나 석재의 값은 오로지 적출 비용에 달려 있다는 의미이다. 그는 이어서 이렇게 썼다. "공기와 물 혹은 무한히 존재하는 자연의 다른 선물들을 사용할 때 대가를 지불하지 않는다. …… 같은 방식으로 양조업자나 증류주업자, 염색업자는 자신들의 상품을 생산하기 위해 끊임없이 공기와 물을 이용한다. 하지만 공급이 무한하므로 어떤 대가도 지불하지 않는다." 이 부분에서 그는 세이의《정치경제학개론(*Treatise on Political Economy*)》2권 9장을 각주로 인용한다. "강이나 바다의 물은 우리의 기계를 움직이고, 우리의 배를 실어 나르고, 우리의 물고기에 영양을 주는 힘이 있으므로 생산력 또한 가지고 있다. 우리의 제분기를 돌리는 바람, 심지어 태양의 열기조차 우리를 위해 일한다. 하지만 다행히 아직까지는 누구도 이렇게 이야기할 수 없었다. '바람과 태양은 내 소유야. 그것들이 제공하는 서비스에 대해 돈을 내놔.'" David Ricardo, *The Principles of Political Economy and Taxation*(1817), London: Dent, 1973, pp.34~35.

28) 여하튼 그런 가격은 명백히 허구적이다. 풍경이나 고요함, 기후, 혹은 멸종 위기에 처한 꽃과 나비, 새, 빙하의 '가치'는 얼마인가? "외부 효과(externality)가 발생하면 대부분의 경제학자들은 실패한 현실 시장이나 누락된 시장을 만들어 내거나, 시장 기제를 복제할 방법을 놓고 논쟁한다. 경제학자들은 환경을 다른 상품과 거래하려는 것이다. 시장에서 두 개의 상품을 놓고 교환이라도 하고 있다는 듯이." Stephen A. Marglin, *The Dismal Science: How Thinking Like an Economist Undermines Community*, Cambridge MA: Harvard University Press, 2008, p.51.

29) Kuhn, *The Structure of Scientific Revolutions*, 1970.

30) 위의 책, pp.67~68.

31) Philippe d'Iribarne, "Comment l'économie assure-t-elle sa clôture?", *Revue du MAUSS* 15~16, 1992, pp.58~78.

32) Pascal Combemale, "Ce qui se sait vraiment en économie", *Revue du MAUSS* 8, 1990, pp.113~114. Edmond Malinvaud, Professor at the Collège de France에서 인용. 이는 1980년대 후반 리오넬 조스팽 정부 교육부에 제출된 보고서이다.

33) Keen, *Debunking Economics*, p.4.

3장 호모 에코노미쿠스라는 위험한 유령

1) "스미스와 리카도가 만든 혼자 고립된 사냥꾼과 어부라는 우화는 18세기 로빈슨에서 비롯된 창의적이지 못한 착상과 같은 부류이며, 교양 있는 역사학자가 상상하기에는 과도한 복잡함에 대한 반동이며 자연적인 삶에 대한 무지로의 회귀라고밖에는 볼 수 없다. …… 이 자유로운 경쟁 사회에서 개인은 자연의 속박 등에서 벗어난 존재로 등장한다. 이는 역사시대 초기의 인간을 한정적이고 제한된 인간 집단의 부속물로 만들어버린다." Karl Marx, *Grundrisse: Foundations of the Critique of Political Economy*, London: Penguin, 1993, p.83.

2) 제임스 뷰캐넌은 경제학을 교환부터 시작하지 않고 단순한 계산 기술로 축소해서 '선택의 과학'으로 정의하는 라이오넬 로빈스의 방식에 대해 오래전에 다음과 같이 이야기했다. "로빈슨 크루소의 문제는 …… 본질적으로 계산에 관한 것이다. 그가 해결해야 하는 일은 마음속에 있는 내장 컴퓨터를 프로그램하는 것뿐이다. 유일하게 공생적인[즉 사회적인] 인간적 선택의 행동 양상은 프라이데이가 섬에 발을 디뎌 크루소가 다른 인간과 유대 관계를 맺게 되었을 때 일어난다." *Economics: Between Predictive Science and Moral Philosophy*, Austin: Texas A&M University Press, 1987, p.27. 라이오넬 로빈스는 경제학을 기회비용 계산으로 축소함으로써 목표에 대한 (정치적) 논의를 핵심에서 벗어나게 했다.

3) Philippe van Parijs, "Le modèle économique dans les sciences sociales: imposture ou nécessité?", *Bulletin du MAUSS* 22, June 1987, pp.70f.

4) "나는 현재 잘못된 철학의 등장으로 단순화를 부추기는 하찮은 금언이 대중 사이에 유행한다는 사실을 알게 됐다. 이게 그런 것이다. '모든 곳에서 사람들은 같은 열정을 가지고 있다. 모든 곳에서 자만심과 이기심이 그들을 이끈다. 그러므로 모든 곳에 있는 사람들은 같다.' 추론에서 추론으로 이어진 가정이 기하학자들을 불합리로 이끌었을 때, 그들은 한발 물러서서 상황을 검토하고 그 가정이 오류라는 사실을 논증했다. 문제가 되고 있는 금언에 같은 방법을 적용해보면 그 금언이 불합리하다는 사실을 쉽게 보여줄 수 있을 것이다." Jean-Jacques Rousseau, "Preface to Narcissus, or The Lover of Himself"(1782), *The Collected Writings of Rousseau*, vol. 2, Hanover NH: University Press of New England, 1992, p.194.

5) 실제로 칼 멩거는 이미 그의 《국민경제학원리(*Principles*)》가 적용되는 범위는 현대 시장경제로 제한된다고 주장했다(Karl Polanyi, *The Livelihood of Man*, New York: Academic Press, 1977, pp.22f 참조). 이는 너무 빨리 잊혀져버린 더들리 시

어스의 유명한 논문에서 보였던 입장과도 일치한다("The Limitations of the Special Case", *Bulletin of the Institute of Economics and Statistics* 25 (2), Oxford, May 1963, pp.77~97). 시어스는 경제학을 사고하고 가르치는 서구적인 방법을 남반구의 국가들로 확대해서는 안 된다고 주장했다. 그것은 모든 동물들 사이에 신체적인 유사성이 있다는 사실을 근거로 말과 물고기만 다룬 연구를 동물학이라고 부르는 것과 같다고 그는 이야기했다.

6) 이에 대해서는 유명한 미인대회 은유가 있는데, 케인스는 이 은유를 자신의 중층적 균형이론의 근거로 이용했다(*The General Theory of Employment, Interest and Money*, London: Macmillan, 1961, p.156). 그는 투기꾼을, 미인대회에 참여한 아름다운 소녀들의 사진을 보고 어느 소녀가 다수의 사람들에 의해 최고의 미인으로 선택될지 맞춰야 하는 사람에 비유했다. "자신의 최선의 판단에 따라 누가 가장 아름다운가를 선택하는 문제가 아니다. 일반적인 견해로 볼 때 누구를 가장 아름답다고 생각할지 선택하는 문제도 아니다. 일반적인 견해가 누구를 선택할지 예상하는 일반적인 견해를 예측하는 데에 우리의 지력을 총동원해야 하는 3단계까지 나아가야 한다. 그리고 그 안에는 4단계, 5단계, 그보다 높은 단계까지 훈련하는 사람들이 있을 것이라고 나는 믿는다."

7) "임레 라카토스가 설명한 대로 모든 이론의 뼈대를 이루는 핵심적 명제는 논박당하지 않도록 하기 위해 '보조 가정들'이라는 '보호용 띠'로 둘러싸여 있다." Rod Hills and Tony Myatt, *The Economics Anti-Textbook: A Critical Thinker's Guide to Micro-Economics*, London: Zed Books, 2010, p.3.

8) Amadou Hampaté Bâ, "La notion de personne en Afrique noire", *Colloques internationaux du CNRS* 544, 1973, pp.181~192.

9) Maurice Leenhardt, *Do Kamo. La personne et le mythe dans le monde melanésien*, Paris: Gallimard, 1985〔1947〕; *Do Kamo: Person and Myth in the Melanesian World*, Chicago: University of Chicago Press, 1979 참조. 이 모든 자료들이 오래되었다는 반론이나, 레엔하르트도 스스로 인정했듯이, 선교사들이 멜라네시아인들에게 신체라는 특성을 부여하려고 했다는 반론이 제기될 수 있다. 그럼에도 불구하고, 장 마리에 지바우는 카낙(Kanak)인들이 자신들의 모든 전통적 개념들을 버리지 않았다는 데 동의했다. 예를 들자면 그는 이렇게 말한다. "나는 결코 내가 아니다. 나는 언제나 다른 사람들이 나에 대해 언급하는 말에 따라 존재한다." 그리고 아쉴 음벰베는 다중 인격 현상이 아직 아프리카에 존재한다고 말했다.

10) Edo Adjakly, *Pratique de la tradition religieuse et reproduction sociale chez les Guen/Mina*

du Sud-Est du Togo, Geneva: Institut universitaire d'études du développement, coll. 'Itinéraires', 1985.

11) Jimmie Durham, "Eloheh or the Council of the Universe", *Development* 3/4, 1981, Rome: SID, pp.10~16.

12) Anne Viguier, "Enfances de l'Individu, entre l'École, la Nature et la Police", *Mots* 9, October 1984, pp.33~55 참조.

13) 위의 책, p.51.

14) 위의 책, p.34.

15) "경제적 인간은 부르주아가 만든 구조물이다."(Marshall Sahlins, *Stone Age Economics*, Chicago: Aldine Atherton, 1972, p.13) 애덤 스미스가 그의 주장 때문에 유명해졌다는 것은 사실이다. "우리가 저녁식사를 기대할 수 있는 것은 푸줏간 주인과 양조업자, 그리고 제빵업자의 자비심 때문이 아니라, 그들 자신의 이익에 대한 관심 때문이다. 우리는 그들의 인정이 아니라 그들의 자기애에 호소하며, 그들에게 우리 자신의 필요가 아니라 그들 자신에게 유리함을 이야기한다."(*The Wealth of Nations*, Book I, ch.2, p.18) 하지만 그 말에는 그의 생각 전체가 담기지 못했다. 그는 다음과 같이 썼다. "그러므로, 다른 이들을 많이 가여워하고 우리 자신을 적게 가여워하고, 우리의 이기심을 억제하고, 우리의 자비로운 감정을 탐닉하는 것이 인간 본성을 완벽하게 한다."(*The Theory of Moral Sentiments*, Oxford: Oxford University Press, 1979, Part I, Section 1, ch.5.5, p.25) 이렇게도 썼다. "모든 감정과 애정을 자기애에서 기인한다고 추론하는 인간 본성에 대한 전반적인 설명은 그동안 세상에 너무 많은 소음을 만들어왔지만 내가 아는 한에서는 완전하고 명확하게 설명되지 않았으며 공감 체계의 혼란스러운 오해에서 비롯된 것처럼 보인다."(Part VII, Section 3, ch.1.4, p.317)

16) Keen, *Debunking Economics*, p.28에서 재인용.

17) 제임스 뷰캐넌에 의해 설립된 미국의 '공공선택학파'와 비교해보라. 혹은 이 문장과 비교해보라. "우리는 가장 복잡한 사회현상조차도 개인으로까지 거슬러 올라가서 설명할 수 있다. 설명을 위해 개인으로 단순화할 수 없는 집단적인 과정에 기댈 필요가 없다." Henri Lepage, *Tomorrow Capitalism: The Economics of Economic Freedom*, La Salle, Ill.: Open Court, 1978, p.179.

18) Raymond Boudon, *The Logic of Social Action: An Introduction to Sociological Analysis*, London: Routledge & Kegan Paul, 1981〔1979〕, pp.36~37. Raymond Boudon, "L'individualisme méthodologique", *Encyclopaedia universalis, Les Enjeux* 2, 1990,

pp.1134~1138; "Individualisme ou holisme: un débat méthodologique fondamental", Henri Mendras, Michel Verret, eds, *Les Champs de la sociologie française*, Paris: Armand Colin, 1988, pp.31~45.

19) Jacques T. Godbout, *Ce qui circule entre nous. Donner, recevoir, rendre*, Paris: Seuil, 2007, pp.241f 참조.

20) Boudon, "L'individualisme méthodologique", pp.1136~1137.

21) 레이몽 부동은 여러 차례 아이가 많은 인디언 가족의 상황에 대해 숙고했다. 그들의 제한된 생활수준에 비추어볼 때 아이를 많이 낳는 게 자신들의 이익에 반하는 것처럼 보이기 때문이었다. 하지만 부동은 농촌에서든 도시에서든 노동으로 가족의 수입을 올리기 위해서는 아이들이 많은 게 이익이 된다고 주장했다. 그렇게 해서 그 가족의 규모는 '전통의 압박'이 아니라 '합리적' 태도로 설명된다. 하지만 다소 사소한 이 사례가 간과한 것은 전통이 언제나 비합리적인 것은 아니라는 사실이다. 이 사례 역시 실증적으로 검증되지 않은 가정을 (그럴듯해 보이니까) '진실'인 것처럼 제시하고 있을 뿐이다.

22) "극대화 원리는 세상이 온통 계산으로 이루어져 있다는 정책 결정자(엔지니어, 금융업자 등)의 믿음이 공식화된 표현이다. 과학적인 논쟁의 결과로 나온 '증명'에 의해 위축되지 않는 이 믿음의 힘 역시 취향과 어떤 행위자의 사회적 경험, 일종의 사회적 '확정'이나 '검증'을 부여해주는 경제학적 세계관 사이에 존재하는 유사성에서 가장 견고한 토대를 발견했다." Lebaron, *La Croyance économique*, pp.134~135.

23) 게임이론은 예외다. 게임이론은 '죄수의 딜레마', '내 등을 긁어줘, 네 등을 긁어줄게', '사슴 사냥', '지네', '치킨'처럼 흥미로운 이름을 가진 모형들과 함께 그 자체로 일종의 게임이다. 게임이론은 온갖 종류의 상황을 상상할 수 있도록 한다. 때로는 사회적 현실에서 동떨어진 상황을 상상하기도 한다. 그리고 논리적이거나 수학적인 추론으로 최적의 해결책을 쉽게 찾을 수 있는 그런 방법 안에 상황들을 배치한다.

24) Van Parijs, "Le modèle économique dans les sciences sociales", pp.67~85 참조.

25) 사회를 그 사회를 이루고 있는 개인들의 합으로 축소할 수 없다는 점에 대해서는 Keen, *Debunking Economics*, pp.23~53과 pp.260~261에 자세히 설명되어 있으며, Chapter 6도 참조.

26) 게리 베커의 열렬한 추종자인 장 뤽 미게는 결혼에 대한 그의 입장을 다음과 같이 요약했다. "매일의 가정생활의 교환에 내재된 끝없고 비용이 많이 드는 재협

상과 무수한 계약의 관리보다는 두 계약 당사자가 장기간 교환을 위한 일반 협약을 체결하는 것이다." 하지만 그는 부득불 결론을 내릴 수밖에 없었다. "가족을 고전적인 기업으로부터 구별시켜주는 유일한 요소는 가족 안에 있는데, 배우자 간의 관계는 관계 그 자체를 열망할 수도 있다는 사실이다."(사랑의 역할) 이러한 유보는 모든 일을 설명하려고 시도하지만 아무것도 설명하지 못하는 추론의 어려움을 드러낸다. Lepage, *Tomorrow, Capitalism*, p.171.

27) 하지만 몇몇 경제학자들은 인류학에 관심을 갖고 있다는 사실을 인정해야 할 것 같다. 그들은 다음과 같다. G. A. Akerlof, J. and J. L. Yellen, "Can Small Deviations from Rationality Make Significant Differences to Economic Equilibria?", *American Economic Review*, 78, 1988, pp.44~49; Kenneth Boulding, "Notes on a Theory of Philanthropy", Frank G. Dickinson, ed., *Philanthropy and Public Policy*, National Bureau of Economic Research, 1962, pp.57~71; Peter Hammond, "Charity: Altruism or Cooperative Egoism?", Edmund S. Phelps, ed., *Altruism, Morality and Economic Theory*, New York: Russell Sage Foundation, 1975, pp.115~131; Robert Sugden, "Reciprocity: The Supply of Public Goods Through Voluntary Contributions", *Economic Journal* 94, 1984, pp.772~787 ; Colin F. Camerer, "Gifts as Economic Signals and Social Symbols", *American Journal of Sociology* 94, 1988, pp.180~214. 이 논문들에 덧붙여(그리고 스스로 '사회경제학자'라고 정의하는 Mark Granovetter, Viviana Zelizer과 Amitai Etzioni도 덧붙여) Laurent Cordonnier, *Coopération et Réciprocité*, Paris: PUF, 1997.

28) 케이시 버클스는 실제로 첫 임신을 뒤로 미룬 여성은 매년 3퍼센트의 수입을 증가시킬 수 있으며, 아이를 가진 여성들에 대해서는 일종의 재정적인 '형벌'이 계속 진행되고 있다고 계산했다("Understanding the Returns to Delayed Childbearing for Working Women", *American Economic Review* 98(2), May 2008, pp.403~407). 아이를 가지려는 소망을 경제학적으로 계산할 수 있다는 듯이 말이다!

29) "The Gary Becker Revolution", Lepage, *Tomorrow, Capitalism*, pp.161~183. 그리고 비판적인 관점은 Gérald Berthoud, "L'économie: un ordre généralisé? Les ambitions d'un prix Nobel", *Pour une autre économie, Revue du MAUSS* 3, 1994, pp.42~60 참조.

4장 교환

1) Marcel Mauss, *The Gift: Forms and Functions of Exchange in Archaic Societies*, London: Cohen & West, 1966, pp.76f.

2) 위의 책 p.3

3) 이것은 *The Elementary Forms of Religious Life* (London: Routledge, 1998[1912])에 서의 뒤르켐의 입장이다. "종교적인 생각이 표현하는 현실이 사회이다." 중세 유 럽의 기독교 왕국(corpus christianum)의 진실과 마찬가지다.

4) *The Wealth of Nations*, vol. 1, Book One, ch.2, p.17.

5) 여기에 서술한 모든 내용은 Émile Benveniste, *Indo-European Language and Society*, London: Faber, 1973(1969)의 도움을 받았다.

6) Tacitus, *Germania*, 22; 위의 책, p.60. 벵베니스트 역시 wergeld('사람의 가격', wer는 사람이라는 뜻이므로)가 살인에 대한 보상으로 지불한 돈이라는 사실을 지적했다.

7) 방문객(hospes)이라는 단어는 hostis('적', 주로는 '낯선 사람')나 hostia('신의 분 노를 완화시키기 위해 바치는 제물')와 관련되어 있다. 위의 책, pp.77ff.

8) 우리는 친구와 함께 카페에 갈 때가 종종 있다. 이때 교대로 서로 사주는 행위를 커피와 커피를 교환했다고 이해하면, 그런 교환이 그다지 불합리해 보이지 않을 것이다. 하지만 선물의 이런 '가역성'이 답례 선물을 등가물로 생각할 수 있다는 의미는 아니다.

9) Karl Polanyi, *The Great Transformation*, Boston MA: Beacon Press, 1957[1944], pp.51~52 참조.

10) Marshall Sahlins, *Âge de pierre, âge d'abondance. L'économie dans les sociétés primitives*, Paris: Gallimard, 1976(1972), pp.24~27.

11) Polanyi, *The Great Transformation*, p.46.

12) Claude Meillassoux, *Terrains et Théories*, Paris: Anthropos, 1977, pp.143~148; Jean-Pierre Dupuy, Jean Robert, *La Trahison de l'opulence*, Paris PUF, 1976, p.14; Emmanuel Terray, *Marxism and Primitive Societies*, New York: Monthly Review Press, 1972[1969] 참조.

13) Maxime Rodinson, *Islam and Capitalism*, New York: Pantheon Books, 1974[1966], pp.34ff.

14) 장-노엘 드파스쿠아(Jean-Noël DuPasquier)가 이와 비슷한 것을 내게 제안했

다. 이에 대한 비판적 접근은 François Constantin, ed., *Les Biens publics mondiaux. Un mythe légitimateur pour l'action collective?*, Paris: L'Harmattan, 2002를 보라.

15) Branislaw Malinowski, *Argonauts of the Western Pacific*, London: Routledge, 1964(1922) 참조. 나는 마리-도미니크 페로(Marie-Dominique Perrot)와 함께 쿨라 제도에 대해 '현대적'으로 접근하려 했던 적이 있다. "Des Argonautes aux internautes", *Revue européenne des sciences sociales* 44(134), 2006, pp.203~214.

16) Aristotle, *Ethics*, Harmondsworth: Penguin, 1955, Book Five, ch.5, p.151.

17) Seneca, *De Beneficiis*, Book I: 3, 2~4; Seneca On Benefits: N.S. Gill Ancient/Classical History Guide, http://ancienthistory.about.com/library/bl/bl_text_seneca_benefits.

18) Émile Durkheim, *The Rules of Sociological Method*, New York: Free Press, 1962 (1895), pp.27~28.

19) Mauss, *The Gift*, p.1.

20) Dominique Temple and Mireille Chabal, *La Réciprocité et la naissance des valeurs humaines*, Paris: L'Harmattan, 1995, p.56. 이 표현은 Marshall Sahlins의 글에서도 보인다.

21) Marcel Hénaff, "De la philosophie à l'anthropologie. Comment interpréter le don?", *Esprit* 282, February 2002, p.139.

22) 이미 언급한 연구 외에도, 현대사회 안에서의 선물 교환을 다룬 자크 T. 고드부의 세 논문에 관심을 갖길 바란다. *Le Don, la dette et l'identité. Homo donator vs Homo oeconomicus*, Paris: La Découverte, 2000; *Ce qui circule entre nous. Donner, recevoir, rendre*, Paris: Seuil, 2007; (together with Alain Caillé), *The World of the Gift*, Montreal: McGill-Queen's University Press, 2000.

23) "우리는 이들 사회에 존재하는 계약과 교환 형태들을 밝혔는데, 지금까지 알려진 것과는 반대로 경제적 거래가 적지 않았다. 그것은 지금까지 알려진 모든 사회에 시장이 존재했기 때문이다. 하지만 그 시장들에서 행해지는 교환 방식은 우리의 시장과는 달랐다." Mauss, *The Gift*, p.2, translation modified. Gilbert Rist, "Préalables à une théorie générale de l'échange", *Nouveaux Cahiers de l'IUED* 7, Geneva: IUED/ Paris: PUF, 1998, pp.17~40 참조. 앞서 언급했던 고드부의 논문도 읽어보라. 로랑 바쟁과 모니크 셀랭 eds, *Motifs économiques en anthropologie*, Paris: L'Harmattan, 2001; Jean-François Bayart, ed., *La Réinvention du capitalisme*, Paris: Karthala, 1994 참조. 그들은 현대 아프리카의 시장에서도 혼합주의와 임시변통적인 요소들이 보인다고 주장했다.

24) Bruno Latour, *We Have Never Been Modern*, Cambridge MA: Harvard University Press, 1993(1991) 참조.

25) 이것은 독일어에서 아주 명확하게 드러난다. 신뢰(credence)와 신용(credit)의 어원이 되는 kred는 경제적인 분야보다는 종교적인 문제에 사용되던 단어였다. Benveniste, *Indo-European Language and Society*, pp.143~148.

26) Alessandro Monsutti, *War and Migration: Social Networks and Economic Strategies of the Hazaras of Afghanistan*, London: Routledge, 2005. 이 연구는 이주자들이 우체국이나 은행이 없던 아프가니스탄에 있는 가족들에게 거금까지도 보낼 수 있도록 해주는 유서 깊은 하왈라(hawâla) 제도를 잘 보여준다. 이 제도는 전적으로 신뢰와 다른 이에 대한 개인적인 이해를 바탕으로 운영된다.

27) Alain Caillé, *Dé-penser l'économique. Contre le fatalisme*, Paris: La Découverte/MAUSS, 2005, p.17.

28) '선물경제'와 시장경제에 덧붙여, 시장에서 벗어난 자주경제('비공식적인' 텃밭 등)에 대해서도 언급하는 것이 좋겠다. Alfredo L. de Romana, "Une alternative sociale en émergence: l'économie autonome", *Interculture* 22(3), 1989, cahier 104 참조.

29) "인간이 양도할 수 없는 것으로 생각해왔던 모든 것들이 교환과 거래의 대상으로 변하고, 소외되는 시점이 있었다. 그때까지 물건들은 전달되었지 교환하지 않았고, 주어졌지 팔지 않았고, 습득했지 구입하지 않았다. 간단히 말해, 그 시점에 모든 것이 거래의 일부가 되었다. 부패가 만연하고 무절제가 보편화되는 시간, 혹은 정치경제학적인 측면에서 말하자면 도덕적·육체적인 모든 것이 시장가치로 변하고 시장이 가장 진실한 가치를 평가하기 시작한 때였다." Karl Marx, *The Poverty of Philosophy*, London: Lawrence & Wishart, 1966, p.29.

30) Marglin, *The Dismal Science*, p.111 참조.

31) 애덤 스미스가 말한 이 문구의 중요성은 의심할 바 없이 과장되었다. 사실 그는 이 문구를 딱 세 번 사용했다. *History of Astronomy*(1755)에서 한 번, *The Theory of Moral Sentiments*, Part Four, ch.1(1759, 1790)에서 사람들은 '삶의 궁핍'에 처하면 똑같다는 걸 보여주기 위해서 사용했다. 그리고 《국부론》에서 개인적 이윤의 극대화의 의도하지 않은 결과에 대한 언급과 함께 한 번. 다른 사람들이 이 문장을 수천 번 반복, 인용하기는 했지만, 그의 연구를 구성하는 교리로 보기는 힘들다.

32) *The Wealth of Nations*, vol. 1, Book Four, ch. 2, pp.477~478. 리카도는 이렇게 표

현했다. "개인적인 이익의 추구는 전체의 보편적 선과 훌륭하게 조화를 이룬다." *Principles of Political Economy and Taxation*, ch.7, p.81 참조.

33) *The Wealth of Nations*, vol. 1, Book Four, ch.2, p.478.

34) *The Wealth of Nations*, vol. 1, Book One, ch.4, p.26. 이런 관점이 경제 '과학'을 지배하게 되었지만, 그것이 애덤 스미스의 입장이라고는 볼 수 없다. 사실 그는 시장 관계를 일종의 부득이한 수단이라고 생각했다. "인간 사회의 모든 구성원은 다른 사람의 도움이 필요하다. …… 필요한 도움이 서로 간에 사랑으로, 감사로, 우정으로, 존중으로 제공되는 사회가 번영하고 행복하다. …… 하지만 필요한 도움이 그런 관대하고 사심 없는 동기에서 제공되지 않더라도, 사회의 다른 구성원들 간에 상호 간 사랑과 애정이 없더라도, 덜 행복하고 덜 쾌적하더라도, 그 사회는 절대로 사라지지 않을 것이다. 사회는 서로 사랑이나 애정이 없더라도 다른 상인들과 같은 다른 사람들 간에 효용성으로 존속하게 될 것이다. 아무도 다른 이에게 은혜를 입거나 감사하는 마음을 품지 않더라도, 사회는 합의한 가치에 따른 중재로 돈만 바라는 교환을 통해 여전히 유지될 것이다."(*The Theory of Moral Sentiments*, Book Two, ch.2, pp.85~86) 그럼에도 불구하고 중세 교회법과 비교해 본다면 각 개인들을 '일종의 상인'으로 보았던 스미스의 개념이 차라리 참신해 보인다(Gratien's twelfth-century Canon 11). 여기엔 이렇게 쓰여 있다. "homo mercator, vix aut nunquam potest Deo placere."(상인은 전혀 혹은 거의 신을 기쁘게 할 수 없다.) Max Weber, *General Economic History*, New Brunswick NJ: Transaction, 1981, p.357에서 인용.

35) 마리-오브레 세게트가 *Les Biens de ce monde. L'économie vue comme espace de recomposition de la religion dans la modernité*, Paris: EHESS, 2008, p.178에서 적절하게 언급했듯이, 이처럼 장소를 의미하던 시장은 관계망을 의미하는 시장으로 변화되었다.

36) 이와 같이, 물욕이나 과도한 소유욕에 대한 신학적 비난은 풍요의 원리에 길을 양보한다. "내가 자신 있게 보여줄 수 있는 것은 인간에게 당연한 우호적인 특성과 친절한 애정이나 사회의 근간을 이루는 이성과 극기로 얻은 진정한 덕이 아니라, 우리가 이 세상에서 악마라고 부르는 것으로, 이는 윤리적인 것이나 자연스러운 것들과 마찬가지로, 우리를 사회적 존재, 확실한 근거, 삶을 만드는 거대한 원리이며, 모든 거래와 일자리도 예외없이 지지해준다." Bernard Mandeville, *The Fable of the Bees*(1723), ed., E. J. Hindert, Indianapolis: Hackett, 1997, p.148. 개인적인 부도덕은 공익에 기여한다는 사실에 의해 '보상' 받는다. 이런 시각은 (더

이상 인간관계라는 관점이 아니라) 오직 경제적 번영의 관점에서 사고하는 것이다. 몇몇 학자들은 이런 입장이 원죄설과 유사하다는 사실을 지적했다. 인간을 결코 혼자서는 선해질 수 없는 존재로 간주하면서, 신의 은총(이제는 '보이지 않는 손'이 되었다)을 통해서만 구원받을 수 있다고 전망하는 것이다.

37) *The Wealth of Nations*, vol. 2, Book Four, ch.8, p.179.

38) Karl Marx, *Capital*, Volume 1, Harmondsworth: Penguin/NLR, 1976, p.166.

39) 위의 책, p.165.

40) Mauss, *The Gift*, pp.65~66.

41) Godbout, *Ce qui circule entre nous. Donner, recevoir, rendre*, p.371.

42) Milton and Rose Friedman, *Free To Choose: A Personal Statement*, New York: Harcourt Brace Jovanovich, 1980, pp.13~14.

43) 다음에 나온 내용은 대체로 코르도니에의 *Coopération et Réciprocité*에서 많은 영감을 받았다.

44) 위의 책, p.50. "더 많이 얻으려다 모든 것을 잃을 위험이 있다"는 라퐁텐의 우화에 나오는 교훈이다(VII/4).

45) 위의 책, p.186.

46) 코르도니에는 마르셀 모스가 언급했던 주기 · 받기 · 답례하기라는 세 가지 의무가 이기적인 동기를 배제하지는 않는다는 사실에 부분적으로 기초하고 있다. 모스는 "거기에도 이익이 있다. 그러나 우리가 따르는 원리와는 많이 다르다"라고 지적하긴 했지만 말이다. *The Gift*, p.73, 주석 23 참조.

47) Cordonnier, *Coopération et Réciprocité*, pp.196~197.

48) "앞서 묘사했듯이, 선물 교환은 죄수의 딜레마가 주장하는 협력적 결론을 도출하는 방식으로 진행된다."(위의 책, p.175) "선물/답례는 죄수의 딜레마에서 개인들이 비협력적인 결론에서 협력적 결론으로 이동하는 교환의 움직임으로 분석될 수 있을 것이다."(p.180)

49) 위의 책, p.176.

50) 특히 그는 마셜 살린스의 주장에 따라 일반적이고, 균형 잡힌, 부정적인 호혜주의가 연속적으로 이어져 있다는 주장을 했고, 그에 따라 조건 없는 선물주기와 광적인 흥정도 마찬가지라고 주장했다(위의 책 pp.166~167). 그는 자신의 견해가 어느 정도는 환원주의적이라고 기꺼이 인정하기도 했으니(p.149), 그를 비난하지는 말아야 할 것이다.

51) 사실 "죄수의 딜레마는 의심할 바 없이 경제학자들에 의해 가장 널리 토론되고

언급되고 이용된 전략적 상호작용이다."(앞의 책, p.61)

52) Polanyi, *The Great Transformation*, p.3.

5장 희소성이라는 거짓말

1) Raymond Barre, *Économie politique*, vol.I(10th edn, Paris: PUF, 1975, pp.13, 15, 20).

2) '욕구(needs)'는 그 자체는 아주 미심적은 개념으로, 인간의 욕망(wants)에 대한 대략적인 근삿값이다. 경제 '과학'은 생리적인 욕구의 크기는 압축되지 않는다는 가정을 바탕으로—대부분의 인류학자들은 이 생각에 반대한다—경제성장을 정당화하는 (소위 '선호'라는 개념으로 위장한) '욕구 이론'을 확립했다. 욕구를 자명한 사실로 생각해선 안 된다는 내용은 다음 책을 참조하기 바란다. 질베르 리스트,《발전은 영원할 것이라는 환상》, p.241 이하 참조.

3) 고전 경제학이나 마르크스 경제학에서 노동을 '가치의 실체'로 여기기 전에 노동은 경멸의 대상으로 간주되었다는 사실을 언급할 필요가 있다. 고대에는 노동을 노예에게 맡겼으며, 중세 프랑스에서 고문의 한 형태처럼 여겨졌던 노동(le travail)의 어원은 고문 도구(tripalium)와 동일하다. 18세기 프랑스 도시인 보방(Vauban) 시의 사례로 판단해 보자면, 1년에 (일요일을 포함해서) 130일에서 150일 정도의 휴일이 있었는데, 이는 노동시간이 오늘에 비해 길다고 치더라도 적지 않은 날수이다(Alain Caillé, "Deux mythes modernes, la rareté et la rationalité économiques", *Bulletin du MAUSS* 12, December 1984, p.28에서 재인용. Bruno Caceres, *Loisirs et travail du Moyen Âge à nos jours*, Paris: Seuil, 1973, pp.30~32). 오랜 시간 동안 게으름은 귀족의(그리고 그 후에는 부르주아의) 특권으로 간주되었다. 18세기 중반이 되어서야 경제학자들은 '비생산적'이거나 '무익한' 계급을 비판하기 시작했다.

4) *The Principles of Political Economy and Taxation*, p.6. 강조는 원문.

5) 이는 오늘날에는 깜짝 놀랄 만한 의견들을 낳게 된다. 예를 들어, 장-밥티스트 세이는 다음과 같이 썼다. "자연의 풍요로움은 무한하다. 그렇지 않았더라면 우리는 천연자원을 공짜로 얻지 못했을 것이다. 증대시킬 수 없거나 소모할 수 없는 것은 경제 과학의 고려 대상이 아니다." Latouche, "L'économie paradoxale", *L'Economie dévoilée*, p.23에서 재인용.

6) Paul Fabra, *Capitalism versus Anti-Capitalism: The Triumph of Ricardian over Marxist*

Political Economy, New Brunswick NJ: Transaction, 1993, pp.3, 315ff.

7) Walras, *Elements of Pure Economics*, p.89.

8) Lepage, *Demain le libéralisme*, pp.27~28.

9) 물론 상품의 스톡(stock, 저장품)은 생산 과정을 통해 재생 가능한 자원으로도 만들어질 수 있지만, 이 책에서 '스톡'은 재생 불가능한 자원의 스톡만을 의미한다.

10) 이에 대한 중요한 참고문헌은 마셜 살린스의 《*Stone Age Economics*(석기시대의 경제학)》인데, 이 책의 프랑스어 판 부제가 'Âge de pierre, âge d'abondance(최초의 풍요의 시대)'였다.

11) Polanyi, *The Great Transformation*, p.46.

12) 살린스는 '생산의 종족 양식'이라고 불렀던 것을 묘사하기 위해 '반(反)잉여' 정신, 고의적인 '저생산' 혹은 '반(反)생산'에 대해 이야기한다. 이런 용어들은 '잉여'나 최적의 혹은 최고의 생산수준을 판단하는 기준이 있다는 가정을 바탕에 깔고 있지만 그 기준을 결정하는 것이 아주 어렵기 때문에 모호하다. 그렇다고 해도 살린스가 했던 설명의 바탕이 되는 사회적 관습에는 관심을 기울일 만한 가치가 있다.

13) Jacques Lizot, "Économie primitive et subsistance. Essais sur le travail et l'alimentation chez les Yanomami", *Libre* 4, Paris: Petite Bibliothèque Payot, 1978, p.85. 이는 전통사회에는 "구조적으로 경제가 존재하지 않는다"는 살린스의 지적을 다시 확인시켜준다(*Stone Age Economics*, p.76).

14) Lizot, "Économie primitive et subsistance", p.106. 야노마미족에게 희소한 것은 물질적인 소유물이나 음식이 아니라 여자였다!

15) 경제학 이론에서는 그런 '희생'—즉 더 호감이 간다고 생각되는 무언가를 획득하기 위해 다른 무언가를 버리는 것—을 '기회비용'이라고 한다. 완벽을 기하기 위해 여기에 두 가지를 언급해야 할 것 같다. 전통적으로 공기와 물은 '공짜 상품'(Barre, *Économie politique*, p.17 참조)으로 간주되어왔다. 하지만 우리는 물의 경우 이미 공짜가 점점 줄어들고 있다는 사실을 알고 있다. 초과수요(부족-희소성)와 수질오염(인간의 행동으로 인한 유한-희소성) 때문에 물은 더욱 희소해지고 있다. 그래서 물의 가격은 정화 비용을 상쇄하기 위해, 그리고 증가하는 수요 때문에 상승하고 있다. 한계주의 경제학파는 효용의 측면에서 가격을 설명한다. 예를 들자면, 사막 한가운데에 있는 목마른 여행자는 열 번째 1리터의 물보다 첫 번째 1리터의 물에서 더 많은 만족을 얻을 수 있으므로(물의 리터당 '한계효용'이 감소하므로), 첫 번째 1리터의 물과 열 번째 1리터의 물에 대해 다른 가

격을 지불할 수 있을 것이다. 하지만 이 이론이 희소성이라는 가정을 폐기한 것은 아니다. 한계효용이론이 보여주는 것은 단지 상품의 가치를 (고전 경제학자들이 이야기했듯이 '그 안에 포함된 노동'에)생산 비용에 관련지을 필요가 없다는 주장뿐이다.

16) Jean-Jacques Rousseau, *On the Social Contract*, New York: St. Martin's Press, 1978, p.53.

17) "경제학이 무한한 욕망을 보편적 원리로 가정할 수 있는 이유는 바로 그런 특성을 인간의 본성에 뒤집어씌우는 자신들의 이론 자체를 현대적인 것으로 가정하기 때문이다." Marglin, *The Dismal Science*, p.201.

18) Smith, *The Wealth of Nations*, vol.1, p.475.

19) Jean-Claude Michéa, *L'Empire du moindre mal*, Paris: Climats, 2007, p.101 참조.

20) Polanyi, *The Great Transformation*, p.46.

21) Jean Baudrillard, *For a Critique of the Political Economy of the Sign*(1972), St. Louis: Telos Press, 1981, p.82.

22) 부르노 밴틀루(*Au-delà de la rareté. La croissance économique comme construction sociale*, Paris: Albin Michel, 2001) 역시 고전(혹은 표준) 이론이 결핍을 야기했으며 어떤 면에서는 발생시켰다고 강조했다(pp.14, 41, 106 등등). 하지만 자본주의 체제가 상품의 범위를 확장하고 끊임없이 축적의 길을 따라가도록 강요받고 있는 상황에서, 긍정적인 외부 효과를 통해 결핍을 극복한다는 브르노의 케인스주의적인 협력관은 지나치게 낙관적인 것 같다.

23) "The Economics of Resources or the Resources of Economics", *The American Economic Review* 64(2), May 1974, p.11.

24) Richard Douthwaite, *The Growth Illusion: How Economic Growth Has Enriched the Few, Impoverished the Many and Endangered the Planet*, Totnes: Green Books, 1999(1992), p.201에서 재인용.

6장 효용과 무용

1) 고대에도 일종의 공리주의가 존재했다. 아리스토텔레스를 인용하자면 "우리가 일생 동안 하는 모든 행동은 행복 때문이다." 그리고 성 아우구스티누스는 《신국론》 19권에서 철학자들의 모든 학파는 '행복의 보장'을 철학의 시작이라고 간주

한다고 적었다. Luc Marie Nodier, "Définition de l'utilitarisme", *Revue du MAUSS* 6, 1995, p.18 참조. 홉스는 개인은 자신에게 좋은 것을 욕망하고, 해로운 것을 피하려 한다고 적었다("On Man", Hobbes, *Man and Citizen*, ed. Bernard Gert, Indianapolis: Hackett, 1991, p.47). 그리고 마지막으로 벤담은 엘베티우스에게 많은 것을 빚지고 있다.

2) Jeremy Bentham, *Principles of Legislation* (Étienne Dumont [1802]의 프랑스 요약판에서 번역), London: Oxford University Press, 1914, p.1. Bentham, *Introduction to the Principles of Morals and Legislation*, ch. 17, §1: XX 참조.

3) Bentham, *Principles of Legislation*, pp.3~4 ; *Introduction to the Principles of Morals and Legislation*, ch.I, pp.1~2 참조. 벤담은 1822년 7월 《도덕과 입법의 원리 서설(*Introduction to the Principles of Morals and Legislation*)》의 1장에 첨부된 주석에서 공리 원리는 '최대의 행복' 혹은 '최고의 지복(至福)'과 동의어라고 했다. 알랭 카이에가 지적했듯이, 우리는 여전히 뉴턴 물리학의 세계에 살고 있다. 즐거움에 대한 인력(引力)과 고통으로부터의 척력(斥力)이 존재한다. 개인들의 행위는 원자들처럼 만유인력의 법칙에 복종한다.

4) *Principles of Legislation*, p.4.

5) 루소가 《백과전서》에 썼던 'Économie ou Oeconomie (Morale et Politique)' 조항을 보면 특히 그렇다.

6) Louis Dumont, *From Mandeville to Marx: The Genesis and Triumph of Economic Ideology*, Chicago: Chicago University Press, 1977 참조.

7) Pierre Bourdieu, *Pascalian Meditations*, Stanford CA : Stanford University Press, 2000 (1979), p.143.

8) 벤담의 '행동 공리주의'는 사회 규범의 존재를 전제하는 존 스튜어트 밀의 '규칙 공리주의'와 대조를 이룬다.

9) *Principles of Legislation*, p.23.

10) 위의 책, p.4. 벤담이 '공동체의 복리(혹은 행복)'가 아니라, '공동체를 구성하고 있는 개인들의 복리'라고 말했다는 점에서 그의 개인주의적인(비전체주의적인) 관점이 명확히 드러난다는 사실을 지적할 필요가 있다.

11) 벤담의 공리주의에 대한 해석을 둘러싼 폭넓은 논쟁이 전개되었다. 장 피에르 뒤피와 알랭 카이에의 다른 입장은 *Revue du MAUSS* 6, 1995에서 확인할 수 있다.

12) Jean-Pierre Dupuy, "Sur la formation du radicalisme philosophique d'Elie Halévy",

Revue du MAUSS 6, 1995, p.74.

13) Gunnar Myrdal, *The Political Element in the Development of Economic Theory*, London: Routledge, 1990(1930), p.41 참조. 파레토 최적에도 동일한 문제가 있다.

14) Alain Caillé, "Les mystères de l'histoire des idées. Remarques à propos du cas Bentham", *Revue du MAUSS*, 위의 책, pp.125~146.

15) "노동은 '무용'하고 돈은 '행복'이라는 생각은 시장의 근본적인 오류를 낳은 문화적 기원이다." *Journal of Socio-Economics* 21(1), Spring 1992, pp.43~64.

16) Georges Bataille, "The Notion of Expenditure", *Visions of Excess: Selected Writings, 1927~1939*, Minneapolis: University of Minnesota Press, 1985, p.116.

17) Jean-Baptiste Say, *Catechism of Political Economy*(1815), London: Sherwood, Neely & Jones, 1816, pp.6~7.

18) Étienne Bonnot (abbé) de Condillac, *Le Commerce et le gouvernement considérés relativement l'un à l'autre*, Amsterdam and Paris: Jombert et Cellot, 1776, pp.9~10.

19) *De la nature de la richesse et de l'origine de la valeur*(1832), Jean-Claude Liaudet, *Le Complexe d'Ubu ou la névrose libérale*, Paris: Fayard, 2004, p.119에서 재인용.

20) José Manuel Naredo, *La Economia en evolucion. Historia y perspectivas de las categorias basicas del pensamiento economico*, Madrid: Siglo XXI, 2003, pp.214~215.

21) Walras, *Elements of Pure Economics*, p.65. 그러므로 이것은 (정의상 무용한) 도구의 증가나 '유행의 횡포(tyranny of fashion)'를 비판할 수 있는 (경제적이지 않은) 도덕적 관점에서만 나올 수 있으며, 이는 그 사물에 구별되는 특징을 부과한다. Jean-Jacques Goux, "L'utilité: équivoque et démoralisation", *Revue du MAUSS* 6, 1995, pp.106~124 참조.

22) 원고의 일부가 다음의 제목으로 발간되었다. "Le calcul des plaisirs et des peines" (1782), *Revue du MAUSS* 5, 1989, pp.75~76.

23) Caillé, "Les mystères de l'histoire des idées", p.143.

24) Liaudet, *Le Complexe d'Ubu*, pp.178~179.

25) Karl Polanyi, "Our Obsolete Market Mentality", *Primitive, Archaic, and Modern Economies: Essays of Karl Polanyi*, ed., George Dalton, Boston: Beacon Press, 1968, pp.68~69. '동기'라는 용어는 여기서 '존재의 핵심적인 가치'를 의미하는 것으로 받아들일 수 있을 것이다.

26) Marshall Sahlins, *Culture and Practical Reason*, Chicago: University of Chicago Press, 1976, pp.169~170. Marie-Pierre Essimi-Nguina, "Ni têtes ni pattes: les vrais-faux

poulets du supermarché", *Prétextes anthropologiques V, Itinéraires* 62, Geneva: IUED, 2002, pp.49~58.

7장 균형

1) "경제학에서 균형이라는 개념의 성공은 시장가격 분석과 관련되어 있다. 균형은 가격과 수량 변화를 '경제 현실'의 핵심으로 만드는 권위적이고 선험적인 개념으로 경쟁과 시장 기제, 경제학적 역학의 미덕에 대한 인정을 수반한다. …… 균형 개념은 '자유시장'의 '자유가격'을 정상이라고 간주함으로써 경제학적으로 정당화하며, 이는 균형과 최적이 동일하다는 기본적인 원리를 잘 보여준다." Lebaron, *La Croyance économique*, pp.136~137.

2) 피타고라스의 이론에서 기인한 천체의 조화라는 관념은 우주가 조화로운 수학적 관계에 합치되게 건설되었다는 생각을 바탕으로 하며, 행성 간의 거리—지구 중심적인 우주관에서, 달과 수성, 금성, 태양, 화성, 목성, 토성—가 음계와 일치한다고 믿었다.

3) *Rules of Sociological Method*, p.26.

4) *Principles of Political Economy and Taxation,* p.260; Bernard Maris, *Lettre ouverte aux gourous de l'économie qui nous prennent pour des imbéciles*, Paris: Seuil, 2003, pp.24f 참조.

5) 자크 사피르(*Les Trous noirs de la science économique. Essai sur l'impossibilité de penser le temps et l'argent*, Paris: Albin Michel, 2000, pp.56ff)는 그 모형이 작동하기 위해서 동시에 유효해야 하는 기본 가설 12개의 목록을 만들었다. 가치 평가자가 '올바른' 가격을 게시하기 전에 실제로는 먼저 균형에 도달해 있어야만 한다. '완벽한 정보'라는 가정은 최근 국제기구들의 용어인 시장의 '투명성'이라는 개념으로 바뀌었다. 하지만 현실에서 시장은 점점 더 불투명해지는 특성을 보여주고 있다. "모든 사람이 모든 것에 대해 안다면('투명성'이란 게 존재한다면), 아무도 이윤을 얻을 수 없다. 특히 주식시장에서는 다른 사람들이 무엇을 할지 전혀 알지 못할 때에만 이윤이 존재한다. 그들은 예측한다. 이것은 안다는 것과는 다르다."(Maris, *Lettre ouverte aux gourous de l'économie*, p.75)

6) 이런 접근 방식은 1838년에 쿠르노가 이미 생각해냈다. "첫째, 균형을 발견한다. 둘째, 행위자(혹은 그들의 행위)가 그 균형에 이른다고 (수학적 공리에 따라) 가

정한다. 마지막으로 한 번 균형에 이르면, 작은 동요로는 발견된 균형에서 이기적인 행위를 제거할 수 있는 원심력을 생성하지 못한다고 논증한다." Christian Arnsperger and Yanis Varoufakis, "Neoclassical Economics: Three Identifying Features", Edward Fullbrook, ed., *Pluralist Economics*, London: Zed Books, 2008, p.18.

7) 레옹 발라는 자신이 사회주의자이며 시장이 모든 사람에게 어떻게 이익이 되는지를 과학적으로 보여주려 한다고 말했다. *Elements of Pure Economics*만으로 발라를 평가하는 것은 그를 지나치게 단순하게 보는 것이다. 그는 *Études d'économie sociale. Théorie de la répartition de la richesse sociale* (1896)와 *Études d'économie politique appliquée. Théorie de la production de la richesse sociale* (1898) [*Studies in Applied Economics: Theory of the Production of Social Wealth*(London: Routledge, 2005)를 보라]도 출간했기 때문이다. 그의 마음속에서는 사회주의적 경제학과 응용경제학이 완전한 한 덩어리였다. Jean Weiller and Bruno Carrier, *L'Économie non conformiste en France au XXe siècle*, Paris: PUF, 1994, pp.26ff 참조.

8) Jacques Sapir, *Les Trous noirs de la science économique*, p.21; Bernard Maris, *Lettre ouverte aux gourous de l'économie* p.30 참조. "1학년 학생도 완전시장 체제와 완전한 계획경제 체제가 동의어라는 사실을 안다." 물론 이러한 이론적 유사성은 (허구적인) 가치 평가자의 존재에 기초하고 있는데, 가치 평가자가 하는 일이라곤 어떤 상품의 생산이 다른 상품의 생산보다 더 적절하다고 결정하지 않고 수요와 공급을 일치시키는 것뿐이다.

9) 필립 H. 윅스티드에 따르면, 교환이라는 구조에서는 반드시 교환의 대응물이 있어야 한다는 것이 경제의 특성이다. 그러므로 자연으로부터(혹은 선물의 형태로) '자유롭게' 획득한 것은 경제학 바깥에 놓이게 된다. "The Scope and Method of Political Economy", *The Economic Journal* 24, 1914, 24, pp.1~25; José Manuel Naredo, *La Economia en evolucion*, p.222~223 참조.

10) 여기서 '전략적'이라는 용어는 게임이론에서 인용했다. 게임이론에서 게임 참가자들은 다른 사람의 결정을 무시하는 극단주의자가 아니며 자신의 결정에 대한 반응을 예상한다(Maris, *Lettre ouverte aux gourous de l'économie*, p.30). 교환에 대한 마지막 장 참조.

11) Sapir, *Les Trous noirs de la science économique*, p.74.

12) Maris, *Lettre ouverte aux gourous de l'économie*, p.19 참조.

13) *Les Trous noirs de la science économique*, pp.65f.

14) Arnsperger & Varoufakis, "Neoclassical Economics", p.19. 강조는 원문.

15) Sapir, *Les Trous noirs de la science économique*, p.68.

16) Marglin, *The Dismal Science*, p.167.

17) Keen, *Debunking Economics*, p.163.

18) Lebaron, *La Croyance économique*, p.98에서 재인용.

8장 성장 강박

1) 2008년 자크 아탈리는 사르코지 대통령에게 〈성장 제거하기(Libérer la crois-sance)〉라는 보고서를 제출해서 그를 깜짝 놀래켰다. 이는 아탈리가 (마크 기욤 과 더불어) 《반-경제학(*Anti-économique*)》(Paris: PUF, 1975 〔1974〕, pp.97ff)에 〈경제성장에 대한 이론적 비판(théorie critique de la croissance économique)〉이라 는 장을 썼을 뿐만 아니라, 그가 현재 지지하는 대부분의 정책이 무시무시한 사 회적 · 환경적 결과를 낳을 것이라고 위협했기 때문이다.

2) 하지만 이 작가들이 정체 상태를 농업 생산에 이용할 수 있는 토지의 유한성과 밀 접하게 관련된 인구통계학적이고 '환경적' 요인들에 의해 발생한 결과로 인식했 다는 사실은 주목할 만하다.

3) Thomas Robert Malthus, *Principles of Political Economy Considered with a View to Their Practical Application*, 2nd edn., London: W. Pickering, 1836, p.23.

4) 위의 책, p.33. 맬서스는 《정치경제학에서의 정의(*Definitions in Political Econ-omy*)》(London: John Murray, 1827, p.234)에서 부를 "인간에게 필요하거나 유용 하거나 기분 좋은 물질적 대상으로, 전용하거나 생산하기 위해 인간의 노력을 어 느 정도 필요로 하는 것"이라 정의했다.

5) *Principles of Political Economy*, p.34.

6) 위의 책, p.49. 오늘날 저자들의 가치는 그 저자가 팔았던 책의 수량이나 그가 받 는 인세를 통해 측정되기도 한다는 사실을 덧붙여야겠다. ('비생산적' 노동에 대 한 시장 평가라는) 맬서스가 거부하려 했던 게 현실이 된 것이다!

7) Marglin, *The Dismal Science*, p.309, n3에서 재인용.

8) 프랑스에서 비시장적인 업무는 GDP의 대략 4분의 3 정도로 평가된다. 이에는 가족 내부나 가족 간의 선물과 유산도 포함시켜야 할 것이다. '비시장'에 선물을 통한 이익을 더하면 GDP에 포함된 가치보다 크다. Ahmet Insel, "La part du don, esquisse d'évaluation", *Ce que donner veut dire. Don et intérêt*, Paris: La Découverte/

MAUSS, 1993, pp.221~235 참조.

9) 프레데릭 바스티야(1801~1850)가 '깨진 유리창의 우화'를 통해 지적했듯이, 부서진 유리창을 수리하면 유리 제조업자는 점점 부유해지겠지만, 그 비용을 감당해야 하는 집주인은 더 큰 만족을 줄 수도 있는 상품에 그 돈을 쓸 수도 있었을 것이다.

10) 더욱 세밀한 정의를 보려면, John Talberth, Clifford Cobb and Noah Slattery, *The Genuine Progress Indicator 2006*, www.rprogress.org. 참조. Douthwaite, *The Growth Illusion*을 보라.

11) 이후 제시한 의견은 롤프 스텝패처, 특히 Otto Steiger, ed., *Property Economics. Property Rights, Creditor's Money and the Foundations of the Economy*, Marburg: Metropolis Verlag, 2008, pp.323~354에 실린 〈재산, 광물 자원 그리고 '지속 가능한 발전'(Property, Mineral Resources and "Sustainable Development")〉이라는 글에 빚지고 있다. 스텝패처는 Gunnar Heinsohn과 Otto Steiger, *Eigentumsökonomik*, Marburg: Metropolis Verlag, 2006을 중심에 두고 이야기를 서술했다. 여기서는 그의 주장을 이해하기 쉽도록 요약했지만, 그 복잡한 주제에 대해 충분히 완벽하게 다루었다고 말하기는 어렵다.

12) 미국의 은행들이 주택 소유자들에게는 쉽게 자금을 내주고, 담보 대출자는 지독하게 관리했던 사건이 2008년에서 2009년 사이 일어났던 서브프라임 경제공황을 낳은 원인이었다.

13) Rolf Steppacher, "La petite différence et ses grandes conséquences: possession et propriété", *Nouveaux Cahiers de l'IUED* 14, Paris: PUF/ Geneva: IUED, 2003, pp.184~185.

14) Steppacher, "Property, Mineral Resources and 'Sustainable Development'", pp.335~336.

15) 2008년 10월 주식시장의 혼란은 그 결과를 잘 보여준다. 은행 간 초단기 융자의 고갈이 경제계 전체를 위협해서 마비 상태에 빠질 위험에 처하자, 정부가 대규모로 개입할 수밖에 없었다.

16) *Stone Age Economics*, p.4.

17) François Partant, *Que la crise s'aggrave*, Paris: Solin, 1978, p.95.

18) Luc Boltanski와 Ève Chiapello, *Le Nouvel Esprit du capitalisme*, Paris: Gallimard, 1999, p.37.

19) 이러한 자연의 상품화는 "인류의 보편적인 선을 우리 사회만큼 끌어올리기 위

해 우리가 지켜야 할 법률을 어기는 죄악"을 피하려 했던 데카르트 계획의 '경제
판'으로, 우리의 새로운 모든 지식을 "우리 스스로를 자연의 지배자이자 소유주
로 만들기 위해" 효율적으로 배치하라고 권한다. "Discourse on the Method of
Rightly Conducting the Reason and Seeking for the Truth in the Sciences"(1637),
The Philosophical Works, vol.1, London: Cambridge University Press, 1968, p.119.

20) 이는 모든 사람은 자기 신체의 주인이므로 원하는 대로 할 수 있다는 말로 정당
화된다. "보이는 세계와 보이지 않는 세계 전부가 상품이다"(Sapir, *Les Trous
noirs de la science économique*, p.94)라는 의미를 내포하고 있다. 미국에서 6만 달
러에서 14만 달러로 '자궁을 대여'할 수 있는 '임신 시장'(*Tribune de Genève*, 28
June 2008)과 새롭고 좀 더 교묘한 임금 통제 형식을 통해 노동과 사생활의 경계
를 없애버리는 경향이 있는 '인간의 상품화'도 잊지 말아야 할 것이다. Marie-
Dominique Perrot et al., eds, *Ordres et désordres de l'esprit gestionnaire*, Lausanne: Réal-
ités sociales, 2006 참조.

21) 로마클럽 보고서(Donella H. and Dennis L Meadows, Jørgen Rander and William
W. Behrens III, eds, *The Limits to Growth*, New York: Universe Books, 1972)와
Nicholas Georgescu-Roegen, *The Entropy Law and the Economic Process*, Cambridge
MA: Harvard University Press, 1971을 언급하는 것으로 충분할 것이다.

22) "화석연료의 가격은 땅 밑에서 파내는 비용으로 설정되어 있다. 이는 은행에서
찾을 돈의 가치를 은행까지 가는 버스 요금의 가치와 같다고 평가하는 것과 마
찬가지이다." Douthwaite, *The Growth Illusion*, p.42.

23) Alain Accardo, *De notre servitude involontaire. Lettre à mes camarades de gauche*, Mar-
seilles: Agone, 2001, p.17.

24) Émile Durkheim, *La Science sociale et l'action(articles publiés entre 1888 et 1908)*, Paris:
PUF, 1990[1987], p.265(Marie Auffray-Seguette, *Les Biens de ce monde, L'économie
vue comme espace de recomposition de la religion dans la modernité*, Paris: EHESS, 2008,
p.394에서 재인용).

9장 성장 반대론

1) Marglin, *The Dismal Science*, p.199의 2장 제목.
2) 질베르 리스트, 《발전은 영원할 것이라는 환상》, p.335 이하 참조.

3) Meadows, et al., eds., *The Limits to Growth*. 불어판 제목의 물음표는 전후 황금기의 끝 무렵에 성장을 비판하기 어려웠던 상황이 반영된 것으로 추측된다.

4) *What Now: The 1975 Dag Hammarskjöld Report, prepared on the occasion of the Seventh Special Session of the United Nations General Assembly, 1975*. 함마르셸드 재단의 정기간행물인 *Development Dialogue* 1975년 특집 기사.

5) Nicholas Georgescu-Roegen, *Demain la décroissance. Entropie, écologie, économie*, Ivo Rens와 Jacques Grinevald, Lausanne: Pierre-Marcel Favre/Paris: Sang de la terre, 1995(1979)의 서문과 번역. 그 제목은 최근 프랑스의 신우익 철학자인 알랭 드 베노이스트가 도용하기도 했다.

6) *Défaire le développement, refaire le monde*, Paris: Parangon, L'Aventurine, 2003; Michel Bernard, Vincent Cheynet and Bruno Clémentin, eds, *Objectif décroissance. Vers une société harmonieuse*, Lyons/Paris: Silence et Parangon, 2003; Serge Latouche, *Survivre au développement*, Paris: Mille et une nuits, 2004; Jean-Paul Besset, *Comment ne plus être progressiste··· sans devenir réactionnaire*, Paris: Fayard, 2005; Paul Ariès, *Décroissance ou barbarie*, Villeurbanne: Golias, 2005; Jean-Claude Besson-Girard, *Decrescendo cantabile*, Paris: Parangon, 2005; Bernard Guibert and Serge Latouche, eds, *Antiproductivisme, altermondialisme, décroissance*, Lyons: Parangon/Vs, 2006; Serge Latouche, *Le Pari de la décroissance*, Paris: Fayard, 2006; Jean-Pierre Tertrais, *Du développement à la décroissance. De la nécessité de sortir de l'impasse suicidaire du capitalisme*, Saint-Georges d'Oléron: Éditions libertaires, 2006; Nicolas Ridoux, *La Décroissance pour tous*, Lyons: Parangon/Vs, 2006; Serge Latouche, *Petit traité de la décroissance sereine*, Paris: Mille et une nuits, 2007; Alain de Benoist, *Demain la décroissance! Penser l'écologie jusqu'au bout*, Paris: Edite, 2007; Baptiste Mylondo, ed., *Pour une politique de la décroissance*, Villeurbanne: Golias, 2007; Vincent Cheynet, *Le Choc de la décroissance*, Paris: Seuil, 2008; Stéphane Lavignotte, *La décroissance est-elle souhaitable?*, Paris: Textuel, 2008; Serge Latouche, *Farewell to Growth*, Cambridge: Polity Press, 2009; Serge Latouche and Didier Harpagès, *Le Temps de la décroissance*, Paris: Thierry Manier, 2010. The sites: www.decroissance.org/,www.decroissance.info, www. lalignedhorizon. The journals: *Silence! et Entropia and La Décroissance*.

7) ATTAC, *Le Développement a-t-il un avenir? Pour une société économe et solidaire*, Paris: Mille et une nuits, 2004; Christian Comeliau, *La Croissance ou le progrès. Croissance, décroissance, développement durable*, Paris: Seuil, 2006; Jean Jacob, *L'Anti-mondialisa-*

tion. Aspects méconnus d'une nébuleuse, Paris: Berg international éditeurs, 2006; Cyril di Méo, *La Face cachée de la décroissance*, Paris: L'Harmattan, 2006; René Riesel and Jaime Semprun, *Catastrophisme, administration du désastre et soumission durable*, Paris: Encyclopédie des nuisances, 2008.

8) Camille Madelain, "Pratiques de la décroissance", *Notes et travaux* 76, Geneva: IUED, 2005.

9) 가령 ceremovi.org, Centre de recherches sur les modes de vie 참조.

10) Paul Watzlawick, John H. Weakland and Richard Fisch, *Change: Principles of Problem Formation and Problem Resolution*, New York: Norton, 1974, p.57.

11) Latouche, *Farewell to Growth*, pp.3~4.

12) Comeliau, *La croissance ou le progrès*, pp.10, 226~227, 265.

13) Jean-Pierre Dupuy, *Pour un catastrophisme éclairé. Quand l'impossible est certain*, Paris: Seuil, 2002, pp.84, 142~143.

14) *Farewell to Growth*, p.8.

15) Vincent Cheynet, *Le Choc de la décroissance*, Paris: Seuil, 2008, p.80 참조.

16) Jean-Luc Pasquinet, "Développer l'esprit critique", Baptiste Mylondo, ed., *Pour une politique de la décroissance*, Villeurbanne: Golias, 2008, p.54.

17) Majid Rahnema와 Jean Robert, *La Puissance des pauvres*, Arles: Actes Sud, 2008, p.283. 강조는 원문.

18) Majid Rahnema, *Quand la misère chasse la pauvreté*, Paris/Arles: Fayard/Actes Sud, 2003.

19) Emmanuel Seyni Ndione, *Dynamique urbaine d'une société en grappe: un cas*, Dakar: ENDA, 1987, p.154.

20) 반면에, '되튐 효과(rebound effect)'가 가능한 절약을 오히려 줄이기도 한다. 예를 들어, 현대의 전구는 에너지를 적게 소비하지만, 대신 사람들이 오래 켜둔다.

21) Latouche, *Farewell to Growth*, p.33.

22) www.decroissance.org에는 '지속 가능한 발전'이라는 개념을 성장에 도움이 되게 이용하려는 정치인들과 사업가들의 발언집이 담겨 있다. 유감스럽게도, 이러한 모호한 의미는 1987년 브룬틀란 보고서에도 나타나는데, 그 보고서에서 이런 모순어법이 시작되었다.

23) 대참사가 임박했다고 주장하는 일부 '무정부-상황주의자들(anarcho-situation-ists)'의 시선으로 보면, 국가적인 조치는 기껏해야 사람들로 하여금 자본주의에

대한 새로운 종류의 복종만을 준비시킬 뿐이다. '병영 생태주의(barracks ecologism)'를 (예방적으로?) 비판하고, 관료주의가 재난을 막는 데 효과적인지 의문을 제기하는 것이 옳긴 하지만, 반국가와 반산업주의적인 태도는 효과적인 대안이 되지 못한다. René Riesel와 Jaime Semprun, *Catastrophisme, administration du désastre et soumission durable*, Paris: Encyclopédie des nuisances, 2008 참조.

24) Tim Jackson, *Prosperity without Growth? The Transition to a Sustainable Economy*, London: Sustainable Development Commission, 2009. 경제성장에 대한 이 비판—이 보고서는 성장을 체제의 생존을 위해 필요하면서도 위험한 것으로 본다—은 대체로 주류 경제학의 틀 내에서 구성되었다. 그런 단점이 있긴 했지만, 다소 급진적인 문제 제기를 하려 했던 것으로 보인다. 잭슨의 권고 사항들이 어떤 부분은 '경제학적으로 일치된 의견'과 충돌하고, 때로는 충실하게 따르고 있지만, 그는 가능한 많은 수의 독자들을 확신시키기 위해 '이성적인' 방식을 채택했던 게 틀림없다. 물론 주류 경제학자들의 마음속에 의심을 서서히 불어넣는데는 여러 가지 방식이 있다.

25) *Community Currency for Local Economy: A Grassroots Innovation for Prosperity through Democracy*, Paris: HEC, 2010.

26) 그 외에도 다른 많은 것들이 경제적인 계산을 벗어난다. 공기나 물의 질, 삼림 벌채의 영향, 오존층의 감소, 빙하와 극지방 만년설의 용융 등. 하지만 이 우울한 현대의 걱정거리들은 고전 경제학자들에게 알려지지 않았던 게 분명하다.

27) 1973년 석유 파동 당시 스위스는 앰뷸런스와 대중교통, 경찰 차량들만 운행할 수 있는 '자동차 없는 일요일'을 몇 차례 도입했다. 그러자 '경제적 제약'을 이야기하는 목소리들이 자유롭게 터져나왔다. 사람들이 차에 갇혀 있을 때는 생각해보지 못했던 도보, 자전거, 스쿠터, 버스 등의 방법으로 이동할 수 있게 되어 즐거워했기 때문이다. 낯선 이와의 뜻밖의 대화에서 얻는 즐거움의 가치를 우리가 어떻게 평가할 수 있을까? 그것은 '전통' 사회의 규칙 같은 것이다.

28) ATTAC, *Le Développement a-t-il un avenir?*, pp.171~221.

29) 질베르 리스트의 《발전은 영원할 것이라는 환상》 참조.

30) UNDP, *Human Development Report 1991*, Oxford: Oxford University Press, 1991, p.2.

31) 뭐라고 하더라도 결국 경제성장이 '절대 빈곤' 상태에 있던—특히 아시아에서—사람들의 숫자를 줄였다고 생각하는 사람들을 위해, 그 성장에 의해 가장 가난한 사람들과 가장 부유한 사람들 간의 간극이 엄청나게 커졌다는 사실을 지

적할 수 있을 것이다. 매우 빈곤한 사람들은 그 전에 비해 약간 덜 빈곤해졌지만, 가장 부유한 사람들은 이제 슈퍼 부자가 되었다.

32) Paul Fabra, *L'Anticapitalisme. Essai de réhabilitation de l'économie politique*, Paris: Flammarion, 1979, p.268 참조.

33) John Stuart Mill, *Principles of Political Economy*(1848), Book Four, Ch.6, §2, London: Longmans, Green & Co., 1921, pp.748, 750.

10장 종교가 되어버린 경제 '과학'

1) Dumont, *From Mandeville to Marx*, p.22.

2) 위의 책, p.7.

3) Durkheim, *The Elementary Forms of Religious Life*, p.436.

4) 사람들이 공유하는 신앙과 의무적인 행동의 근저에는 위장된 '세속 종교'가 놓여 있다는 논제는 Perrot, Sabelli와 Rist, *La Mythologie programmée*, 1992에서 폭넓게 다루어졌다.

5) *The German Ideology*(1845), London: Lawrence & Wishart, 1965, p.61.

6) Bourdieu, *Pascalian Meditations*, pp.169, 177ff.

7) 질베르 리스트, 《발전은 영원할 것이라는 환상》, p.67 이하 참조.

8) Pierre Achard, Antoinette Chauvenet, Elisabeth Lage, Françoise Lentin, Patricia Neve 와 Georges Vignaux, *Discours biologique et ordre social*, Paris: Seuil, 1977.

9) 레옹 발라는 효용에 자신이 부여한 특별한 의미를 강조하기 위해 'ophelimity(만족을 주는 힘)'라는 용어를 도입하려고 했지만, 그 용어는 널리 퍼지지 않았다.

10) Marie-Dominique Perrot, "Passager clandestin et indispensable du discours: le présupposé", Gilbert Rist와 Fabrizio Sabelli, eds, *Il était une fois le développement*⋯, Lausanne: Éditions d'En Bas, 1986, pp.71~91.

11) 태양중심설과 지구가 태양을 축으로 자전한다는 주장은 과학적인 근거가 아니라 종교적인 근거를 바탕으로 비난받았다. 그보다 최근에는 '창조론'과 '지적 설계론'에 대한 신앙이 다윈의 진화론에 도전하고 있다.

12) "경제학적인 추론은 규범적인 법칙들이 명시적으로 제출하지 않은 사실들에 의해 종종 모호한 모습을 띠지만 보편적인 '개념'의 형태로 ⋯⋯ 기본적인 개념들은 대체로 규범적인 함의로 채워진다. ⋯⋯ 경제학에서는 개념 안에 있는 규범

들을 감추는 숨바꼭질이 끊임없이 진행된다." Myrdal, *The Political Element in the Development of Economic Theory*, p.192.

13) "반증 이론에서 실제로 중요한 시험은 추론이 사실임을 증명하기 위해 설계된 게 아니라 거짓임을 증명하기 위해 만들어진 것이다. 그건 그렇고, 행위자들의 행동에 관한 추론—칼 포퍼의 인식에 따라 시험할 수 있는 유일한 것들—은 1970년대 후반 이후 엄격한 검증을 하나도 통과하지 못했다. 그런데도 표준 경제학자들은 마치 아무 일도 없는 것처럼 자신들이 좋아하는 이론을 지겹게 계속 웅얼댄다." Sapir, *Les Trous noirs de la science économique*, p.97.

14) Sapir, *Les trous noirs*…, p.97.

15) *L'Économie dévoilée*, p.27 참조. Lebaron, *La Croyance économique*, Paris: Seuil, 2000; François Gauthier, "La religion de la 'société de marché'", *Entropia* 5, Autumn 2008, pp.93~107. 그리고 논쟁적인 Paul Lafargue, *La religion du Capital*(1886)도 있다. 이 책은 주기도문과 사도신경을 패러디하고, 아베 마리아(Ave Maria)를 아베 미세리아(miseria, 비참함)로 바꿨다.

16) Marie Auffray-Seguette, *Les Biens de ce monde. L'économie vue comme espace de recomposition de la religion dans la modernité*, Paris: EHESS, 2008.

17) Clément Rosset, *L'Anti-nature. Éléments pour une philosophie tragique*, Paris: PUF, 1986(1973), p.35. 그리고 그는 다음과 같이 말한다. "18세기의 철학자 중 적어도 한 명은 자연의 이름으로 종교를 비판하는 것은 종교에 다시 힘을 돌려주고, 종교적 이데올로기의 불멸의 토대를 복구시켜줄 것이라는 사실을 인식했다. 데이비드 흄의 《자연 종교에 관한 대화(*Dialogues on Natural Religion*)》. 이 대화의 핵심적인 주제는 광적인 신앙은 신이라는 관념이 아니라 자연이라는 관념 안에 있다는 것이다."(위의 책, p.39)

18) Keen, *Debunking Economics*, p.19.

19) Lebaron, *La croyance économique*, p.244. 강조는 원문.

20) Thierry de Saussure, *L'Inconscient, nos croyances et la foi chrétienne. Etudes psychanalytiques et bibliques*, Paris: Le Cerf, 2009, p.193.

21) Benveniste, *Indo-European Language and Society*, pp.99ff.

22) 경제 '과학'이 제기하는 '진리들'보다는 가톨릭이 바티칸으로부터 받는 금지명령이 더 적다는 점이 유일한 차이이다. "과거에 프랑스 국립통계경제행정학교(ENSAE)에 다녔던 사람으로서 말하자면, 거시경제학은 이름만이 아니라 '논의할 여지가 없는 진리'로 제시되며, 마치 수학처럼 특별한 저자를 인용할 필요

도 없다."(Lebaron, *La croyance économique*, p.115)

23) 아잔데족 사람들은 중요한 결정을 내리기 전에 다양한 주술 풍습에 의지한다. 그중에서 가장 널리 알려진 것은 닭에 독을 주입하고 다음과 같이 말하는 것이다. "내가 이것(이런저런 여성과의 결혼이나 특정한 장소에 오두막을 짓는 등)을 하면 닭이 살아날 것이다. 내가 이것을 하지 않으면 닭이 죽을 것이다." 만일 그 사람이 '틀린' 응답을 받는다면, 항상 다른 독약을 사용하거나(왕의 독약을 최고로 친다), 다른 점쟁이를 찾아가서 다시 '간청'한다. Edward Evan Evans-Pritchard, *Witchcraft, Oracles and Magic among the Azande*[1937], Oxford: Oxford University Press, 1976; Gilbert Rist, "Le concept de 'développement' est-il rationnel? Un concept occidental à l'épreuve de la démarche interculturelle", Fernand Ouellet, ed., *Pluralisme et École*, Quebec: Institut québécois de recherche sur la culture, 1988, pp.57~83 참조.

24) "이데올로기(혹은 종교)는 믿음의 내용(이것은 쉽게 소멸한다)보다는 믿음의 형태를 규정한다. 종교는 어떤 '거짓말 뒤범벅'이 주어지더라도 그 안에서 자신의 존재를 가능하도록 해주는 선행하는 질서의 흔적을 발견해낼 수 있다는 뜻이다." Rosset, *L'Anti-nature*, p.41.

25) "인간이 그런 걸 만들지 않았더라면, 그리고 인간이 만들기 전까지는, 경제라는 것은 아예 존재하지도 않았을 것이다." Dumont, *From Mandeville to Marx*, p.24.

26) Lebaron, *La croyance économique*, p.154.

11장 새로운 패러다임?

1) John Maynard Keynes, *The General Theory of Employment, Interest and Money*, London: Macmillan, 1961, p.viii(from the Preface to the 1936 edition).

2) Pascal Combemale, "L'hétérodoxie: une stratégie vouée à l'échec?", Latouche, ed., *L'Économie dévoilée*, p'.163에서 재인용.

3) 위의 책, p.175.

4) 위의 책, p.164. 하지만 다른 글("L'hétérodoxie encore: continuer le combat mais lequel", *Revue du MAUSS* 30, 2007, pp.56~67)에서 콩브말은 정통파 경향의 유연성 역시 강조했다. 그 유연성은 경험을 바탕으로 한 반론에 대해 답변하는 과정에서 발전했다. 예를 들어, 워싱턴 컨센서스(the Washington Consensus)와 1990

년대 구 공산권 국가들에 강요된 '충격요법'은, 그런 해결책이 오히려 원인이 되어 나타난 피해가 알려진 뒤에야 중단되었다. '자유 시장'이 제도적인 배경과 무관하게 만병통치약으로 작용될 수는 없다.

5) http://sortirdeleconomie.ouva-ton.org의 the Sortir de l'économie 게시판에서 관련 글들을 찾아보라.

6) Karl Polanyi, *The Livelihood of Man*, New York: Academic Press, 1977, p.19.

7) Karl Polanyi, "The Economy as Instituted Process"(1957), *Primitive, Archaic and Modern Economies: Essays of Karl Polanyi*, p.145.

8) 위의 책, p.143.

9) 이제는 신용할 수 없는 형식주의적인 경향의 명확한 예외(멜빌 헤스코비츠, 레이몬드 퍼스)와 더불어.

10) Myrdal, *The Political Element of Economic Theory*, p.1.

11) 특히 '관행 경제학'은 다양한 '도시'(혹은 제도적 배합)에 있는 다양한 규범('관행')의 존재를 인식한다는 점에서 표준 경제 '과학'과 다르며, 개인적인 이기심의 단순한 추구에서 벗어난 행동을 정의한다. 스티븐 마글린이 주장했듯이 "우리가 세상에 대한 설명에 관심이 있다면, 주류 경제학의 대부분의 기구는 쓸모가 없다. 즉 규범적인 행동 지침이 없다면, 경제학은 현재의 경제학과는 달랐을 것이다."(*The Dismal Science*, p.292)

12) Ahmet Insel, "La part du don. Esquisse d'évaluation", *Ce que donner veut dire. Don et intérêt*, Paris: MAUSS/La Découverte, 1993, p.234.

13) 다른 사례는 Jacques T. Godbout, *Ce qui circule entre nous. Donner, recevoir, rendre*, Paris: Seuil, 2007, pp.94ff에서 찾아볼 수 있다.

14) "'선물경제'라는 용어를 사례(謝禮)의 대중적인 형태가 의례적인 선물주기 관습을 통해 이루어지는 사회를 가리키는 것으로 사고한다면 이는 전적으로 잘못된 것이다. 이 오해는 선물 관습을 경제적 행위로 바꿔놓을 텐데, 선물경제는 경제적 행위가 아니다." Marcel Hénaff, "De la philosophie à l'anthropologie. Comment interpréter le don?", *Esprit* 282, February 2002, p.141.

15) Mauss, *The Gift*, p.67.

16) 모스의 주장에 따라 건강과 교육, 안전은 '공익'으로 간주되어야 하며, 국가가 비용을 부담하고 시민들이 무료로 이용할 수 있어야 한다. 하지만 현재는 정반대로 진행되고 있다. 국가는 시장에 대항하는 권력의 역할을 그만두었다.

17) '표준' 경제학은, 서로 획득하려고 다투는 자원에 대한 사람들의 소유권이 명확

하게 정의되어 있고 거래 비용이 0에 가까워진다면, 교환은 자원을 최적으로 분배하고 국가는 소유권을 승인하고 거래 비용을 낮추기 위해서만 개입하게 될 것(코즈의 정리)이라는 희망을 품고 '부정적인 외부 효과' 비용을 계산한다. 하지만 이런 방법이 이익의 충돌을 해결할 수 있을지는 몰라도 현재 발생하고 있는 공해는 없애지 못한다!

18) Naredo, *La Economia en evolucion*, p.72.

19) "뉴기니의 시아네(Siane)에서도 그와 마찬가지로 상품들이 다양한 이질적인 범주로 나누어져 있다. 생활용품(농업과 채집, 수공예 등으로 인한 생산물), 사치품(담배, 야자기름, 소금, 판다누스 열매), 귀중품(조개, 극락조의 깃털, 장식용 도끼, 결혼식이나 성인식, 평화협정, 종교 축제 등을 위한 의례용 돼지). 각 범주마다 순환의 형태가 다르다." Maurice Godelier, "Formes non marchandes de circulation du produit social", J. Copans, S. Tornay, M. Godelier & C. Backès-Clément, eds, *L'Anthropologie: science des sociétés primitives?*, Paris: Éditions E.P., 1971, pp.225~237, *Socio-Anthropologie* 7, 2000, http://socioanthropologie.revues.org.

20) 시장 '분할'의 또 다른 방법은 지역통화를 이용하는 것이다(9장 주석 35번 참조). 그 경우 상품들은 출처에 따라 구분된다. 그 지역 혹은 외부.

21) 세계보건기구(WHO)에 따르면, 인간 장기의 거래는 "부패와 법률적 틈새를 이용해 번창하고 있으며, 2005년 전세계 신장 이식의 10퍼센트 정도로 추정된다." Mobilisation contre le "tourisme de transplantation'", *Le Monde* 23 August 2008, p.7.

22) Ricardo, *Principles of Political Economy and Taxation*, p.34. 이는—리카도와 세이에게 있어서—그런 자유로운('값을 매길 수 없는') 상품은 시장의 범위 밖에 있다는 의미이다. 맬서스는《인구론》에서 자연의 무한한 관대함에 대해 진지하게 의구심을 제기했다.

23) 그와 반대로 현재는 시장의 '법칙'이 줄어드는 공급에 반응해서 자원에 대한 가격을 올려서 가격 인상을 감당할 수 있는 수입이 있는 사람들을 제외하고는 그 자원에 대한 흥미를 떨어뜨리도록 할 것이라는 희망을 품고 그런 재화를 조금씩 더 '상품화'하는 경향을 보이고 있다.

24) '전지구적인 공공재'의 정의(定義)는 명확하지 않다. UN의 국가간 경제적 권리의무에 관한 헌장(Charter of Economic Rights and Duties of States)(General Assembly Resolution XXIX: 3281, 12 December 1974, Art. 29)에는 "해저와 대양저와 하층토에 대해서는 국가적 사법권 너머에 있는 것뿐만 아니라 그 지역의 자

원까지도 인류의 공동 유산이다"라고 명시되어 있다. 이 정의는—재생 불가능한 자원을 우려하고 있으므로 조짐이 좋았지만—문화나 지식, 환경, 평화, 번영, 안전, 국제경제 안정 등과 같은 '상품'이 포함된 목록을 위해 폐기되었다. 우리가 좋아할 만한 관점은 확실히 아니다. François Constantin, ed., *Les Biens publics mondiaux. Un mythe légitimateur pour l'action collective?*, Paris: L'Harmattan, 2002, p.26.

25) Ricardo, *Principles of Political Economy and Taxation*, p.6.

26) Naredo, *La Economia en evolution*, p.52.

27) 이것은 조지프 스티글리츠가 고안한 해결책이다. "전세계 민중들의 문제를 해결하기 위해 …… 유일하게 현명하고 실현 가능한 구제책은 전세계 천연자원에 대한 전세계의 공공 관리 형태뿐"이며, '부정적 외부 효과'를 낳는 이용과 행동을 고려한 일련의 규정(*Making Globalization Work*, London: Penguin, 2007, p.165)이다.

28) Matthieu Calame, *La Tourmente alimentaire. Pour une politique agricole mondiale*, Paris: Ed. Charles Léopold Mayer, 2008, pp.177~187 참조.

29) 화폐본위(貨幣本位, 달러)는 순전히 자기 지시적이고 동어반복적인 (변동을 거듭하기도 하는) 가치를 가지고 있으므로 말도 안 되는 소리다. 1971년 금태환이 종료된 이후 1달러는 단지 1달러의 가치가 있을 뿐이다. 우리는 인간 노동의 가치와 석유 1배럴의 가치, 1헥타르의 숲의 가치를 일치시킬 때 화폐의 역할에 대해서도 진지하게 따져봐야 한다. Calame, *La Tourmente alimentaire*, p.187 참조.

30) 물론, '지속 가능한 발전'이라는 용어가 널리 퍼지자 많은 저자들이 '환경경제학'에 대해 썼다. 그러나 주로 '시장 자극'이나 외부 효과의 내면화, 물과 공기, 지표와 같은 자연 요소에 대한 '가격 책정', 공공 정책에 관심을 가진 글들이었다. 이들은 '표준' 경제학의 지배를 벗어나지 않으며, 열역학적 산업 생산과 불가분의 관계가 있는 엔트로피를 고려하지 않는다.

31) Michel Foucault, *The Order of Things: An Archaeology of the Human Sciences*(1966), London: Routledge, 2001, p.183.

32) 위의 책, p.xxii.

33) 이 변화는 쾅![BANG: 생명(Bio)-원자력의(Atomic)-나노(Nano)-유전의(Genetic)]으로 나타낼 수 있다.

결론

1) 2009년 7월 22일 편지. Frédéric Lemaître, "La crise remet en cause le savoir et le statut des économistes", *Le Monde* 5 Septembre 2009 참조.

2) 2007년 9월 23일 www.attac.org에 게시된 "La baisse tendancielle de la part salariale".

3) 1980년대 초반에는 급료의 비율이 예외적으로 높았던 게 사실이므로, 일부 학자들은 그 기준에 의구심을 제기하기도 했다. 하지만 그전 10년 동안에도 노동자들의 몫은 거의 변함이 없었다. 그러나 '봉급'의 형태로 극소수의 경영자들에게 주어진 과도한 급료가 계산을 왜곡하고 저임금 노동자들에 대한 지불 규모가 하락하는 상황을 가려버렸다. Frédéric Lordon, "'e Paradoxe de la part salariale", www.blog.mondediplo.net 참조.

4) Polanyi, *The Great Transformation*, pp.68~76.

5) 위의 책, p.69. 임금체계나 사적 소유의 바깥에서조차 노동이나 천연자원의 '가치'는 모든 사회에서 '사회적 사용'에 달려 있다. 역사 구술자나 무당, 사냥꾼의 활동은 '단순한' 농부들의 활동보다 훨씬 수요가 많은 곳이 있다. 누군가 풍차나 풍력발전 지역을 만들 수 있게 되면 바람은 '가치'를 갖게 된다. 기름을 연료로 전환시킬 수 있게 된다면, 기름은 '이익'이 된다. 그런 환경은 인간이 거주하기 전에는 존재하지 않았지만, 환경에 너무 많은 것을 요구하게 되면 자기만의 '법칙'에 따라 사람들에게 등을 돌릴 것이다.

6) 위의 책, p.150.

7) Jacques Généreux, *La Grande regression*, Paris: Seuil, 2010, p.43.

8) Polanyi, *The Great Transformation*, p.141.

9) 위의 책, p.145.

10) 위의 책, p.150.

11) 각국의 성명서는 www.wcoomd.org/files/I.%20Public%20files/PDFandDocuments/Highlights/G20_Final_London_Communique.pdf 와 www.pittsburghsummit.gov/mediacenter/129639.htm을 참조하면 된다.

12) 피츠버그에서 열린 세계 정상들의 성명 최종판에는 '성장'이라는 단어가 서문에 12번 등장하며, 첫 9개 절에 20번 등장한다('회복'이라는 동의어를 제외하더라도).

13) 질베르 리스트, 《발전은 영원할 것이라는 환상》, p.256 이하 참조.

14) 피츠버그 성명의 전체 50개 절에 청정에너지와 기후변화는 딱 두 번 나온다(31

번과 32번).

15) 폴 크루그먼에 따르면("How Did Economists Get It So Wrong?", *New York Times*, 6 September 2009), 금융 거품 때문에 미국의 가정은 13조 달러의 집을 잃었으며 6백만 개의 일자리를 잃었다.

16) 주로 시카고 호반에 근거지를 둔 '민물 경제학파'는 동해안에 근거지를 둔 '짠물 경제학파'인 케인스주의자들과 종종 대비된다.

17) 2008년 임명된 경제 실적과 사회 진보의 계측을 위한 위원회(The Commission on the Measurement of Economic Performance and Social Progress)는 2009년 여름에 보고서를 제출했다. 조지프 스티글리츠와 아마르티아 센, 장-폴 피투시가 공동 위원장을 맡았다.

18) 위원회는 주로 소득분배와 복리, 건강, 공동 유산(인적·물적 자본)에 대한 새로운 지표를 추가했다. 이는 1990년 유엔개발계획(UNDP)이 제안했던 인간개발지수(HDI)를 개량한 것으로, 주로 아마르티아 센에게서 영감을 받았다. 사실 이런 접근 방식에도 위험성은 없지 않다. 화폐로 가치를 측정하지 못했던 것들에 가격을 부여함으로써 상품의 영역을 더 확장시킬 수 있다.

19) Karl Marx, *Grundrisse: Foundations of the Critique of Political Economy*, London: Penguin/NLR, 1993, p.411.

20) Karl Marx, *Capital*, Volume 3, London: Penguin/NLR, 1981, pp.1046f.

21) 1973~74년의 공황은 포드주의와의 타협에 종지부를 찍고, 신자유주의 경제학을 향한 전환점이 되었다. 하지만 그 변화는 자본주의 패러다임을 벗어나지 않았다.

22) Serge Latouche, *Le Pari de la décroissance*, Paris: Fayard, 2006; *Petit traité de la décroissance sereine*, Paris: Mille et une nuits, 2007; *Farewell to Growth*, Cambridge: Polity Press, 2009. 라투슈의 이 저작들은 그런 사회가 가능하다는 사실을 명확히 보여준다.《엔트로피아(*Entropia*)》(no. 9, Autumn 2010)라는 잡지에서 '대항 권력과 하강(Contre-pouvoirs et décroissance)'이라는 제목 아래 자본주의와 '발전'에 대항하는 아메리카 원주민의 '새로운 방법'의 독창성과 양면성에 대한 뛰어난 글이 여러 편 실렸다. 볼리비아뿐만 아니라 에콰도르와 멕시코(사파티스타가 관리하는 치아파스의 외부에서 기존 권력에 대한 저항의 형태로), 그리고 아메리카 대륙의 그 외 지역에서 원주민들의 문화가 재건되고 있다는 사실을 알렸다. 각 사례를 통해 말하려는 핵심 요점은 정치적인 일의 처리 과정에서 경제의 중심적인 역할에 의문을 제기하는 것이었다.

23) *Plan nacional de desarrollo: Bolivia digna, soberana, productiva y democraticapara vivir bien, Lineamentos estratégicos, 2006~2011*, I.1.2, La Paz: Ministerio de Planificacion del Desarrollo, 2006.

24) *Decreto supremo* 29279, Article 5, Clause 2.

25) Thomas Kuhn, *The Structure of Scientific Revolutions*, 2nd edn., Chicago: Chicago University Press, 1970, pp.84~85.

참고문헌

Accardo, Alain. *De notre servitude involontaire. Lettre à mes camarades de gauche*. Marseilles: Agone, 2001.

Achard, Pierre, Antoinette Chauvenet, Élisabeth Lage, Françoise Lentin, Patricia Neve and Georges Vignaux. *Discours biologique et ordre social*. Paris: Seuil, 1977.

Adjakly, Edo. *Pratique de la tradition religieuse et reproduction sociale chez les Guen/Mina du Sud-Est du Togo*. Geneva: Institut universitaire d'études du développement, coll. "Itinéiraires", 1985.

Akerlof, Georges A., and Janet L. Yellen. "Can Small Deviations from Rationality Make Significant Differences to Economic Equilibria?". *American Economic Review* 78, 1988, pp.44~49.

Amselle, Jean-Loup. *Rétrovolutions, Essais sur les primitivism es contemporains*. Paris: Stock, 2010.

Arendt, Hannah. *The Human Condition*. Chicago: University of Chicago Press, 1958.

Ariès, Paul. *Décroissance ou barbarie*. Villeurbanne: Golias, 2005.

Arnsperger, Christian, and Yanis Varoufakis. "Neoclassical Economics: Three Identifying Features". in Edward Fullbrook, ed., *Pluralist Economics*. London: Zed Books, 2008, pp.13~25.

ATTAC. *Le développement a-t-il un avenir? Pour une société économe et solidaire*. Paris: Mille et une nuits, 2004.

Attali, Jacques, and Marc Guillaume. *L'Anti-économique*. Paris: PUF, 1975.

Auffray-Seguette, Marie. *Les Biens de ce monde. L'économie vue comme espace de recomposition de la religion dans la modernité*. Paris: EHESS, 2008.

Ba, Amadou Hampaté. "La notion de personne en Afrique noire". *Colloques interna-

tionaux du CNRS 544, n.d., pp.181~192.

Barre, Raymond. *Économie politique*, vol. 1. 10th edn. Paris: PUF, 1975.

Bataille, Georges. "The Notion of Expenditure". In *Visions of Excess: Selected Writings, 1927~1939*. Minneapolis: University of Minnesota Press, 1985.

Baudrillard, Jean. *For a Critique of the Political Economy of the Sign*. St. Louis: Telos Press, 1981(1972).

Bayart, Jean-François, ed. *La Réinvention du capitalisme*. Paris: Karthala, 1994.

Bazin, Laurent, and Monique Selim, eds. *Motifs économiques en anthropologie*. Paris: L'Harmattan, 2001.

Benoist, Alain de. *Demain la décroissance! Penser l'écologie jusqu'au bout*. Paris: Edite, 2007.

Bentham, Jeremy. *Principles of Legislation*(trans. from the French abridgement of Uncorrected page proofs Étienne Dumont[1802]). London: Oxford University Press, 1914.

Bentham, Jeremy. "Le calcul des plaisirs et des peines". *Revue du MAUSS* 5, 1989, pp.75~76(fragments of a manuscript written about 1782).

Benveniste, Émile. *Indo-European Language and Society*. London: Faber, 1973(1969).

Berthoud, Gérald. *Vers une anthropologie générale. Modernité et altétrité*. Geneva: Droz, 1992.

Berthoud, Gérald. "L'économie: un ordre généralisé? Les ambitions d'un prix Nobel". *Revue du MAUSS* 3, 1994, pp.42~60.

Berthoud, Gérald. "Que nous dit l'économie?". In Serge Latouche, ed., *L'Économie dévoilée. Du budget familial aux contraintes planétaires*. Paris: Autrement, 1995.

Besset, Jean-Paul. *Comment ne plus être progressiste... sans devenir réactionnaire*. Paris: Fayard, 2005.

Besson-Girard, Jean-Claude. *Decrescendo cantabile*. Paris: Parangon, 2005.

Boltanski, Luc, and Ève Chiapello. *Le Nouvel Esprit du capitalisme*. Paris: Gallimard, 1999.

Boudon, Raymond. *The Logic of Social Action: An Introduction to Sociological Analysis*. London: Routledge & Kegan Paul, 1981(1979).

Boudon, Raymond. "Individualisme ou holisme: un débat méthodologique fondamental". In Henri Mendras and Michel Verret, eds, *Les Champs de la sociologie française*. Paris: Armand Colin, 1988, pp.31~45.

Boudon, Raymond. "L'individualisme méthodologique". *Encyclopaedia universalis*, vol.

2: Les Enjeux. Paris, 1990, pp.1134~1138.

Boulding, Kenneth. "Notes on a Theory of Philanthropy". In Frank G. Dickinson, ed., *Philanthropy and Public Policy*. Cambridge MA: National Bureau of Economic Research, 1962, pp.57~71.

Bourdieu, Pierre. *Pascalian Meditations*. Stanford: Stanford University Press, 2000(1979).

Buchanan, James M. *Economics: Between Predictive Science and Moral Philosophy*. Austin: Texas A&M University Press, 1987.

Buckles, Kasey. "Understanding the Returns to Delayed Childbearing for Working Women". *American Economic Review* 98(2), May 2008, pp.403~407.

Caceres, Bruno. *Loisirs et travail du Moyen Âge à nos jours*. Paris: Seuil, 1973.

Caillé, Alain. "Deux mythes modernes, la rareté et la rationalité économiques". *Bulletin du MAUSS* 12, December 1984, pp.9~35.

Caillé, Alain. "Les mystères de l'histoire des idées. Remarques à propos du cas Bentham". *Revue du MAUSS* 6, 1995, pp.125~146.

Caillé, Alain. *Dé-penser l'économique. Contre le fatalisme*. Paris: La Découverte/MAUSS, 2005.

Calame, Matthieu. *La Tourmente alimentaire. Pour une politique agricole mondiale*. Paris: Charles Léopold Mayer, 2008.

Camerer, Colin F. "Gifts as Economic Signals and Social Symbols". *American Journal of Sociology* 94, 1988, pp.180~214.

Cheynet, Vincent. *Le Choc de la décroissance*. Paris: Seuil, 2008.

Cheynet, Vincent, Michel Bernard and Bruno Clémentin, eds. *Objectif décroissance. Vers une société harmonieuse*. Lyons/Paris: Silence et Parangon, 2003.

Collectif. *Défaire le développement, refaire le monde*. Paris: Parangon, L'Aventurine, 2003.

Combemale, Pascal. "Ce qui se sait vraiment en économie". *Revue du MAUSS* 8, 1990, pp.113~114.

Combemale, Pascal. "L'hétérodoxie: une stratégie vouée à l'échec?". In Serge Latouche, ed., *L'Éeconomie dévoilée. Du budget familial aux contraintes planétaires*. Paris: Autrement, 1995.

Combemale, Pascal. "L'hétérodoxie encore: continuer le combat mais lequel". *Revue du MAUSS* 30, 2007, pp.56~67.

Comeliau, Christian. *La Croissance ou le progrès. Croissance, décroissance et développement durable*. Paris: Seuil, 2006.

Condillac, Étienne Bonnot, abbé de. *Le Commerce et le gouvernement considérés relativement l'un à l'autre*. Amsterdam and Paris: Jombert et Cellot, 1776.

Constant, Benjamin. *De l'esprit de conquête*. Lausanne: Pierre-Marcel Favre, 1980(1814).

Constant, Benjamin. *Political Writings*. Cambridge: Cambridge University Press, 1988.

Constantin, François, ed. *Les Biens publics mondiaux. Un mythe légitimateur pour l'action collective?*. Paris: L'Harmattan, 2002.

Cordonnier, Laurent. *Coopération et Réciprocité*. Paris: PUF, 1997.

Dag Hammarskjöld Foundation. *What Now: The 1975 Dag Hammarskjöld Report, prepared on the occasion of the Seventh Special Session of the United Nations General Assembly, 1975*. Special issue of the Hammarskjöld Foundation journal, *Development Dialogue*, 1975.

Douthwaite, Richard. *The Growth Illusion: How Economic Growth Has Enriched the Few, Impoverished the Many and Endangered the Planet*. Totnes: Green Books, 1999(1992).

Dumont, Louis. *From Mandeville to Marx: The Genesis and Triumph of Economic Ideology*. Chicago: Chicago University Press, 1977.

Dupuy, Jean-Pierre, and Jean Robert. *La Trahison de l'opulence*. Paris: PUF, 1976.

Dupuy, Jean-Pierre. "Sur la formation du radicalisme philosophique d'Élie Halévy". *Revue du MAUSS* 6, 1995, pp.61~79.

Dupuy, Jean-Pierre. *Pour un catastrophisme éclairé. Quand l'impossible est certain*. Paris: Seuil, 2002.

Dupuy, Jean-Pierre. *La Panique*. Paris: Les Empêcheurs de penser en rond, 2003.

Durham, Jimmie. "Eloheh or the Council of the Universe". *Development* 3/4, 1981, SID, Rome, pp.10~16.

Durkheim, Émile. *La Science sociale et l'action* (articles publiés entre 1888 et 1908). Paris: PUF, 1987.

Durkheim, Émile. *Elementary Forms of Religious Life*. London: Routledge 1998(1912).

Durkheim, Émile. *The Rules of Sociological Method*. New York: Free Press, 1962(1895).

Essimi-Nguina, Marie-Pierre. "Ni têtes ni pattes: les vrais-faux poulets du supermarché". *Prétextes anthropologiques* V(62), 2002, Geneva: Institut universitaire d'études du développement, pp.49~58.

Evans-Pritchard, Edward Evan. *Witchcraft, Oracles and Magic among the Azande*. Oxford:

Oxford University Press, 1976(1937).

Fabra, Paul. *Capitalism versus Anti-Capitalism: The Triumph of Ricardian over Marxist Political Economy*. New Brunswick NJ: Transaction, 1993.

Fullbrook, Edward. "De la domination néo-classique et des moyens d'en sortir". *L'Economie politique* 28, 2005, pp.78~91.

Fullbrook, Edward, ed. *Pluralist Economics*. London: Zed Books, 2007.

Galbraith, John K. *The Economics of Innocent Fraud: Truth for Our Time*. Boston MA: Houghton Mifflin, 2004.

Gauchet, Marcel. *The Disenchantment of the World: A Political History of Religion*. Princeton NJ: Princeton University Press, 1997(1985).

Gauthier, François. "La religion de la 'société de marché'". *Entropia* 5, Autumn 2008, pp.93~107.

Généreux, Jacques. *Les Vraies Lois de l'économie*. Paris: Seuil, 2005(2001 et 2002).

Généreux, Jacques. *La Grande regression*. Paris: Seuil, 2010.

Georgescu-Roegen, Nicholas. *The Entropy Law and the Economic Process*. Cambridge MA: Harvard University Press, 1971.

Georgescu-Roegen, Nicholas. *Energy and Economic Myths: Institutional and Analytical Economic Essays*. New York: Pergamon Press, 1976.

Georgescu-Roegen, Nicholas. *Demain la décroissance. Entropie, écologie, économie*. Lausanne: Pierre-Marcel Favre, 1979[new edn. Paris: Le Sang de la Terre, 1995].

Giraud Pierre-Noël. *L'inégalité du monde. Economie du monde contemporain*. Paris: Gallimard, 1996.

Godbout, Jacques T. *Le Don, la dette et l'identité. Homo donator vs Homo oeconomicus*. Paris: La Découverte, 2000.

Godbout, Jacques T. *Ce qui circule entre nous. Donner, recevoir, rendre*. Paris: Seuil, 2007.

Godbout, Jacques T., and Caillé, Alain. *The World of the Gift*. Montreal: McGill–Queen's University Press, 2000(1992).

Godelier, Maurice. "Formes non marchandes de circulation du produit social". In Jean Copans, Serge Tornay, Maurice Godelier and Catherine Backès-Clément, eds, *L'Anthropologie: science des sociétés primitives?*. Paris: Éditions E.P., 1971, pp.225~237.

Goux, Jean-Jacques. "L'utilité équivoque et démoralisation". *Revue du MAUSS* 6, 1995, pp.106~124.

Grinevald, Jacques. "Le sens bioéconomique du développement humain: l'affaire Nicholas Georgescu-Roegen". *Revue européenne des sciences sociales* 13(51), 1980, pp.62~63.

Guibert, Bernard, and Serge Latouche, eds. *Antiproductivisme, altermondialisme, décroissance*. Lyons: Parangon/Vs, 2006.

Gusdorf, Georges. *Les Sciences humaines et la conscience occidentale*, vol. 6: *L'Avènement des sciences humaines au Siècle des lumières*. Paris: Payot, 1973; vol.8: *La Conscience révolutionnaire des idéologue*. Paris: Payot, 1978.

Hammond, Peter J. "Charity: Altruism or Cooperative Egoism". In Edmund S. Phelps, ed., *Altruism, Morality and Economic Theory*. New York: Russell Sage Foundation, 1975, pp.115~131.

Heinsohn, Gunnar, and Otto Steiger. *Eigentumsökonomik*. Marburg: Metropolis Verlag, 2006.

Hénaff, Marcel. "De la philosophie à l'anthropologie. Comment interpréter le don?". *Esprit* 282, February 2002, pp.135~158.

Insel, Ahmet. "La part du don, esquisse d'évaluation". In *Ce que donner veut dire. Don et intétrêt*. Paris: La Découverte/MAUSS, 1993, pp.221~235.

Iribarne, Philippe d'. "Comment l'économie assure-t-elle sa clôture?". *Revue du MAUSS* 15~16, 1992, pp.58~78.

Jackson, Tim. *Prosperity without Growth? The Transition to a Sustainable Economy*. London: Sustainable Development Commission, 2009.

Jacob, Jean. *L'Anti-mondialisation. Aspects méconnus d'une nébuleuse*. Paris: Berg, 2006.

Jorion, Paul. "Déterminants sociaux de la formation des prix du marché; l'exemple de la pêche artisanale". *Revue du MAUSS* 9, 1990, pp.71~105.

Keen, Steve. *Debunking Economics: The Naked Emperor of the Social Sciences*. London: Zed Books, 2007(2004).

Kempf, Hervé. *Pour sauver la planète, sortez du capitalisme*. Paris: Seuil, 2009.

Keynes, John M. *The General Theory of Employment, Interest and Money*. London: Macmillan, 1961(1936).

Kuhn, Thomas. *The Structure of Scientific Revolutions*. 2nd edn. Chicago: Chicago University Press, 1970.

Lane, Robert E. "Le travail comme 'désutilité' et l'argent comme mesure du bonheur?". *Revue du MAUSS* 3, 1994, pp.17~32.

Latouche, Serge. *Survivre au développement*. Paris: Mille et une nuits, 2004.

Latouche, Serge. *L'Invention de l'économie*. Paris: Albin Michel, 2005.

Latouche, Serge. *Le Pari de la décroissance*. Fayard: Paris, 2006.

Latouche, Serge. *Petit traité de la décroissance sereine*. Paris: Mille et une nuits, 2007.

Latouche, Serge. *Farewell to Growth*. Cambridge: Polity Press, 2009.

Latouche, Serge, ed. *L'Économie dévoilée. Du budget familial aux contraintes planétaires*. Paris: Autrement, 1995.

Latouche, Serge, and Didier Harpagès. *Le Temps de la décroisssance*. Paris: Thierry Manier, 2010.

Latour, Bruno. *We Have Never Been Modern*. Cambridge MA: Harvard University Press, 1993(1991).

Lavignotte, Stéphane. *La décroissance est-elle souhaitable?*. Paris: Textuel, 2008.

Le Mercier de la Rivière, Pierre-François. *L'Ordre naturel et essential des sociétés politiques*. London: Jean Nourse, 1767.

Lebaron, Frédéric. *La Croyance économique. Les économistes entre science et politique*. Paris: Seuil, 2000.

Leenhardt, Maurice. *Do Kamo. La personne et le mythe dans le monde mélanésien*. Paris: Gallimard, 1985[1947].

Lepage, Henri. *Demain le libéralisme*. Paris: Livre de poche, 1980.

Lepage, Henri. *Tomorrow, Capitalism: The Economics of Economic Freedom*. London: Open Court, 1982.

Lévi-Strauss, Claude. "Productivité et condition humaine". *Études rurales*, 159~160, July–December 2001, pp.129~144.

Liaudet, Jean-Claude. *Le Complexe d'Ubu ou la névrose libérale*. Paris: Fayard, 2004.

Lizot, Jacques. "Économie primitive et subsistance. Essais sur le travail et l'alimentation chez les Yanomami." *Libre* 4, Paris: Petite Bibliothèque Payot, 1978, pp.69~114.

Madelain, Camille. "Pratiques de la décroissance". *Notes et Travaux* 76, Geneva: Institut universitaire d'études du développement, 2005.

Malinowski, Branislaw. *Argonauts of the Western Pacific*. Long Grove IL: Waveland Press, 1984(1922).

Malthus, Thomas R. *Definitions in Political Economy*. London: John Murray, 1827.

Malthus, Thomas R. *Principles of Political Economy Considered with a View to Their Prac-*

tical Application. 2nd edn. London: W. Pickering, 1836.

Malthus, Thomas R. *An Essay on the Principle of Population.* London: Penguin Books, 1979(1798, 1830).

Marglin, Stephen A. *The Dismal Science: How Thinking Like an Economist Undermines Community.* Cambridge MA: Harvard University Press, 2008.

Maris, Bernard. *Lettre ouverte aux gourous de l'économie qui nous prennent pour des imbéciles.* Paris: Seuil, 2003(1999).

Marx, Karl. *Grundrisse: Foundations of the Critique of Political Economy.* London: Penguin, 1993.

Marx, Karl. *The Poverty of Philosophy.* London: Lawrence & Wishart, 1966.

Marx, Karl. *Capital,* Volume 1. Harmondsworth: Penguin/NLR, 1976.

Marx, Karl. *Capital,* Volume 3. London: Penguin/NLR, 1981.

Mauss, Marcel. *The Gift: Forms and Functions of Exchange in Archaic Societies.* London: Cohen & West, 1966(1923~24).

Meadows, Donella H. and Dennis L., Jørgen Rander and William W. Behrens III, eds. *The Limits to Growth.* New York: Universe Books, 1972.

Méda, Dominique. *Qu'est-ce que la richesse?.* Paris: Aubier, 1999.

Meillassoux, Claude. *Terrains et Théories.* Paris: Anthropos, 1977.

Meo, Cyril di. *La Face cachée de la décroissance.* Paris: L'Harmattan, 2006.

Michéa, Jean-Claude. *Impasse Adam Smith. Brèves remarques sur l'impossibilité de dépasser le capitalime sur sa gauche.* Castelnau-le-Lez: Climats, 2002.

Michéa, Jean-Claude. *L'Empire du moindre mal. Essai sur la civilisation libérale.* Paris, Climats, 2007.

Michéa, Jean-Claude. *La Double Pensée. Retour sur la question libérale.* Paris: Flammarion, 2008.

Mill, John Stuart. *Principles of Political Economy.* London: Longmans, Green & Co., 1921(1848).

Monsuttti, Alessandro. *War and Migration: Social Networks and Economic Strategies of the Hazaras of Afghanistan.* London: Routledge, 2005(2004).

Mylondo, Baptiste, ed. *Pour une politique de la décroissance.* Villeurbanne: Golias, 2007.

Myrdal, Gunnar. *The Political Element in the Development of Economic Theory.* Edison NJ: Transaction, 1990(1930).

Naredo, José Manuel. *La Economía en evolución. Historia y perspectivas de las categorías básicas del pensamiento econócmico.* Madrid: Siglo XXI de España, 2003.

Ndione, Emmanuel Seyni. *Dynamique urbaine d'une société en grappe: un cas.* Dakar: Enda, 1987.

Nodier, Luc Marie. "Définition de l'utilitarisme". *Revue du MAUSS* 6, 1995, pp.15~30.

Partant, François. *Que la crise s'aggrave.* Paris: Solin, 1978.

Pasquinet, Jean-Luc. "Développer l'esprit critique". In Baptiste Mylondo, ed., *Pour une politique de la décroissance.* Villeurbanne: Golias, 2007, pp.49~57.

Perrot, Marie-Dominique. "Passager clandestin et indispensable du discours: le présupposé". in Gilbert Rist and Fabrizio Sabelli, eds, *Il était une fois le développement....* Lausanne: Éditions d'En Bas, 1986, pp.71~91.

Perrot, Marie-Dominique, and Gilbert Rist. "Des Argonautes aux Internautes". *Revue européenne des sciences sociales* 44(134), 2006, pp.203~214.

Perrot, Marie-Dominique, et al., eds. *Ordres et désordres de l'esprit gestionnaire.* Lausanne: Réalités sociales, 2006.

Perrot, Marie-Dominique, Fabrizio Sabelli and Gilbert Rist. *La Mythologie programmée. L'économie des croyances dans la société moderne.* Paris: PUF, 1992.

Place, Christophe. *Community Currency for Local Economy: A Grassroots Innovation for Prosperity through Democracy.* Paris: HEC, 2010.

Polanyi, Karl. *The Great Transformation.* Boston MA: Beacon Press, 1957(1944).

Polanyi, Karl. *Primitive, Archaic, and Modern Economies: Essays of Karl Polanyi.* Ed. George Dalton. Boston MA: Beacon Press, 1968.

Polanyi, Karl. *The Livelihood of Man.* New York: Academic Press, 1977.

Rahnema, Majid. *Quand la misère chasse la pauvreté.* Paris/Arles: Fayard/Actes Sud, 2003.

Rahnema, Majid, and Jean Robert. *La Puissance des pauvres.* Arles: Actes Sud, 2008.

Raveaud, Gilles. "Pluralism in Economic Teaching". *Development Dialogue* 52, 2009, pp.43~78.

Ricardo, David. *The Principles of Political Economy and Taxation.* London: Dent, 1973(1817).

Ridoux, Nicolas. *La Décroissance pour tous.* Lyons: Parangon/Vs, 2006.

Riesel, René, and Jaime Semprun. *Catastrophisme, administration du désastre et soumission durable.* Paris: Encyclopédie des nuisances, 2008.

Rist, Gilbert. "Le concept de 'développement' est-il rationnel? Un concept occidental à l'épreuve de la démarche interculturelle". In Fernand Ouellet, ed., *Pluralisme et École*. Québec: Institut québécois de recherche sur la culture, 1988, pp.57~83.

Rist, Gilbert. "Prélables à une théorie générale de l'échange". *Nouveaux Cahiers de l'IUED* 7. Geneva: IUED/Paris: PUF, 1998, pp.17~40.

Rist, Gilbert. *The History of Development: From Western Origins to Global Faith*. 3rd edn. London: Zed Books, 2008.

Rodinson, Maxime. *Islam and Capitalism*. New York: Pantheon Books, 1974(1966).

Romaña, Alfredo L. de. "Une alternative sociale en émergence: l'économie autonome". *Interculture* 22(3), 1989, cahier 104.

Rosset, Clément. *L'Anti-nature. Éléments pour une philosophie tragique*. Paris: PUF, 1973.

Rousseau, Jean-Jacques. "Essay on the Origin of Languages". In *On the Origin of Language*. New York: Ungar, 1966.

Rousseau, Jean-Jacques. *On the Social Contract*. New York: St. Martin's Press, 1978(1762).

Rousseau, Jean-Jacques. "Preface to Narcissus, or The Lover of Himself". In *The Collected Writings of Rousseau*, vol.2. Hanover NH: University Press of New England, 1992(1782).

Sahlins, Marshall. *Stone Age Economics*. Chicago: Aldine Atherton, 1972.

Sahlins, Marshall. *Culture and Practical Reason*. Chicago: University of Chicago Press, 1976.

Sapir, Jacques. *Les Trous noirs de la science éonomique. Essai sur l'impossibilitée penser le temps et l'argent*. Paris: Albin Michel, 2000.

Sapir, Jacques. "Libre-échange, croissance et développement: quelques mythes de l'éonomie vulgaire ". *Revue du MAUSS* 30, 2007, pp.151~172.

Saussure Thierry de. *L'Inconscient, nos croyances et la foi chrétienne. Études psychanalytiques et bibliques*. Paris: Le Cerf, 2009.

Say, Jean-Baptiste. *Catechism of Political Economy*. London: Sherwood, Neely and Jones, 1816(1815).

Schroyer, Trent. *Beyond Western Economics*. London: Routledge, 2009.

Seers, Dudley. "The Limitations of the Special Case". *Bulletin of the Institute of Economics and Statistics* 25(2), May 1963, pp.77~97.

Smith, Adam. *The Wealth of Nations,* 2vols. London: Methuen, 1961(1776).

Smith, Adam. *The Theory of Moral Sentiments*. Oxford: Oxford University Press, 1979(1759).

Steppacher, Rolf. "La petite différence et ses grandes conséquences: possession et propriété". *Nouveaux Cahiers de l'IUED* 14. Paris: PUF/Geneva: IUED, 2003, pp.181~190.

Steppacher, Rolf. "Property, Mineral Resources and 'Sustainable Development'". In Otto Steiger, ed., *Property Economics: Property Rights, Creditor's Money and the Foundations of the Economy*. Marburg: Metropolis Verlag, 2008, pp.323~354.

Stiglitz, Joseph E. *Making Globalization Work*. London: Penguin, 2007.

Sugden, Robert. "Reciprocity: The Supply of Public Goods through Voluntary Contributions". *Economic Journal* 94, 1984, pp.772~787.

Taguieff, Pierre-André. *L'Effacement de l'avenir*. Paris: Galilée, 2000.

Temple, Dominique, and Mireille Chabal. *La Réciprocité et la naissance des valeurs humaines*. Paris: L'Harmattan, 1995.

Terray, Emmanuel. *Marxism and Primitive Societies*. New York: Monthly Review Press, 1972(1969).

Tertrais, Jean-Pierre. *Du développement à la décroissance. De la nécessité de sortir de l'impasse suicidaire du capitalisme*. Saint-Georges d'Oléron: Éditions libertaires, 2006.

Todorov, Tzvetan, Thierry Grillet and Yann Fauchois, eds. *Lumières! Un héritage pour demain*. Paris: Bibliothèque nationale de France, 2006.

UNDP. *Human Development Report 1991*. Oxford: Oxford University Press, 1991.

van Parijs, Philippe. "Le mondèle économique dans les sciences sociales: imposture ou nécessité". *Bulletin du MAUSS* 22, June 1987, pp.67~86.

Veblen, Thorstein. "Why Is Economics Not an Evolutionary Science?". *Quarterly Journal of Economics* 12, 1898, pp.373~397.

Ventelou, Bruno. *Au-delà de la rareté La croissance économique comme construction sociale*. Paris: Albin Michel, 2001.

"Vers une autre science économique(et donc un autre monde)?". *Revue du MAUSS* 30, 2007.

Viguier, Anne. "Enfances de l'*Individu*, entre l'École, la Nature et la Police". *Mots* 9, October 1984, pp.33~55.

Walras, Léon. *Elements of Pure Economics.* London: George Allen & Unwin, 1954(1874, 1900).

Walras, Léon. "Economics and Mechanics"(1909). In Philip Mirowski and Pamela Cook, "Walras' 'Economics and Mechanics' Translation, Commentary, Context". In Warren J. Samuels, ed., *Economics as Discourse: An Analysis of the Language of Economists.* Dordrecht: Kluwer, 1990, pp.189~213.

Watzlawick, Paul, John H. Weakland and Richard Fisch. *Change: Principles of Problem Formation and Problem Resolution.* New York: Norton, 1974.

WCED. *Our Common Future. Report of the World Commission on Environment and Development.* New York: University Press, 1987.

Weber, Max. *Economy and Society*, vol. 1. Berkeley: University of California Press, 1978.

Weiller, Jean, and Bruno Carrier. L'Économie non conformiste en France au XXᵉ siècle. Paris: PUF, 1994.

찾아보기

경제학은 과학적일 것이라는 환상

초판 1쇄 발행 2015년 11월 20일
지은이 질베르 리스트
옮긴이 최세진

발행인 박지홍
발행처 봄날의책
등록 제311-2012-000076호 (2012년 12월 26일)
주소 서울 은평구 연서로21길 5-4 (갈현동)
전화 070-7570-1543, 팩스 070-7570-9880
E-mail springdaysbook@gmail.com

기획·편집 박지홍
디자인 공미경
인쇄·제책 한영문화사

ISBN 979-11-86372-03-6 93320

《경제학은 과학적일 것이라는 환상》 북펀드에 참여해주신 분들 가나다순
강부원 강영미 강재웅 강주한 권해진 김기남 김기태 김성기 김수민 김수영 김정환 김주현 김중기
김지수 김현주 김현철 김형수 김혜원 김효진 김희곤 나준영 노진석 박경진 박무자 박세중 박진순
박혜미 서병욱 설진철 송덕영 송성호 송화미 신민영 신정훈 신해경 원성운 유성환 윤정훈 이경희
이만길 이상훈 이수한 이승빈 임원경 장경훈 정민수 조민희 조성웅 조승주 조은수 조정우 최경호
최윤진 최진규 탁안나 하승우 한승훈 허민선 황소미 (외 20명, 총 79명 참여)

이 도서의 국립중앙도서관 출판시도서목록(CIP)은 서지정보유통지원시스템
홈페이지(http://seoji.nl.go.kr)와 국가자료공동목록시스템(http://www.nl.go.kr/kolisnet)에서
이용하실 수 있습니다.(CIP제어번호: CIP2015030605)